城市旅游竞争力

——基于 58 个中国主要城市的比较研究

马晓龙 著

南开大学出版社
天 津

图书在版编目(CIP)数据

城市旅游竞争力:基于58个中国主要城市的比较研究/马晓龙著. —天津:南开大学出版社,2009.8
 ISBN 978-7-310-03213-6

Ⅰ.城… Ⅱ.马… Ⅲ.城市－旅游业－对比研究－中国 Ⅳ.F592.3

中国版本图书馆 CIP 数据核字(2009)第 125246 号

版权所有　侵权必究

南开大学出版社出版发行
出版人:肖占鹏
地址:天津市南开区卫津路94号　邮政编码:300071
营销部电话:(022)23508339　23500755
营销部传真:(022)23508542　邮购部电话:(022)23502200

*

天津泰宇印务有限公司印刷
全国各地新华书店经销

*

2009 年 8 月第 1 版　2009 年 8 月第 1 次印刷
787×960毫米　16 开本　16.875 印张　2 插页　305 千字
定价:32.00元

如遇图书印装质量问题,请与本社营销部联系调换,电话:(022)23507125

序

城市是改革开放30年来中国投资建设最多的地方，而城市旅游也是近10多年来国内旅游研究的重点领域之一。1989年，深圳锦绣中华主题公园开业取得重大成功。之后，中国城市开始进行大规模的通过建设主题公园发展城市旅游的尝试，而对城市旅游的探讨也随之逐步展开。1995年9月在上海召开的"上海都市旅游国际研讨会"是我国城市旅游研究起步阶段的一次重要会议。1999年7月中国地理学会旅游地理专业委员会和珠海市旅游局联合主办的"城市旅游国际研讨会（珠海）"的召开，则标志着中国城市旅游研究已经全面进入了发展阶段，这次会议出版的《城市旅游的理论与实践》论文集系统总结了十余年来中国城市旅游发展的经验与问题。

从2002年起，国家自然科学基金委批准了多项城市旅游研究的面上基金和青年基金，教育部及高校也资助了若干项城市旅游的研究项目。在这些基金的资助下，我和我的同事们在2005年出版了城市旅游的阶段性成果《城市旅游——原理·案例》一书，书中包括城市旅游研究概况、城市旅游供给、城市旅游需求和政策与理论等。总的来看，尽管国内外已经在城市旅游方面做了大量研究，但受研究问题本身过于复杂等因素影响，一些重要问题一直没有得到充分研究，如城市旅游地的生命周期、城市旅游绩效评价、城市更新与城市旅游的关系等。其中，城市旅游绩效评价问题的研究基本上还处于空白阶段。

本书是作者在博士论文基础上修改完成的，而探讨的正是基于绩效的城市旅游竞争力问题。

作者马晓龙博士来中山大学随我读博士生之前在西北大学硕士毕业，并在硕士毕业之后到北京大学在吴必虎教授那里做了一年的研究助理。在读博士期间，马晓龙还得到了中山大学985专项留学基金的支持，到新西兰Waikato大学师从Chris Ryan教授做了1年的访问学者。他对旅游研究有着强烈的兴趣，有一股子冲劲。因此，尽管缺少成熟的方法、研究结果也难于预计，他还是选择了"基于效率的城市旅游竞争力"这一颇具风险性的题目。中山大学地理科学与规划学院的李郇教授先学经济地理，后来博士又学了经济学，对地理学和经济学的理解都很到位，并应用经济学模型研究过中国的城市效率，我请他来协助我指导马晓龙。

"功夫不负有心人"，马晓龙采用经济学中用于效率和生产率测算的数据包络分析（DEA）方法，对1995年、2000年和2005年中国58个主要城市的旅游效率及其全要素生产率进行了三个时间点的评价。并据此得出了中国城市旅游竞争力的一些很有意义的结论：

1. 城市旅游效率方面：三个时期大多数中国城市的旅游效率水平较低，且发展处于规模收益递增阶段；在总效率的分解中，规模效率水平较低，技术效率和利用效率水平较高；在分解效率对总效率的贡献中，规模效率对总效率的影响最大，技术效率和利用效率对总效率的影响相对较弱；从同一时期城市的旅游效率比较上看，东部地区城市的旅游效率水平最高，而中西部等地区城市的旅游效率水平相对较低。但与总效率的分布特征不同，旅游分解效率之间区域优势程度各不相同。其中，规模效率表现的区域差异最明显，与总效率的空间分布规律基本一致，而技术效率和利用效率区域差异较弱；此外，从不同年份城市的旅游分解效率内部比较看，同时期城市的旅游规模效率、技术效率和利用效率之间表现出差距逐渐缩小并进而趋同的收敛特征。

2. 城市的旅游全要素生产率方面：在1995~2005年期间，大多数中国城市的旅游全要素生产率变化以增长为主要特征，但增长速度开始趋缓。此外，不同城市旅游全要素生产率进步程度也存在差异，位于经济发达地区城市的旅游全要素生产率相较于经济不发达地区城市全要素生产率水平更低。

他还发现：

1. 受区域经济发展不平衡性影响，东部地区城市在旅游产业发展过程中能够获得更多的资源投入。在目前我国大多数城市的发展处于规模收益递增阶段背景下，东部地区城市可以获得更高的旅游效率。

2. 在竞争性市场环境下，城市之间通过市场竞争不断把低投入、高产出的城市筛选出来，并剔除和淘汰高投入、低产出的城市，这种筛选过程不断迫使城市政府改善旅游发展对资源投入的利用能力，从而获得更高的效率。

3. 在合作性市场环境下，城市的旅游发展往往通过提高外部经济性以降低单个城市旅行中需要支付的成本，从而实现游客特定成本条件下的收益最大化，最终表现为合作性市场环境下城市通过外部经济性获得更高的旅游效率。

改革开放 30 年来，中国的东、西部差距在拉大，城乡差距在拉大。城市获得的资源越来越多，并且这种趋势并没有改变的迹象。马晓龙的研究不仅为我们提供了一个从旅游理解城市效率和城市旅游竞争力的视角，而且对政府制定旅游城市的政策也会有相当的参考价值。

由于应用了较多的数学模型，本书读起来会比较费力，寄希望于作者将难懂的模型讲述得更通俗一些，将结论解释得更深入浅出一些。

保继刚
2009 年 7 月 7 日
于广州康乐园

前　言

　　旅游是城市的重要功能之一。随着城市化水平的提高，国内外旅游需求的进一步增长，旅游业逐步成为我国城市经济发展的重要途径。作为一种重要的旅游目的地类型，旅游竞争已经成为中国城市最显著的特征之一。为了实现更大的经济效益，城市政府用于旅游发展的资源投入不断增加，不同城市对旅游资源投入的利用能力存在较大差异。本研究主要目的在于对不同城市旅游发展过程中投入要素的使用绩效（包括效率和全要素生产率）进行评价，从时间和空间角度对绩效的分布特征与规律进行总结，并以效率和全要素生产率作为指标对城市旅游的竞争能力进行比较，在此基础上分析影响绩效的主要因素，为城市之间旅游竞争力的比较提供参考。

　　在对我国城市旅游发展阶段和发展特征进行判断和总结的基础上，分析了"城市旅游"和"旅游效率/生产率"的国内外研究进展。基于区域经济发展的不平衡性规律、超产权理论和外部经济性理论，本研究提出了三个假设：（1）受区域经济发展水平不平衡性影响，东部发达地区城市更可能获得较高的旅游效率，且主要受资源投入规模影响；（2）竞争性市场环境的存在有利于提高城市旅游效率和生产率；（3）合作性市场环境的存在有利于提高城市旅游效率和生产率，并在此基础上，提升城市的旅游竞争能力。研究采用经济学中用于效率和生产率测算的数据包络分析（DEA）方法，利用 CRS、VRS、NIRS 和 Malmquist 指数模型，选取城市第三产业从业人数、城市固定资产投资、城市资源吸引力和城市实际利用外资金额作为投入指标，城市星级饭店营业收入作为产出指标，对 1995 年、2000 年和 2005 年中国 58 个主要城市的旅游效率及其全要素生产率进行了三个时间点的评价。

　　城市旅游效率评价结果表明：三个时期大多数中国城市的旅游效率水平较低，且发展处于规模收益递增阶段；在总效率的分解中，规模效率水平较低，技术效率和利用效率水平较高；在分解效率对总效率的贡献中，规模效率对总效率的影响最大，技术效率和利用效率对总效率的影响相对较弱；从同一时期城市的旅游效率比较上看，东部地区城市的旅游效率水平最高，而中西部等地区城市的旅游效率水平相对较低。但与总效率的分布特征不同，旅游分解效率之间区域优势程度各不相同。其中，规模效率表现的区域差异最明显，与总效率的空间分布规律基本一致，而技术效率和利用效率区域差异较弱；此外，从不同年份城市的旅游分解效率内部比较看，同时期城市的旅游规模效率、技术效率和利用效率之间表现出差距逐渐缩小、并进而趋同的收敛特征。

城市的旅游全要素生产率评价结果显示：在1995~2005年期间，大多数中国城市的旅游全要素生产率变化以增长为主要特征，但增长速度开始趋缓。此外，不同城市旅游全要素生产率进步程度也存在差异，位于经济发达地区城市的旅游全要素生产率相较于经济不发达地区城市全要素生产率水平更低。

珠海的案例研究表明：珠海城市旅游发展过程所表现出来的特征与统计研究的规律一致。珠海城市旅游发展通过城市的集聚效应，不断实现区域和城市间的竞争与合作，从而增加了城市的整体吸引力，有效提高了城市的旅游效率，并因此提升了城市的旅游竞争力水平。

基于理论分析和案例研究，本研究针对上述三个假设得出如下结论：

结论一：受区域经济发展不平衡性影响，东部地区城市在旅游产业发展过程中能够获得更多的资源投入。在目前我国大多数城市的发展处于规模收益递增阶段背景下，东部地区城市可以获得更高的旅游效率，东部地区城市的旅游竞争力相对较高。

结论二：在竞争性市场环境下，城市之间通过市场竞争不断把低投入、高产出的城市筛选出来，并剔除和淘汰高投入、低产出的城市，这种筛选过程不断迫使城市政府改善旅游发展对资源投入的利用能力，从而获得更高的效率，不断提升城市旅游的竞争力。

结论三：在合作性市场环境下，城市的旅游发展往往通过提高外部经济性以降低单个城市旅行中需要支付的成本，从而实现游客特定成本条件下的收益最大化，最终表现为合作性市场环境下城市通过外部经济性获得更高的旅游效率，城市的旅游竞争力得到提升。

本书关于中国城市旅游效率和全要素生产率评价的研究具有以下学术创新：

创新一：将管理学、经济学的竞争理论和超产权理论和地理学区域经济发展的不平衡性规律相结合，对中国城市的旅游效率和全要素生产率产生机理进行分析，为城市旅游竞争力的提升提供了决策参考。

创新二：在同时考虑投入和产出要素的基础上，将DEA方法及其模型引入城市这个复杂经济体，对其旅游效率和全要素生产率进行定量测算与评价，为城市旅游竞争力的比较提供了一个全新的视角。

创新三：对中国 58 个主要旅游城市的旅游效率和全要素生产率进行估算，进而描述这些城市旅游效率和全要素生产率的时间演变特征和空间变异规律，为城市旅游竞争力的比较提供了更多案例。

Competitiveness of Tourism Cities
- A Comparative Study based on 58 major city in China

Preface

Tourism is one of the important components of the city functions. With the improvement of Chinese urbanization level, the resident's tourism demand has grown more and more. It is clear that the development of tourism has become an important approach to the economic development of cities. With the development of tourism industry, the competitions between urban tourism and the investments of city governments on tourism industry have been enhanced markedly. The purpose of this study here mainly is to evaluate the performance (including efficiency and Total Factor Productivity, TFP) of resources usage in different urban tourism development and analyze its influencing factors from the spatio-temporal perspective.

Based on the judgment of urban tourism developing process and the summaries of its developing characteristics, the research progress of "Urban tourism" and "Tourism efficiency & Tourism productivity" at home and abroad are analyzed, considering the Lopsided Development Law of Regional Economy, Ultra-Property Rights Theory and External Economic Theory, three hypotheses about this study are proposed:

(1) Higher tourism efficiency can more likely be achieved by the cities in Eastern developed regions for the larger scale of their resources input.

(2) The improvement of efficiency and total factors productivity of urban tourism can be obtained with a competitive market environment.

(3) The improvement of efficiency and total factors productivity of urban tourism can be obtained with a cooperative market environment.

Then, Data Envelopment Analysis (DEA) and its models, such as CRS、VRS、NIRS and Malmquist Index, often used in Economics for efficiency and productivity estimation, are used in this paper. Taking 58 Chinese primary tourism cities as

Decision Making Units (DMU), the number of employees in tertiary industry, urban fixed-asset investments, attractive capability of cities and foreign capitals used in urban constructions as inputs indicators and operating income of star hotels as outputs indicators, the tourism efficiency and total factor productivity are evaluated at three time points during 1995-2005.

The results of urban tourism efficiency evaluation show that the efficiency of most Chinese urban tourism are in a relatively low level with a stage of increasing returns to scale and a higher efficiency could be achieved through increasing the scale of their resources inputs. Among the decompositions, the scale efficiency is low, but the technical efficiency and congestion efficiency are relative high. At the same time, the scale efficiency has the greatest impact on the overall efficiency. Based on the analysis at the same period, there exists a hierarchical structure that the cities in eastern region have higher urban tourism efficiency than the cities in middle, western and north-east regions. But the decompositions of overall efficiency are different in their distribution. Among them; the difference of scale efficiency is obvious, but the difference of technical efficiency and congestion efficiency are obscure. The inner comparison of tourism efficiency decompositions in different years shows the characteristic that the gap between decompositions is becoming narrow gradually. That is, with the time changes, the difference among scale efficiency, technical efficiency and congestion efficiency of the same period are becoming more and more diminishing

The results of the total factors productivity evaluation of urban tourism show that the total factors productivity has achieved a growth in most of Chinese tourism cities during the year 1995-2005, but the growth rate are slowing down. What's more, there is a great difference in different city tourism total factor productivity progress levels, the cities in developed region always achieve the lower total factors productivity than the other regions.

The case study in Zhuhai shows that the characteristics of its tourism development are similar with the statistical study. Through clustering with other cities in the same area, Zhuhai city often participates in the cooperation and competition with other cities, from which, Zhuhai city achieve high attractions and improve its total factors productivity.

Based on theoretical analysis and case studies, aiming at the above hypotheses, three conclusions can be draw as followed:

Conclusion 1: Influenced by the uneven characteristic of urban economic development, more resources can be input in the Eastern region during their tourism development. Under the background that most Chinese urban tourism are in the stage of their increasing returns to scale, cities in these regions are more likely to achieve higher tourism efficiency.

Conclusion 2: Under a competitive market environment, in order to get higher profits, cities stimulate the council to increase tourism income through effective market competition, through which the cities who can get higher outputs with lower inputs always can be screened out as well as the ones with higher inputs and lower outputs. Such a process gives a high "political" pressure on the councils, which constantly promote them to improve their capability to use resources.

Conclusion 3: Under the cooperative market environment, the urban tourism development often can make the tourists achieve their satisfaction maximization and reduce their cost through enhancing the exterior economy. Furthermore, this kind of relation also can influence the tourists' decision-making. So, the urban tourism under a cooperative market environment often can obtain a higher efficiency through the exterior economy in the same condition.

The academic innovations of this paper can be summarized as followed:

Innovation 1: The mechanism of Chinese urban tourism efficiency and total factors productivity are analyzed combining management science, economic competition theory and ultra-property right theory.

Innovation 2: Considering the inputs and outputs of urban tourism development, this paper not only introduces the method of DEA, but also evaluates the tourism efficiency and total factors productivity by using its related models

Innovation 3: The tourism efficiency and total factors productivity of 58 Chinese main tourism cities are evaluated, and the spatio-temporal characteristics of them are analyzed at three periods.

目 录

序
前言
第一章 绪 论 ··· 1
  1.1 选题背景 ·· 1
    1.1.1 社会背景 ··· 1
    1.1.2 理论背景 ··· 6
  1.2 立论基础 ·· 8
    1.2.1 中国城市旅游发展阶段的判定 ·· 8
    1.2.2 中国城市旅游发展的主要特征 ·· 10
    1.2.3 我国旅游产业发展面临的新形势 ··· 32
    1.2.4 立论基础：城市对旅游资源利用能力存在差距 ······················· 40
    1.2.5 基本问题：城市旅游发展的目标 ··· 41
  1.3 研究目的 ·· 43
    1.3.1 描述城市旅游效率和生产率现状 ··· 43
    1.3.2 探索城市旅游效率和生产率的时空规律性 ···························· 43
    1.3.3 解释城市旅游效率和生产率时空格局形成的机理 ··················· 43
  1.4 研究意义 ·· 43
    1.4.1 实践意义 ··· 43
    1.4.2 理论意义 ··· 44
    1.4.3 方法论意义 ·· 45
  1.5 研究框架 ·· 46
    1.5.1 研究思路 ··· 46
    1.5.2 研究结构 ··· 47
第二章 相关概念和文献分析 ·· 51
  2.1 概念界定 ·· 51
    2.1.1 城市、旅游城市和城市旅游 ··· 51

    2.1.2　效率和生产率 52
    2.1.3　城市旅游效率和全要素生产率 54
    2.1.4　城市旅游竞争力 55
  2.2　文献分析 56
    2.2.1　城市旅游研究综述 57
    2.2.2　旅游效率和生产率研究综述 69
    2.2.3　讨论 74
  2.3　本章的基本结论 75

第三章　研究设计 88
  3.1　研究假设 88
    3.1.1　基于区域经济发展不平衡性的研究假设 88
    3.1.2　基于超产权理论的研究假设 89
    3.1.3　基于外部经济性理论的研究假设 90
  3.2　研究方法 91
    3.2.1　方法的选择 91
    3.2.2　数据包络方法 93
    3.2.3　个案研究 104
  3.3　研究对象和数据来源 106
    3.3.1　研究对象 106
    3.3.2　数据来源 108
  3.4　变量框架与指标选择 108
    3.4.1　变量框架 108
    3.4.2　指标的选择 110
    3.4.3　指标的解释与说明 117
    3.4.4　关于变量和指标的两个重要讨论 126
  3.5　本章的基本结论 128

第四章　基于效率的城市旅游竞争力比较（2005） 134
  4.1　原始数据的描述 134
  4.2　中国主要城市的旅游效率计算结果 135
  4.3　中国主要城市的旅游效率特征 139
    4.3.1　分组分布特征 139
    4.3.2　发展阶段特征 144
    4.3.3　分解效率对总效率的贡献分析 146
  4.4　中国主要城市的旅游效率空间格局 148

  4.4.1 旅游效率的区域分布 ………………………………………… 148
  4.4.2 中国主要城市的旅游效率区域比较 ……………………… 153
 4.5 中国主要城市旅游效率特征的理论解释 ……………………………… 157
 4.6 本章的基本结论 ………………………………………………………… 159

第五章 城市旅游竞争力的历时态比较（1995 年与 2000 年）……… 161
 5.1 原始数据的描述 ………………………………………………………… 161
 5.2 中国主要城市的旅游效率特征 ………………………………………… 163
  5.2.1 统计特征 ……………………………………………………… 167
  5.2.2 分组特征 ……………………………………………………… 169
  5.2.3 发展阶段特征 ………………………………………………… 173
  5.2.4 分解效率对总效率贡献的特征 ……………………………… 174
 5.3 中国主要城市的旅游效率空间格局特征 ……………………………… 176
  5.3.1 旅游总效率的空间格局 ……………………………………… 176
  5.3.2 旅游规模效率的空间格局 …………………………………… 178
  5.3.3 旅游技术效率的空间格局 …………………………………… 181
  5.3.4 旅游利用效率的空间格局 …………………………………… 183
 5.4 中国主要城市旅游效率特征变化的理论解释 ………………………… 185
  5.4.1 对特征一的解释 ……………………………………………… 185
  5.4.2 对特征二的解释 ……………………………………………… 187
 5.5 本章的基本结论 ………………………………………………………… 189

第六章 基于全要素生产率的城市旅游竞争力比较（1995～2005）…… 192
 6.1 变量与原始数据的确定 ………………………………………………… 192
 6.2 城市旅游 TFP 的增长 …………………………………………………… 193
  6.2.1 TFP 的结果及其比较 ………………………………………… 193
  6.2.2 理论解释 ……………………………………………………… 195
 6.3 城市旅游 TFP 变化的空间格局 ………………………………………… 196
  6.3.1 全要素生产率的区域特征 …………………………………… 196
  6.3.2 全要素生产率的区域比较 …………………………………… 197
  6.3.3 理论解释 ……………………………………………………… 198
 6.4 本章的基本结论 ………………………………………………………… 200

第七章 城市旅游竞争力增长的实证研究：珠海案例 …………………… 201
 7.1 研究设计 ………………………………………………………………… 201
  7.1.1 逻辑关系 ……………………………………………………… 201
  7.1.2 案例地选择 …………………………………………………… 202

- 7.1.3 研究方法和资料来源 ... 203
- 7.2 珠海城市旅游发展 ... 204
  - 7.2.1 基础条件 ... 204
  - 7.2.2 珠海城市旅游发展历程 ... 206
  - 7.2.3 旅游效率和全要素生产率 ... 208
- 7.3 20世纪90年代以来珠海市旅游发展重大事件 ... 212
  - 7.3.1 事件一：系列旅游产品的开发 ... 212
  - 7.3.2 事件二：城市旅游国际研讨会召开 ... 215
  - 7.3.3 事件三：珠海市五届人大会议召开 ... 215
  - 7.3.4 事件四：广深珠区域旅游合作研讨会召开 ... 215
  - 7.3.5 事件五：珠海市哲学社会科学规划课题陆续展开 ... 216
  - 7.3.6 事件六：中珠澳签署备忘录 共建"大香山"精品旅游 ... 217
  - 7.3.7 事件七：市政府常务会议通过《珠海市旅游发展总体规划》 ... 217
  - 7.3.8 事件八：珠港机场管理有限公司成立 ... 218
  - 7.3.9 事件九：珠三角地区"航空拥塞" ... 220
- 7.4 珠海城市旅游效率和生产率增长的解释 ... 220
  - 7.4.1 基于对珠海城市旅游发展历程回顾的分析 ... 220
  - 7.4.2 基于对珠海城市旅游发展重大事件的分析 ... 223
  - 7.4.3 理论解释 ... 226
- 7.5 本章的基本结论 ... 228

第八章 结论和讨论 ... 230
- 8.1 研究的结论 ... 230
- 8.2 研究的创新 ... 232
- 8.3 研究的局限 ... 233
- 8.4 研究的延伸 ... 234
- 8.5 讨论 ... 235
  - 8.5.1 讨论一：关于城市旅游发展的资源投入 ... 235
  - 8.5.2 讨论二：关于城市旅游发展的产业转移 ... 236

附 录 ... 239
- 附录1 投入产出原始数据 ... 239
- 附录2 城市旅游资源吸引力 ... 241
- 附录3 第三产业从业人数的原始数据 ... 243
- 附录4 基本建设投资的原始数据 ... 244
- 附录5 城市旅游收入与相关指标的原始数据 ... 245

后 记 ... 249

第一章 绪 论

本章主要按照如下思路进行：首先介绍城市旅游竞争力研究的社会背景和理论背景，在背景框架下，对中国城市旅游发展所处的阶段进行判定，总结其发展特征，确定立论基础和研究拟解决的科学问题，最后说明城市竞争力研究的目的、意义以及全书的研究框架。

1.1 选题背景

1.1.1 社会背景

1.1.1.1 城市数量逐渐增多，城市化水平日益提高

随着政治环境稳定性的进一步提高和社会经济的持续发展，中国城市数量逐年增多。截至2006年底，除香港、澳门和台湾外，我国大陆地区各种类型和规模的城市达661个，其中地级及以上城市287个，以全国国土面积960万平方公里计算，平均每万平方公里土地面积上就有城市0.69座。城市数目增多的同时，受城市人口自然增长的内生拉力和乡村人口向城市迁移等外生推力的双重作用，中国城市人口数量迅速增长，城市化水平也日益提高。截至2006年底，中国共有城市人口57 706万，占全国总人口的43.9%[①]。根据世界发达国家城市化过程的"S"形曲线经验（图1-1），城市化水平介于30%~60%之间时发展速度最快，目前，中国正在经历着前所未有的快速城市化时期。《2008年中国城市竞争力蓝皮书：中国城市竞争力报告》对中国城市群未来发展预测结果显示，预计到2030年，从规模上来看，中国的城市数量将达到1 000个左右，

---

① 资料来源：http://business.sohu.com/20071005/n252481083.shtml。
国家统计局：上海成为我国城市化水平最高的城市，检索日期：2008-3-25。

小城镇 1500~2000 个之间，城市化水平达到 65% 以上，城市人口达 10 亿人；从等级上来看，世界顶级城市将达到 1 个，世界城市 3~5 个，国际化城市 15 个左右，国家级城市 30~50 个。而根据国家规划，在 2050 年之前，中国城市化率将从现有水平提高到 70% 左右，这意味着平均每年城市化率约提高一个百分点，年均约有 1 200 万人口从乡村转移到城市。

城市数量的不断增长和城市化水平的迅速提高使得城市内人口、资源、环境和发展（PRED）等问题日益严重，主要表现为城市人口高度密集，城市资源不合理利用以及由此带来的环境恶化和发展速度缓慢、发展效率低下等。在此背景下，"紧凑城市"应从重视空间和物质形态的物理关系上扩展到城市功能上。由于可以为城市发展创造和积累更多的社会物质财富，旅游作为城市基本功能的地位更加突出，城市旅游已经成为城市经济发展的重要力量和不可或缺的组成部分。有效发挥城市的旅游与游憩功能，实现各种功能的协调是保证城市高效运行并最终实现城市 PRED 协调发展的重要内容，而提高资源利用效率和生产率水平是实现以上目标的主要途径。

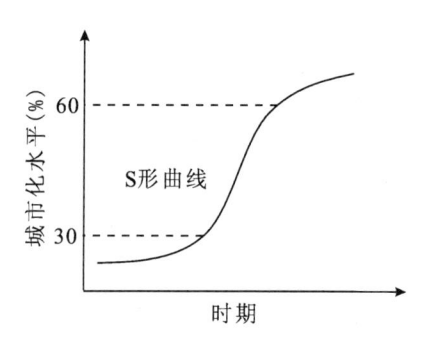

图 1-1　城市化水平发展的 S 形曲线（引自：李德华，2001）

1.1.1.2　旅游业产业地位日益提升，城市成为一种重要的旅游目的地

经过改革开放近 30 年的持续发展，中国旅游业已经完成了从旅游资源大国向世界旅游大国的转变，现在正朝着建设世界旅游强国的目标迈进（魏小安等，2003）。在这样的目标导向下，对于将旅游业作为经济发展重要手段的发展中国家，旅游产业在这个发展过程中必将继续发挥经济增长极的作用。目前，中国继续保持全球第四大入境旅游接待国和亚洲第一大出境旅游市场的地位，并将成为世界上最大的国内旅游市场。世界旅游组织预测，中国将提前到 2015 年成为世界第一大旅游目的地国和第四大客源输出国（邵琪伟，2008）。在 1998 年中央提出的"把旅游业培育成为国民经济新的增长点"思想指导下，全社会

更加关注旅游业的发展，全国大多数省市自治区实施了政府主导型旅游发展战略。目前，已有 27 个省市自治区将旅游业列为支柱产业或主导产业，全国 60%以上省份（市、自治区）出台了加快旅游业发展的决定，70%以上省份和旅游城市制定了有关旅游的法律法规（邵琪伟，2008）。截至 2006 年，我国共接待入境游客 12 494 万人次，实现国际旅游外汇收入 339 亿美元；接待国内游客 13.9 亿人次，国内旅游收入 6 230 亿元人民币，旅游业总收入 8 935 亿元人民币，相当于当年 GDP 总值的 4.31%，旅游产业地位得到进一步巩固和提升[①]。

早在 1933 年 8 月国际现代建筑学会拟订的《雅典宪章》中，各国建筑师就认为，"居住、工作、游憩与交通四大活动是研究及分析现代城市设计时最基本的分类"，考虑到"现代城市的盲目发展毁坏了市郊许多可用作周末游憩的地点。因此，应将城市附近的河流、海滩、森林、湖泊等自然风景幽美地区作为广大群众假日游憩的场所"。20 世纪 80~90 年代以来，由于城市综合实力的增强，环境的改善，以及各种配套服务设施的完善齐备，城市不仅成为旅游管理、接待、集散和辐射的中心，同时由于具备提供非城市地区所没有的娱乐、文化设施带来的独特旅游体验的能力，城市本身也成了旅游目的地，旅游开始城市化，城市成为旅游的支撑点（Pages，1995）。从旅游发展实践来看，我国旅游业一直是以城市为门户、为依托、为基地、为辐射中心展开的。改革开放以后，城市旅游的地位和作用与日俱增（范能船等，2002）。根据 2003 年的调研资料，当时中国 171 个优秀旅游城市的旅游总收入占全国旅游总收入的比重为 85.7%，其中国际旅游外汇收入占全国的比重为 84.76%[②]。考虑到在其后又新增加了 135 个中国优秀旅游城市，目前中国优秀旅游城市旅游经济总量占全国的比例估计可达 90%左右。可见，作为目的地，城市已经成为旅游经济发展的重要支撑；同时，城市的旅游发展不仅仅是旅游资源开发、旅游项目建设和服务设施配套，而是城市经济社会发展的一个重要部分（彭华，2000）。随着城市旅游接待能力的增强和旅游产业规模的扩大，城市旅游产业对城市内其他相关产业发展的带动作用也更加明显。

---

① 资料来源：http://www.e1000e.com/news/zhuangti/trade/2007-10-16/15626.shtml。
中国将提前到 2015 年成为世界第一大旅游目的地国，检索日期：2008-3-17。
② 资料来源：http://www.cnta.gov.cn/cyzl/1-ldjh/jh-4.htm
张希钦.在优秀旅游城市市长座谈会上的讲话，检索日期：2006-10-27。

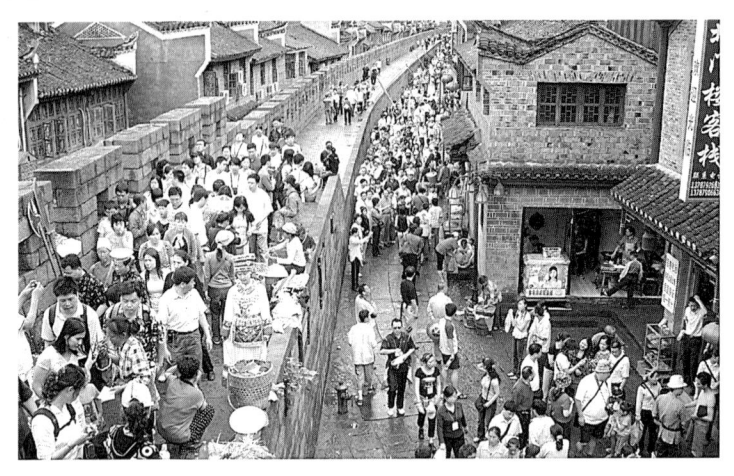

图 1-2 "五一"期间凤凰古城如织的客流

1.1.1.3 热点旅游地区（城市）不断推移，旅游城市地位不断变化

改革开放以来，中国旅游业以前所未有的速度发展，热点旅游景点、旅游景区和旅游城市不断涌现，逐渐形成了以城市为中心，以干线交通为纽带，以主要景点为核心吸引物的全国性旅游接待服务体系。在旅游地理结构差异和旅游资源及旅游环境季节性特征影响下，游客行为在时间上表现出不同特征（张捷等，1999）。随着交通和通信等基础设施的进一步完善，各种形式和强度的旅游流频繁地从一个城市转移到另一个城市，从一个区域转移到另一个区域，这种转移构成了最具中国特色的人文景观。马耀峰等（2000）根据国家旅游局《海外旅游者抽样调查资料（1994~1997）》和 12 城市抽样调查资料（1996~1997），得出该 4 年平均 12 城市入境后旅游流年流量统计，发现中国入境后旅游流中 1 万人以上的单向旅游流达到 84 股，3 万人以上的单向旅游流达到 41 股。而到 2004 年中国入境旅游人数已经达 1.08 亿人次，入境过夜旅游人数达 4 100 万人次。考虑到蓬勃发展的国内旅游，各种旅游流的强度和空间分布必然更为复杂。以从上海入境的旅游流为研究对象，以国家旅游局公布的《中国旅游统计年鉴》和《入境旅游者抽样调查资料》为数据基础，可以计算 1995~2005 年间由上海入境中转向我国西部各省区递进转移的入境旅游流转移态指数（图 1-3）。可以看出，由上海入境向西部各省区中转的旅游流并非均衡扩散发展，而是出现成渝（四川、重庆）、广西、云南、陕西等 4 个主要旅游聚集区，反映了旅游流流动的复杂性（刘宏盈等，2008）。

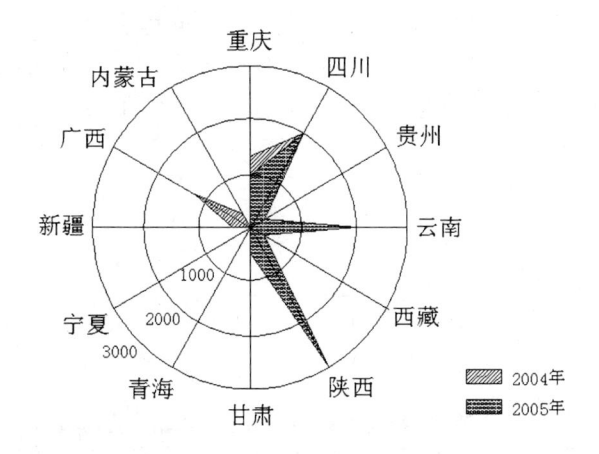

图 1-3　上海入境旅游流向我国西部地区的转移态势

在旅游流总强度不断增加的同时，旅游热点也在不断变换。首先是旅游业兴起之初的一些传统旅游目的地，如北京、杭州、苏州、西安、桂林等城市，这些城市在中国旅游业发展初期（20世纪80年代）占有重要地位；之后中国的旅游热点开始逐渐转移到云南的大理、西双版纳，湖南的张家界、凤凰等新兴旅游城市（20世纪90年代）；而后又进一步转移到四川的九寨沟、黄龙，新疆的喀纳斯，西藏的拉萨等城市和地区。可见，尽管这些热点旅游地区不断发生转换和推移，但受中国国内旅游需求持续增长和国际旅游规模不断扩大的影响，中国城市旅游市场总体表现出"传统城市旅游需求持续走高，新兴热点城市不断涌现"的特征。而新兴热点城市在空间上表现出从东部向中部并最终向西部偏远地区过渡、由传统的城市旅游目的地向多类型、多元化的城市旅游目的地推进的趋势。实际上，新兴热点旅游地区和城市的转移仍在不断进行中，热点旅游地区（城市）的不断推移也导致旅游城市地位的不断变化。

从空间尺度看，虽然近年来中国各区域旅游产业规模和经济总量均呈现迅速增加的态势，但无论从规模、速度还是质量上，各区域内部以及区域之间均存在发展不均衡的现象（马晓龙等，2008）。将研究基点放在城市尺度，分析国家旅游局长期跟踪的60个主要旅游城市历年接待的入境旅游人次可见，各城市旅游产业规模存在较大差距，如2005年入境旅游人次数量排在第一位的上海市共接待外国游客3 799 292人次，而第60位的银川市仅接待外国游客4 460人次，前者是后者的850倍。从历时态角度对2000年和2005年中国各省会城市入境游客市场占有率分析可见，广州的市场占有率从30%下降到23%，上海的市场占有率从13%上升到20%，北京的市场份额则出现了一定程度的下降。此外,其他城市接待入境游客的占有率也发生了不同程度的变化。对各城市国内旅游收入的分析也可以得到类似结果,即不同时期、不同城市的旅游接待人次、收入水平等随时间的变化而有所不同,这种差异反映了中国旅游城市地位不断变化的现实(图1-4)。

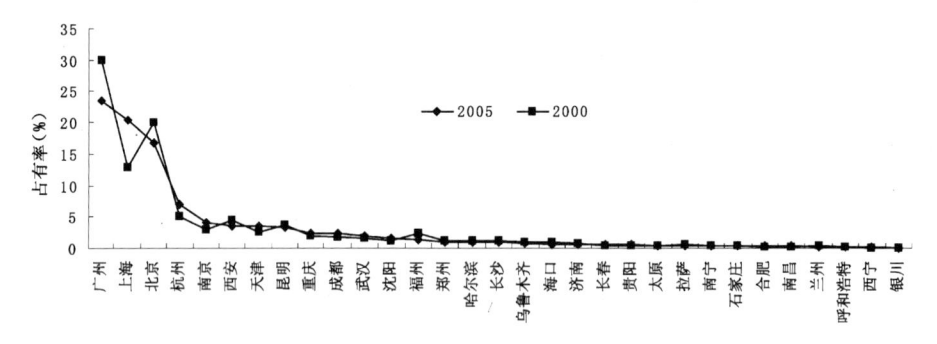

图1-4 各省会城市接待入境游客人次变化

1.1.2 理论背景

1.1.2.1 后现代主义学术思想的分野

20世纪50年代起,西方地理学研究中兴起了计量革命。但到60年代末,它开始逐渐受到来自地理学以外及产生于其内部的种种批判。由70年代早期开始,西方人文地理学(包括经济地理及城市地理)的发展,皆衍生于对计量革命的不满。尽管计量革命对西方人文地理学的发展曾作出过巨大的贡献(尤其是在研究方法、数据处理及强调理论重要性三方面),但在达到其自行设定目标方面,却颇令圈内及圈外人士失望。因此,有些曾对计量革命作出过杰出贡献的学者,从60年代末以后,皆改弦更张,另谋新野;另外,一向对计量革命缺乏兴趣的学者,也开始提出他们自己认为人文地理应走的道路。最近30年,西方人文地理学出现了各种研究思想的分野。这种多元化发展的情况,虽一方面丰富了地理学的观念并强化了其理论基础,但另一方面却弱化了原本就不强的学科内部的凝聚力(马润潮,1999)。

实际上,这种研究思想的分野很大程度上受到后现代主义的影响。后现代主义主张事件及观点皆非一成不变,其存在是有条件性及不稳定的,是在某些情况下才能产生的。但正因如此,后现代主义并没有任何统一性的理论,因而反对它的人认为它是一种反权威及反理论的学术"拆台运动"(马润潮,1999)。在这样的思想背景下,自然出现了对同一问题的研究存在不同的学术理解和内容解构,直接表现为研究范式和研究方法的多元化,前者逐渐从早期的经验主义、实证主义向后现代的人本主义、结构主义等转向，而后者则表现为对同一问题可以采用定量或者定性等多种手段，或者将定性研究和定量研究相结合。尽管对各种研究方法的优劣存在较大争论，但不论是定量研究还是定性研究，在研究范式上都属于经验研究，只不过研究立场、角度和侧重点不同罢了[①]。这种学术思想的分野已经明显影响到对城市和旅游等复杂现象的研究，主要表现为研究切入点和研究方法的多元化。

1.1.2.2 城市和旅游研究复杂性的认知

城市是以人为主体，是人口、活动、设施、财富、信息等高度集中并不断运转的有机体（江美球等，1988）。从人类社会出现最早的城市迄今，城市已经有了5000多年的发展历史。

现代城市是一个复杂的大系统，涉及社会、经济、政策、资源、环境、民族、文化等多个子系统，每个子系统又含各种各样的多层次组分。这些子系统之间及其内部组分之间均存在错综的关系，并呈异常复杂的多目标性、不确定性、动态性、非线性和互动性。例如，城市系统中各种社会经济、环境和资源目标并存，不同的决策者和利益集团所希望获得的目标也不尽相同，这些目标或相互抑制或相互促进。此外，随着社会经济的不断发展，城市自身的结构和规模必然随时间和空间的变异而发生变化，从而带来各种社会经济和环境要素的不确定性；另一方面，系统各行为的物质和能量输入、输出往往也含大量的不确定性。这些不确定性信息自始至终伴随着城市的发展。作为人类社会与特定地域空间紧密结合的整体，城市构成了迄今为止人类对自然环境干预最强烈的地方（周一星，1992）。由于城市是一个十分复杂的经济社会聚集体，城市在发展中涉及许多外部性、公共性经济以及价值判断等问题，因此对城市的问题不可能用纯粹的一种理论进行研究，而必须借助于经济、历史、政治、地理、建筑等多学科知识（赵民等，2001）。

与城市研究的复杂性相似，旅游活动也是一个涉及面十分广泛的社会、经济、文化现象，世界旅游组织（World Tourism Organization，WTO）曾建议用"旅游活动国际标准分类"（Standard International Classification of Tourist Activity，SICTA）将旅游活动划分为"完全属于旅游业的产业部门"和"部分涉及旅游业的部门"两种情况。实际表明，这些活动在各行业中广泛分布，主要集中于批发、零售业（G），饭店和餐馆业（H），交通、仓储和通信业（I）等17种商业性行业和非商业性行业（如图1-4）。以国家优秀旅游城市创建活动为例，在《中国优秀旅游城市检查标准》（修订版）中，对城市旅游的检查内

[①] 资料来源：王宁，中山大学社会学研究方法讲义。

容包括经济、生态、教育、咨询、旅游商品生产、住宿、餐饮、购物、文化、旅行社机构设置、政策与管理等方面共 20 个项目,涉及政府、工业、商业、服务业、大众传媒(电视、电台、报刊、杂志等)、园林绿化、旅行社、交通、文化、信息等众多部门。很显然,由于这些活动特征方面具有高度关联和复杂联系,要依靠某一单一学科来解决问题,根本就是行不通的(吴必虎,2001)。

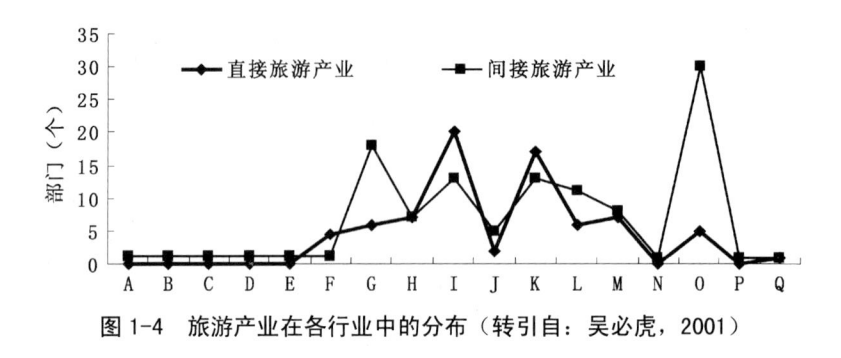

图 1-4　旅游产业在各行业中的分布(转引自:吴必虎,2001)

A 农业　　B 渔业　　C 采矿、采石业　　D 制造业　　E 电力、天然气和水供应　　F 建筑业　　G 批发、零售业　　H 饭店和餐馆业　　I 交通、仓储和通信业　　J 金融中介　　K 不动产、承租及经济活动　　L 公共管理　　M 教育　　N 健康及社会服务　　O 其他社团、社会及个人服务　　P 私人家庭　　Q 外国组织和机构

可见,无论城市还是旅游本身都具有复杂的社会性特征,而当这两种复杂的社会性特征叠加在一起时,"城市旅游"的复杂性将更为突出。城市现象和旅游活动本身的复杂性决定了发生在城市的旅游产业与其他领域或行业之间存在高度的关联和复杂作用,这种行业间的相互关联和复杂作用不可能从一个学科、一个领域或者一种方法对相关问题进行全面解释。因此,旅游和城市问题研究必须实现多学科的交叉渗透和研究方法的综合性。基于这种认识,城市和旅游研究已经成为社会科学、地理科学、管理科学的研究重点和主要领域。

1.2　立论基础

1.2.1　中国城市旅游发展阶段的判定

1.2.1.1　城市旅游发展阶段判定的两个标准

Butler 的旅游地生命周期理论指出,任何一个旅游地的发展过程一般都包括探查、参与、发展、巩固、停滞和衰落或复苏6个阶段。基于不同的研究视角和判定标准，中国城市旅游发展所处的阶段也存在一定差异性。

基于投入产出视角的判定标准 旅游发展从投入产出角度看大体经历了"高投入、低产出"、"中投入、中产出"和"低投入、高产出"三个阶段（魏小安等，2003）。

早期阶段往往也是社会发展总体水平比较低的时期，表现为高投入、低产出特征。其发展主要受社会基础设施和社会环境两个因素制约。从宏观角度投入产出的比较上看，该时期各旅游项目都背负了大量的基础设施建设，把需要政府做的事情转移到旅游项目上来，开发景区之前需要道路、水、电、煤气等一系列社会基础设施建设的投资。第二是中投入、中产出阶段。随着社会基础设施的不断改善，各因素的制约和旅游项目的负担越来越少，各方面的社会资金和外资都在进入，但由于环境改善，投入量开始降低，而产出水平在逐步提高，这样就形成了中投入中产出的局面。第三是低投入、高产出阶段，也就是"旅游业投资少，见效快，利润高，创汇多"的阶段。在这一阶段，旅游业的拉动作用强，市场前景广阔，只要有相应的市场需求，投入之后就会迅速见到成效，而且产出效益比较高。投入是比较单纯的经营性项目投入，无需背负社会技术设施的负担。

基于资源开发视角的判定标准 旅游发展从资源开发角度大体经历了普遍开发、重点开发和创新开发三个阶段（魏小安等，2003）。

第一是普遍开发阶段。由于普遍开发和遍地开花，所以重复建设成为该时期旅游发展的必然产物，很多资源的效益没有充分体现出来。由于严格控制、避免重复建设会影响各地发展的积极性，因此该阶段必然存在一定的资源浪费。第二是重点开发阶段。丰富的旅游资源按照普遍开发和遍地开花的方式利用显然存在资源利用粗放式的弊端。所以，从规划性开发开始，形成重点开发是第二个阶段的显著特点。第三是创新开发阶段。从市场角度来说，创新开发就是竞争性开发。在这个阶段，很多地方已经充分意识到创新的意义，追求的中心是遴选人无我有的项目，进入这个阶段标志着旅游资源开发已经进入了成熟阶段。

从需求的对应关系来说，普遍开发适应了普遍性的大众化需求，这也是早期的需求；重点开发和规划性开发实际上是对需求的引导，是对需求深层次的适应；创新性开发和竞争性开发的实质则是创造需求、挖掘潜在的需求。

1.2.1.2 城市旅游发展所处阶段的判定

1982年中国旅行游览事业局与中国国际旅行社正式分开，标志着中国旅游从承担国家接待任务的事业型转化为国民经济组成部分的经济产业；随后，在1986年的国民经济和社会发展第七个五年计划中得到产业地位的认可，并迅速成长为中国经济增长的重要新生力量。但城市旅游一直未能成为城市政府、旅游学界和旅游产业界重点关注的经济对象。20世纪90年代以来，中国以整体城市建设为核心的城市旅游开发越来越受到地方政府和学者的重视，特别是珠海、大连等城市旅游开发的成功，产生了巨大的示范效应，发展城市旅游成为近年来的热潮之一（保继刚等，2001）。

1995年国家旅游局开展创建和评选中国优秀旅游城市的活动。同年，上海召开了"上海都市旅游国际研讨会"，这次研讨会也是我国城市旅游起步阶段的一次重要会议（陈传康等，1995）。随后，中国旅游地理学理论开拓者陈传康先生在1996年连续发表了多篇城市旅游研究系列论文，这些论文被认为是中国早期城市旅游研究的重要文献（保继刚，2005）。可见，1995年被认为是我国城市旅游"起步"和"早期"阶段。之后，随着城市旅游在旅游业界、学术界和政府的影响力进一步深入，严格意义上的城市旅游才开始成为中国城市经济发展的重要力量而迅速发展起来。

从宏观角度对中国城市旅游发展的实际状况进行分析可见，目前我国大多数城市的旅游发展刚刚告别旅游项目背负大量基础设施建设的情况，甚至仍有很大一部分基础设施建设需要通过旅游项目带动。从开发方式上看，尽管目前旅游规划编制的质量参差不齐，但大多数城市旅游开发都是在规划指导下进行的，以重点开发为主要方式。与"投入产出视角"和"资源开发视角"的旅游发展阶段特征相比较可知，目前中国大多数城市旅游的发展处于"中投入、中产出"阶段和"重点开发"阶段，即总体上处于从第一个阶段向第二个阶段逐渐过渡的中间阶段。在这样的阶段性背景下，中国城市旅游发展表现出一系列体现时代特色的特征，而相关特征恰恰是直接导致20世纪90年代以来中国城市旅游效率及其全要素生产率变化的直接因素。因此，对城市旅游效率和生产率进行评价以及相关解释的前提是对城市旅游发展的相关特征进行总结。

1.2.2 中国城市旅游发展的主要特征

1.2.2.1 城市旅游设施投资持续增长

1998年12月中央经济工作会议的召开对旅游业在全国范围内更快、更好地成长产生了巨大的推动作用。以旅游业作为"国民经济新增长点"的战略为契机，各地方政府掀起了一股城市旅游建设的高潮，城市用于旅游基础设施和旅游项目建设的固定资产投资数目逐年增加。截至2003年底，中国旅游业吸引海内外资金的总体规模为8600多亿元。其中，宾馆饭店等住宿设施投资规模为6000多亿元；景区景点开发的投资约为1000亿元；旅游车船、文化娱乐、旅行社等投资约为1000亿元。在总投资中，外商投资超过500亿美元，其中旅游饭店业约 400 亿美元，景区景点开发约 80 亿美元，旅游车船、文化娱乐业约 20 亿美元。2000~2004 年国家在长期建设国债中将 67.2 亿元人民币用于旅游基础设施建设，包括景区到干线公路的连接公路、景区内的旅游公路、停车场、游步道、供电供水设施、景区垃圾污水处理设施、景区旅游厕所、景区咨询服务设施以及景区环境整治[①]。

图 1-5 西部雅丹地貌地区修建的旅游公路

在城市基础设施建设方面，截至 2001 年，国家共安排 766 亿元国债资金用于 967 个城市基础设施项目的建设，城建国债投资加上由其带动的银行贷款、地方配套资金和其他社会资金，总投资规模达到约 3 300 亿元。这些项目大部分是城市急需建设而以前无力投资的项目，涉及全国 95%的地级以上城市及中西部地区部分县城的供水、道路、供气、供热、垃圾和污水处理等领域，在国债资金的带动下，我国一批中等以上城市迅速摆脱了基础设施陈旧的困境。其中，国家共安排国债资金 326 亿元用于 404 个城市环保基础设施项目建设，安排国债资金 208 亿元支持了 214 个水污染治理项目，全国的城市污水集中处理能力增长近 1.4 倍；垃圾处理项目 69 个，全国城市垃圾无害化处理率将由 57%提高到近 70%；大气污染治理项目 121 个，共使用国债资金 84 亿元[②]。"十五"期间，全社会投资中，城镇投资从 2001 年的 30 001.2 亿元增长到 2005 年的 75 096.48 亿元，所占比重从 80.6%增长至 84.8%，五年累计与"九五"时期相比增长 124.7%，年平均增长 21.7%[③]。

---

① 资料来源：http://jq-tz.cnta.gov.cn/invest/policy/page_show.asp?keyj=0000000000。
   国家旅游局，2005 年中国旅游投资分析报告，检索日期：2008-4-1。
② 资料来源：http://wwwold.sdpc.gov.cn/zt3/200203061.htm。
   人民日报，766 亿国债用于城市基础设施建设，检索日期：2008-4-1。
③ 资料来源：http://www.stats.gov.cn/was40/reldetail.jsp?docid=402311625。
   国家统计局综合司，"十五"期间宏观调控成效显著 固定资产投资硕果累累，检索日期：2008-4-1。

在与旅游相关的城市交通设施建设方面，2000年以来，国家实行积极的财政政策，实施了大规模的基础设施新建、改造工程，交通基础设施条件大为改善。截至2004年底，我国定期航班航线达1 200条，其中国内航线（包括香港、澳门航线）975条，国际航线225条，境内民航定期航班通航机场133个（不含香港、澳门）。"十五"期间投产的民航机场达32个，共完成机场建设投资635亿元。形成了以北京、上海、广州机场为中心，以省会、旅游城市机场为枢纽，其他城市机场为支干，联结国内127个城市和38个国家80个城市的航空运输网络[①]。全国公路总里程达187.07万公里，高速公路从1988年实现零的突破，到2003年年底已突破3万公里[②]，有效改善了城市旅游的可进入性。

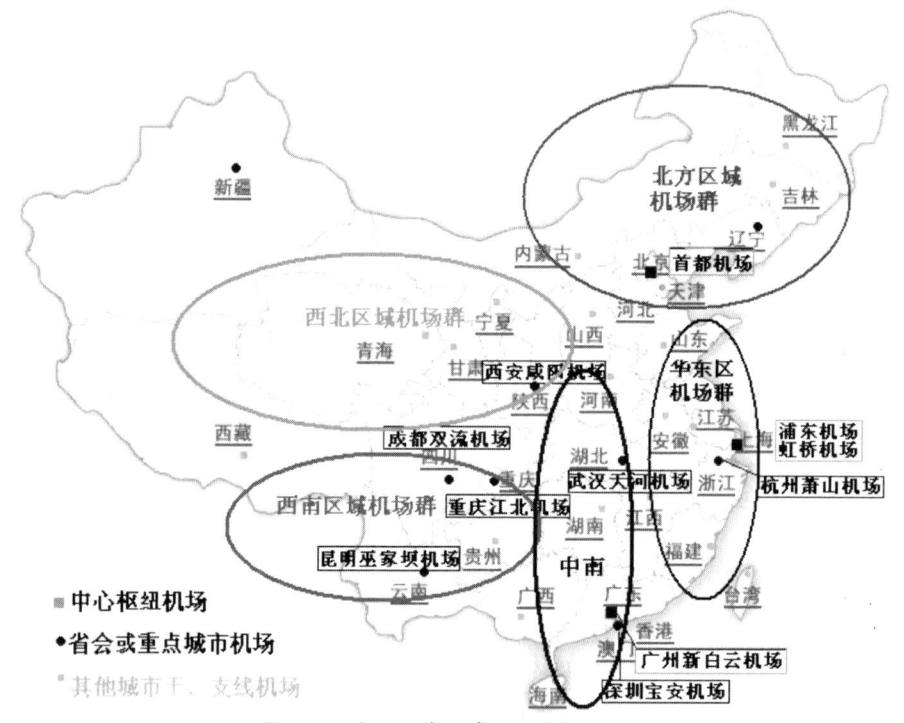

图1-6 我国即将形成的五大机场群

评价：城市基础设施建设有效改善了城市环境，提高了城市旅游的可进入性，客观上促进了城市旅游业，特别是以旅游产业为后发优势城市经济的快速

---

① 资料来源：http://www.caac.gov.cn/H1/H4/。
中国民用航空局行政体制沿革，检索日期：2008-4-1。
② 资料来源：http://jq-tz.cnta.gov.cn/invest/policy/page_show.asp?keyj=0000000000。
国家旅游局，2005年中国旅游投资分析报告，检索日期：2008-4-1。

发展，城市旅游在国民经济发展中的地位和作用进一步得到强化，为城市功能的全面实现和旅游功能的发挥积累了物质基础和环境保障。需要强调的是，城市旅游投资具有显著的综合性特征，它需要相关各部门、各产业协同发展才能发挥作用，投资效益才能充分发挥，片面地强调某个方面无法获得预期效果。旅游投资不仅需要良好的软件环境和硬件环境，而且需要良好的产业配套环境。如果一个地区旅游资源较为丰富，但城市基础设施、旅游相关行业不发达或者城市形象不佳、金融网点不多，都有可能影响旅游投资的整体效益。从这个意义上讲，所有用于城市建设的固定资产投资都会对城市旅游产生影响，对城市旅游投资边界的界定较为困难。但总体上看，这些大型设施的投资和建设，在提高城市旅游竞争力的同时，仍面临着利用方式粗放、投资人随意性突出等问题，严重制约了资源利用效率的提高。具体地说，主要存在以下几个方面的不足：前期可行性研究不足，缺少科学系统的产品规划设计；经营管理模式上雷同性大，缺乏先进创新的经营管理模式；缺乏敏锐、动态的调整，项目竞争力减退；缺乏对专业人员全面及时的培训；旅游投资流向单一，市场覆盖和渗透能力不足；旅游投资规模小，专业化程度低等[①]。

1.2.2.2 城市旅游电子商务持续创新

早在 20 世纪 90 年代初，我国一些合资酒店直接与国际上几个较大的全球分销系统（Global Distribution System，GDS）和中央预订系统相连接，实现了国际范围内的机票和酒店客房分销（张晶，2006）。在 90 年代中期，GDS 上共有 33 个饭店集团或饭店组织在中国大陆拥有自己的成员饭店。共有 168 家中国大陆饭店通过这 33 个饭店集团或饭店组织实现 GDS 预订，约占该时期全国三星级以上饭店总数 17%。目前向中国大陆非国际联号集团饭店提供 GDS 接入国际市场预订与营销服务的主要有两大饭店组织，即 Utell International 和中国天马系统。1993 年国旅总社（China International Travel Service，CITS）与澳大利亚喷汽座（Jetset）旅行社合作，将国旅总社作为 Worldlink 系统的一个重要客户，推出了与国际接轨的 CITS Worldlink。1994 年国旅集团又在总社的主持下，与广州、桂林、西安、上海、南京、杭州、苏州、无锡、武汉、重庆和拉萨等 11 座城市的地方旅合作开发国旅集团网络工程，并与国旅集团各地的协作酒店实行联网。这些分销系统的建立成为中国最早的旅游电子商务系统。

而真正基于互联网的旅游网络直到 1997 年后才出现，是由国旅总社参与投资的华夏旅游网。此后，旅游互联网站如雨后春笋般地蓬勃发展，短短几年

[①] 资料来源：http://jq-tz.cnta.gov.cn/invest/policy/page_show.asp?keyj=0000000000。
国家旅游局，2005 年中国旅游投资分析报告，检索日期：2008-4-1。

时间，全国大小旅游网站和旅游频道已发展到 600 多个，成为旅游业内发展最快、资本最密集、科技含量最高的新兴产业群（张定方，2003），实现了旅游产品通过网络在线预订的功能。2004 年，全球旅游网上销售额已经达到 270 亿美元。2005 年年底，在 Web 2.0 新技术的刺激下，中国又掀起了新一轮旅游电子商务热。中国旅游电子商务发展各阶段的标志及其服务功能如表 1-1 所示。

表 1-1 中国旅游电子商务发展各阶段的标志及服务功能

时间	标志	服务功能
1996~1998	华夏网和中国旅游资讯网成立	只提供基本的旅游资讯，中国旅游业网络化的开始
1998~2000.04	风险资金引入，旅游电子商务初露端倪，公司内部成立了大规模的商务预定中心，处理顾客的预定并联系供应商	提供基本的旅游资讯，以网上预订和查询为主，进行简单的旅游电子商务
2000.05~2001	国家级旅游电子商务网开始筹建，以网上交易平台服务为主要业务	旅游电子商务的进一步发展，个性化定制服务开始
2002~2005	独立的旅游网站消失，传统和在线的无缝整合，如中青旅和青旅在线的整合	旅游电子商务的逐步完善，旅游信息服务网开始建立
2005 年至今	以 Blog 为代表的 Web 2.0 技术的兴起	强调群体智慧和用户参与，提供了博客、标签、图像共享、比价搜索、社区搜索等功能

引自：姜成辰，2006，有修改。

国家旅游局的旅游管理业务网建设起步于 1992 年，其间经过 1997 年的大规模改造，已建成内部办公网络，在旅游局内部普及了电脑和业务流程的网络化管理。此外，各司室业务系统的开发应用也已投入多年，其中旅游统计信息收集及分析系统自 1993 年投入使用以来，其网络节点从省级旅游局辐射到所辖市旅游局，采集的汇总数据为实施有效的旅游管理提供了完善的决策支持服务。目前已经建成了旅游人事劳资管理系统、导游员考试管理系统、旅行社年检管理系统、旅游质量监督管理系统等。在 1997 年开通了中国旅游网；2000 年建立了节假日旅游预报系统；2001 年，又全面推动信息化建设的"金旅工程"，建立了覆盖全国各省、计划单列市、重点旅游城市的管理业务网络节点，开始通过网络进行业务数据处理。目前国家旅游局网站已链接了 30 个省市旅游管理部门的网站（张定方，2003）。

评价：旅游产业是一个高度信息导向的产业，电子商务对于促进旅游产业链的整合具有重要战略意义，这种深层次的变革不仅改变了旅游企业运作模式和销售方式,还提供了一种整合企业资源、提高运作效率的创新途径(朱镇等,2008)。电子商务是作为"工具"层面的经营管理手段投入旅游业应用的,而旅游电子商务的发展又切实推动了旅游市场结构、旅游产业和企业组织结构的演进,促进着旅游产业、企业、制度、产品等层面的变革与创新(巫宁等,2003)。以电子商务为代表的信息技术在旅游发展中的广泛运用,致使旅游企业管理和营销发生了显著变化:第一,降低了旅游管理成本,提高了城市旅游管理效率;第二,改变了管理思想,树立了良好的企业形象;第三,拓展了城市旅游营销渠道,改变了城市旅游营销的手段和方式,有效提高了城市旅游的经营和运作效率。

1.2.2.3 城市旅游环境改造如火如荼

20 世纪 90 年代以来,随着城市居民对良好生活环境需求的不断提升以及城市政府认识到城市旅游发展对城市经济重要推动作用,中国兴起了以商业街区建设、历史文化街区改造、滨水区整治等为手段的城市旅游开发热潮。经过十几年的发展,目前我国较为成型的具有旅游功能的游憩商业区有:广州天河城、中山市孙文西路步行街、惠州市步行街、南京夫子庙地段、上海城隍庙地段、深圳华侨城等等。

图 1-7 改造后的东河古镇

以商业街区和历史街区建设为例,珠海市九州城于 1984 年就开始进行游憩商业区建设,当时投资 2 亿元人民币,占地 15 400 平方米,经过 20 年的发展已经成长为中国最成熟的商业街区①。在九州城建设成功的案例基础上,一系列旨在改善城市旅游环境、提高城市旅游竞争力、丰富城市旅游产品结构的游憩区建设蓬勃兴起。广州市天河城总投资12亿元人民币,占地4.1万平方米,建筑面积达16万平方米,于1996年8月18日正式开业,目前已成为广州市民和游客购物、休闲、娱乐、观光的首选场所,是中国大陆最早的Shopping Mall之一②。1996年,北京市政府开始投资10亿多元人民币对王府井进行市政管线、商业建筑、街道设施、园林绿化、灯光照明等硬件改造。以2000年9月二期工程竣工为标志,具有悠久历史的王府井呈现出现代化商业街的风貌③。中山市政府结合旧城改造,于1997年8月开始共投资4 000多万元人民币分两期对孙文西路进行施工改造,修缮后的孙文西路文化旅游步行街实现了传统和现代的有机融合,为外来游客和本地市民提供了一个集休闲、购物、娱乐为一体的好去处④。西安曲江新区规划面积15.88平方公里,2002年以来用于建设大雁塔北广场、大唐芙蓉园、大唐不夜城等文化、旅游项目投资达35亿元。该项目的最终目标是为提高西安城市旅游竞争力,建设一个集观光、休闲、度假、餐饮、娱乐为一体的大型皇家园林式主题公园⑤。与此同时,上海的淮海路、成都的春熙路、重庆的解放碑等影响力较大的区域性商业中心也先后进行改造和建设,并扩散到其他中小城市,形成了中国城市旅游环境不断改善、城市旅游竞争力不断提升的局面。

随着交通技术与交通方式的进步以及工业结构的调整,原来为工业生产服务的滨水区已不能适应城市社会经济发展的需要,20世纪90年代以来,国内城市形成了滨水区改造和建设的热潮。在80年代以夫子庙地区"十里秦淮"风光带建设取得国内外公认成功的基础上,1993年成都市政府投入27亿元人民币对府南河进行整治,净化城区850公顷水面,并新增加25公里河堤,新建和改造18座跨河桥,使整治后的府南河形成了一条新的旅游风光带⑥。1996年,

---

① 资料来源:http://www.caryouyou.com/dest/guangdong/zhuhai/jingdian/20070820/6024.html。
九州城,检索日期:2008-4-3。
② 资料来源:http://www.gdchain.com.cn/News/newsdetail.asp?NewsID=50777。
广东天河城(集团)股份有限公司,检索日期:2008-4-3。
③ 资料来源:http://bbs.kesum.cn/dispbbs.asp?boardID=62&ID=10067&page=2。
两次改造后的北京王府井商业街,检索日期:2008-4-3。
④ 资料来源:http://re.icxo.com/htmlnews/2004/12/20/517931.htm。
广东中山孙文西路文化旅游步行街,检索日期:2008-4-3。
⑤ 资料来源:http://www.qinqiang.com/Article/1607.htm。
西安加快文化产业发展,检索日期:2008-4-3。
⑥ 资料来源:http://www.chengdu.gov.cn/cd_know/detail.jsp?id=30554。
河道整治,检索日期:2008-4-3。

图 1-8　北京大栅栏历史街区保护与利用功能分区

上海市对陆家嘴金融贸易区沿江企业进行动迁和改造,形成了近 30 万平方米的绿化面积。1997 年,完成了滨江大道 1 500 米路段内包括亲水平台、滨江道路和绿化工程,以及岸线景观、灯饰工程等,带动了周边区域商业、外贸、文化、市政等建设的发展[①]。在广州,市政府 1994 年开始整治珠江,1998 年星海音乐厅和广东省美术馆的落成开放,1999 年对珠江沿岸改造的投资规模进一步加大到 49 亿元,试图将珠江改造成"广州的塞纳河"[②]。2002 年 1 月,继 90 年代浦东陆家嘴地区岸线建设之后,上海市又启动吸纳内外资 1 000 多亿元人民币的黄浦江两岸综合开发工程,试图将黄浦江及其两岸的功能转换为金融贸易、

---

① 资料来源:http://www.shtong.gov.cn/node2/node71994/node71995/node71998/node72046/index.html。
　浦东开发的"带头羊"——陆家嘴,检索日期:2008-4-3。
② 资料来源:http://news.enorth.com.cn/system/2002/08/16/000398100.shtml。
　污染触目惊心　广州的珠江何时变"塞纳河",检索日期:2008-4-3。

旅游文化和生态居住，带动上海中心城区社会、经济、环境的协调发展[①]。武汉汉江两岸综合开发整治工程则启动于2003年2月，依据规划，汉江两岸将建设成为集商贸旅游、生态居住于一体，环境优美、道路设施齐全，体现江城文化特色和大都市现代化生活的现代化城市滨水区[②]。此外，其他滨江、临海城市如宜昌、长沙、珠海、青岛等也进行了一系列旨在改善城市环境的滨水区改造工程，有效提高了城市旅游综合竞争力。

图1-9 远看珠江沿岸风光带

评价：历史文化街区、商业街区和城市滨水区往往是浓缩城市历史文化，体现地域特色，反映城市风貌，展示城市魅力的窗口。但长期以来，受我国城市经济发展水平较低、基础设施建设资金匮乏等客观因素制约，这些区域的历史文化往往不能得到有效的保护和利用，尤其是随着城市居民对良好生活环境诉求的不断提升，历史文化保护与居民生活之间产生尖锐的矛盾冲突，如何在二者之间寻求一种合理的平衡，成为城市政府面临的一项重要任务。在严格遵循保护的原则下更新历史街区功能，适度开展旅游项目，不仅可以带来经济收益，使历史街区的价值得到充分体现，同时，还可为历史街区的保护工作打下良好的群众基础和资金支持。可见，历史街区的保护与更新为旅游业发展提供物质条件，旅游业发展为实现历史街区的保护与更新提供资金保障，从而实现历史街区保护、更新和旅游开发良性循环、可持续发展和永续利用（马晓龙等，

---

① 资料来源：http://www.bjfang.com/news/8440.html。
上海1000亿再造"第二个浦东"，检索日期：2008-4-3。
② 资料来源：http://www.gzuda.gov.cn/news/view.asp?id=XW200303101100434584&fdID=CL200302211558027269&tbColor=DBE2FF&trColor=C7CFF3&publishtime=1&KeyWord=。
武汉：汉江两岸综合开发 要进行高水平城市规划，检索日期：2008-4-3。

2005)。城市商业街区改造和滨水区建设必然在一定程度上提高城市的旅游竞争力、改善城市的整体旅游环境,但受我国城市旅游发展短期性的影响,城市政府对很多项目的建设缺乏论证和必要的规划指导,最终导致一系列盲目投资。如随着许多城市兴建商业街的热潮,现在大大小小的城市里几乎都有了人造商业街,但不少商业街刚开街就出现冷冷清清、有街无市的现象[①]。在滨水区开发中,表现出的问题更为明显,如建筑面积 7 万平方米、投资 1.6 亿元的武汉"外滩花园",因违反国家《防洪法》于 2002 年初被强行拆毁;四川雅安投资预算 3 000 万元的城市滨水娱乐广场也被迫叫停等[②]。这些行为给城市旅游和企业的发展带来较大的不经济性。

1.2.2.4 城市旅游竞争与合作不断深化

城市旅游是现代旅游的主体,它的发展已处于竞争性增长阶段(苏伟忠等,2003)。20 世纪 90 年代初,我国的深圳、广州、上海、无锡等经济发达的沿海城市首先意识到城市旅游业发展的重要性,积极兴建以主题公园为代表的人工旅游景点,开展以商务旅游为核心的城市旅游,以此来完善城市旅游产品体系的建设,改善和优化城市环境以吸引游客。至 2005 年年底,全国至少有北京、上海、广州、成都、西安、杭州、济南、昆明、乌鲁木齐、深圳、青岛、大连、厦门、桂林、黄山、宜昌、泉州、武夷山、三亚、洛阳、乐山、肇庆等城市相继提出建设国际旅游城市的目标,这些城市中既有直辖市、副省级城市、省会城市,也有地级城市。此外,随着中国优秀旅游城市数目的日益增多,300 多座旅游城市共享"优秀"品牌,城市旅游目的地间客源市场的争夺也日益激烈,特别是区域临近和品牌共享的旅游城市之间的竞争空前激化,如苏州和杭州的竞争,洛阳和开封的竞争等。从旅游产品供给的角度分析,这种竞争环境的培育从某种程度上可以推动中国城市旅游的发展进程,以"中国最佳旅游城市"评定为例,该标准的研究和制定试图为中国的主要旅游城市提供一个达到国际标准并与世界上最佳旅游城市同台竞争的机会。可见,中国旅游城市之间日益加剧的城市旅游竞争已经成为城市旅游发展的重要特征之一,这种竞争要求城市旅游研究者能够辨识不同城市旅游发展的主导因子,明确不同类型城市旅游发展的竞争能力;与此同时,学术界关于城市竞争力、城市旅游竞争力的研究也日益增多,在中国期刊网上可以检索到以这些关键词发表的研究文章达 1 200 余篇[③]。

[①] 资料来源:http://www.dragonstrail.com.cn/ind_html/cn_shangyejq_14.htm。
《经济日报》,商业街:建在哪,谁来建,怎么建? 检索日期:2008-4-3。
[②] 资料来源:http://www.people.com.cn/GB/paper1787/6315/622773.html。
[③] 检索入口:www.cnki.net。检索日期:2008-3-3。

随着城市旅游的快速发展，城市对资源和空间的需求日益扬升，单个城市的旅游发展已难以满足游客对资源的需求。在这样的背景下，以城市为单元的旅游合作也逐步展开。在珠三角地区，20世纪90年代初，香港旅游协会首次提出了粤港澳区域旅游合作的概念，在其倡导下，粤港澳和珠三角开始共同组合产品，联合在海外推广，取得了一定的效果。2004年，泛珠三角区域合作与发展论坛在香港、澳门、广州举行，包括福建、江西、湖南、广东、广西、海南、四川、贵州、云南九省和香港、澳门两个特别行政区共同签署了《泛珠三角区域合作框架协议》，标志着当时国内最大规模的区域经济合作正式启动。2003年7月，长江三角洲地区的上海、杭州等15个城市签署了《长江三角洲旅游城市合作宣言》，提出了要把长江三角洲旅游区变成中国第一个跨省市无障碍旅游区，标志着我国区域旅游合作步入新阶段。2004年5月，江浙沪导游证实现三地通行；同时三地积极加强区域旅游教育合作，形成人才培训对接机制。以上海为例，2004年至今，已经与杭州、南京、苏州、无锡、绍兴等长三角城市的旅游集散中心签署联网合作协议，实行资源共享、统一平台、联网售票。旅游区域合作的发展，进一步扩大了长三角区域旅游市场规模，提高了长三角旅游企业管理水平，提升了长三角旅游效益[①]。相关研究也表明，随着长三角城市旅游竞争与合作的不断深入，论坛成功举办后企业经营和企业间的合作发生了一些变化。尤其是长三角15个城市之间的企业合作相对而言比较成熟，地接制度取消已久，而且交通便利，住宿和服务等条件也趋于一致（潘丽丽，2005）。

图 1-10　泛珠三角城市旅游发展论坛会场

---

① 资料来源：http://www.yzlyw.gov.cn/infoview.asp?id=1217。
中国旅游报：长三角区域旅游合作现状与对策探讨，检索日期：2008-3-29。

环渤海地区城市旅游合作晚于珠三角和长三角地区城市，2004年4月，北京、天津、山东、黑龙江、吉林、辽宁、河北、河南、山西和内蒙古等十个省市区在北方旅游交易会上签订了《区域旅游合作宣言》；同年8月，在辽宁的东亚旅游博览会上，北京、天津、河北、山东、辽宁五个环渤海省市旅游部门一起签署了联合宣言，明确提出要共同打造环渤海无障碍旅游区的目标。同年12月，京津冀三省市旅游局长在河北廊坊正式成立了三省市的区域合作办事机构京津冀旅游局办事处，并决定将环北京1.5个小时车程内的河北100家三星级饭店列入北京奥运接待体系。2008年2月，环渤海地区、周边地区及中国主要热点旅游城市的"9+10"区域旅游合作会议在北京召开。北京将与上海、重庆、西安、杭州、南京、昆明、成都、哈尔滨、桂林9个国内热点旅游城市，组成跨区域的旅游协作体，目的是发挥各地优势，形成以旅游资源精华为核心竞争力的、极具国内外吸引力的中国旅游精品线路[①]。此外，东北地区、西北地区、湘中地区等城市群也召开了一系列类似的区域旅游合作会议，并采取了不同的措施。

评价：竞争与合作是我国城市旅游发展的重要特征。在竞争方面，无论城市是否具备成为国际旅游城市、优秀旅游城市的条件，各级政府都积极主动地投身于"国际"、"优秀"建设的行动中，其主要目的在于通过品质和内涵的提升，提高城市知名度和城市形象，进而吸引更多的外界关注，实现在激烈的城市旅游市场竞争中获胜的目标，这就是"国际"和"优秀"旅游城市建设的本质。张昕玲（2006）认为，城市是否有效地参与了区域旅游的合作，可以影响到城市在大区域范围内的旅游地位。从游客角度看，只有通过城市和企业间的竞争，才能够提高服务质量，获得更好的旅行服务；从中央政府的角度看，合作使各地方政府呈现出良性互动的态势，协调了彼此关系；对于地方政府而言，合作可以提高旅游设施的利用效率，带动本地服务业的发展；对旅游企业来说，合作能够增加经营收益，达到双赢乃至多赢的效果（张志辰，2008）。可见，以城市为单位加强旅游竞争与合作，一方面可以通过优胜劣汰的方式为游客提供更优质的服务，实现游客旅行过程中满意度最大化；另一方面，可以减少城市间外部摩擦，通过整合城市间的旅游资源，共同打造旅游精品线路，提高城市旅游的内部服务水平，并以精品线路为龙头，互为旅游客源地，发挥各自城市的区域优势、产业优势，实现各个城市间的互动和资源的合理利用，加快旅游产业的发展速度。

---

① 资料来源：http://www.moneychina.cn/html/6/73/73289/1.htm。
区域旅游合作发展过程，检索日期：2008-3-29。

1.2.2.5 城市旅游危机事件不断发生

城市是中国旅游发展最重要的客源地和目的地，因此旅游发展过程中各种危机事件对城市的影响程度较农村地区更为激烈。但在旅游业总体持续繁荣的背景下，这些突发性危机事件造成的部分地区或时段内旅游业的局部衰退往往被淡化。以 1997 年波及亚洲的金融危机为例，对旅游业的相关影响从 1997 年下半年在我国开始显现，1997 年 5 月，泰国旅华客源同比增长 16.3%，但自 6 月开始首次出现负增长，跌幅逐月加大，10、11 两个月高达 30%~40%，下半年月均跌幅 25%；印尼市场从 1997 年 10 月开始滑坡，10、11 两个月跌幅均在 10%左右；新加坡和马来西亚的旅华市场也开始滑坡，11 月的跌幅分别为 0.04%和 3.8%。据国家旅游局统计资料，1998 年 1~6 月旅华外国人次数比 1997 年同期下降了 2.44%，来自该市场的外汇收入也同比下降了 8.88%。另据以东南亚和东亚游客为主要市场的杭州市旅游局提供的资料，1998 年 1~8 月，旅杭海外游客数下降了 5.8%，创汇数下降了 15.6%，且 8 月份的下降幅度更甚，分别为 10.1%和 16.6%（周玲强，1999）。

随后，1999 年"大使馆误炸事件"、2001 年"中美撞机事件"、2001 年"9·11 事件"、2003 年爆发的"美伊战争"等均对中国城市的入境旅游和出境旅游业产生影响。而 2003 年由于 SARS 的影响，中国全年入境旅游人数为 9166.21 万人次，比 2002 年下降 6.38%，旅游业总收入减少 2768 亿元，尤其在 SARS 肆虐期间，客流量下降特别显著，使得 2003 年 4、5 月，中国入境旅游、出境旅游、国内旅游皆陷入停顿，旅行社全面停业，旅游饭店、旅游景点接待人数为历年最低，各城市旅游业陷入历史最低谷，"非典"危机给中国城市旅游带来巨大损失。2008 年春季期间的暴雪灾害则是最近的一次旅游危机，国家旅游局接连下发六七个紧急通知，要求旅游行业迅速调整春节黄金周工作思路，提倡就地旅游，就近旅游。据估计，受冰雪天气交通不便影响，2008 年春节中国国内旅行社有 1 万多团队退团，长线游市场遭遇"寒流"，大部分旅行社春节期间国内旅游收入损失 70%左右[①]。仅以张家界市为例，由此次雪灾给张家界旅游业造成的损失就达到 4 亿元人民币以上[②]。

2008 年年底至 2009 年上半年，国际金融危机、甲型 H1N1 流感等因素对我国城市入境旅游发展形成新的冲击。从 2009 年 1~5 月份主要城市入境旅游接待情况的统计数据来看，上半年前五个月全国共接待入境游客 5 211.51 万人

---

① 资料来源：http://www.jdfxnq.com/html/73/n-10573.html。
　受南方冰雪天气影响 春节国内游市场损失七成，检索日期：2008-4-1。
② 资料来源：http://www.china.com.cn/news/txt/2008-02/01/content_9627344.htm。
　全国假日办建议谨慎出行 南方大雪殃及旅游市场，检索日期：2008-4-1。

次，同比下降4.80%；入境旅游外汇收入152.68亿美元，同比下降13.39%，入境旅游经济运行长期处于下行区间。从前四个月主要城市入境旅游接待情况看，与2008年同期比较，在监测的28个城市中，只有武汉、厦门、天津等9个城市的入境旅游接待人次以增长为特征，仅占城市总数的32.14%；其他19个城市的入境旅游接待人次以下降为主要特征，占城市总数的67.86%。且受区域经济外向型特征的影响，北京、上海、广州等口岸城市，以及深圳、苏州、无锡、中山等沿海城市的入境旅游同比也表现出下跌的特征。其中，三亚、中山两市的跌幅分别达到39.61%和32.36%（图1-11）。

图1-11　2009年1~4月份主要城市入境旅游接待情况

图1-12　冰冻天气中的北方某旅游景区

评价：任何事物都需要辩证地看待，旅游业危机在给旅游企业造成巨大破坏的同时，也给城市旅游企业带来了进一步发展的机遇。在政府层面，国家相关部门将制定更为严格的质量标准与管理制度，强化监督执法力度。例如，SARS疫情期间，国家旅游局要求各地实行分餐制，国家卫生部门要求车辆定期消毒；大量旅游企业为了度过危机难关、招徕顾客而提高了服务质量，包括旅游饭店施行分餐制、加强卫生管理、旅行社对旅游车辆定期消毒等。面对导游变导购、服务大缩水的局面，中国各旅游城市的质监部门也在不断寻求建立旅游诚信体系的方式和策略[①]。在企业层面，根据优胜劣汰规律，那些不能成功进行危机管理的旅游企业将被市场无情淘汰，或者宣布破产或者被其他企业收购和兼并。旅游企业行业内部重组的结果是那些具有创新能力、抗风险能力以及服务、管理完善的企业得以生存和发展壮大，这对于旅游企业乃至整个旅游业都具有正面意义。旅游业危机导致游客数量减少，为了争夺有限的客源，旅游企业必然提高服务质量，增加企业收入；为了度过危机，大多数旅游企业都采取了各种措施，完善企业内部制度，有利于旅游企业的长远发展。例如，危机预案的建立使旅游企业的危机管理程序制度化，为旅游企业应对可能再次遇到的危机打下了良好的基础。一般来说，旅游企业在经历了旅游业危机并且得以生存下来以后，危机意识会大大增强。企业的领导层和员工会充分意识到旅游业的敏感性和高风险性，会以更加谨慎和负责的态度经营旅游企业，或者增加旅游企业的经营范围，提高其抗风险性的能力。可见，尽管危机本身对城市旅游发展具有难以避免的不利影响，但危机事件客观上对于各旅游利益主体提高技术水平和服务能力具有重要推动作用，从而实现技术水平和资源利用能力的提高。

1.2.2.6 城市旅游学术研究不断深入

城市旅游作为一种产业类型在我国的发展之初就受到旅游学术界的广泛关注，各城市政府和产业界也认识到城市旅游学术研究对于推动城市旅游产业健康发展的重要意义，在各官方组织、非官方组织、学术研究机构的支持和组织下，相关学术研究陆续展开并不断得以深入。1995 年上海黄浦旅游节期间召开的都市旅游国际研讨会吸引了来自世界旅游组织的官员以及美国、日本、新加坡、泰国等国家和台湾、香港地区的专家，以及国内旅游界的专家和学者 120 余人。会议专题研讨都市旅游和都市旅游业，成为我国城市旅游研究的一次重要会议。1999 年 7 月由中国地理学会旅游地理专业委员会、珠海市旅游局主办，珠海市旅游局和中山大学旅游发展与规划研究中心承办的"城市旅游国际研讨会"在珠海市召开，吸引了来自美国、加拿大、英国、澳大利亚、新西兰的国外学者和来自全国各地的 100 名正式代表。会议探讨了城市旅游的理论和方法、城市旅游开发实践与影响等问题，是中国城市旅游研究发展阶段中一次具有重大意义的会议（徐永健等，1999）。随后，由广州市政府主办，广州市旅游局和南方发展研究院承办的"2005 泛珠三角城市旅游高峰论坛"、2005 年在北京大

[①] 资料来源：http://www.china.com.cn/chinese/TR-c/1013819.htm。
中国网：中国 47 个旅游城市共谋来应对旅游市场诚信危机，检索日期：2008-3-29。

学召开的全球华人地理学家大会"环城市旅游与休闲度假的地理学透视"等会议也陆续召开，这些学术会议不仅提出了中国城市旅游发展所面临的问题、城市旅游发展的思路和模式等，也推进了政府和企业层面对城市旅游重要性的认识，扩大了城市旅游的影响。

图 1-13 首届中国旅游科学年会在北京召开

著名旅游地理学家陈传康教授在 1996 年提出的城市旅游开发规划研究提纲是早期中国城市旅游研究的重要文献。此后，郭来喜、王兴中、吴必虎、张捷、陆林、陈田、马勇、汪宇明、牛亚菲、李九全、杨新军、陶伟、秦学、卞显红等学者也对城市旅游进行了积极探索，并提出了许多富有学术深度和政策含义的见解。南开大学出版社 2004 年出版的《城市旅游　原理·案例》是一本围绕城市旅游各个方面进行研究的著作，具有十分重要的学术意义（杨新军，2005）。随着对城市旅游重要性认识程度的加深，以及城市旅游学术影响力的进一步扩大，自 2002 年，国家自然科学基金委批准了多项城市旅游的面上基金和青年基金，教育部及高校也资助了不少城市旅游的相关研究项目。如国家自然科学基金委员会面上项目"城市旅游理论体系、结构功能及游憩商业区"，青年基金项目"城市游憩系统空间结构发展研究"，教育部科学技术研究重点项目"珠江三角洲城市旅游地生命周期及其调控研究"，广东省教育厅"千百十工程"优秀人才培养基金资助项目"广州城市旅游发展研究"等（保继刚等，2005）。这些基金项目的立项，说明国家从宏观层面认可了城市旅游研究的重要意义，极大地激发了旅游学者关于城市旅游研究的兴趣，一系列城市旅游的研究成果得以出现。以"城市旅游"作为检索词对中国学术期刊网的相关论文和文章进行精确检索发现，国内在 20 世纪 80 年代初期就有了以此为题目的相关研究，且研究数量有逐年增加的态势。相关论文和文章从 1996 年的 27 篇迅速增长到

2008 年的 451 篇，10 余年间增长了近 17 倍，13 年间累计发表 2 232 篇，说明城市旅游研究已经成为目前旅游研究的重要热点之一（图 1-14）。

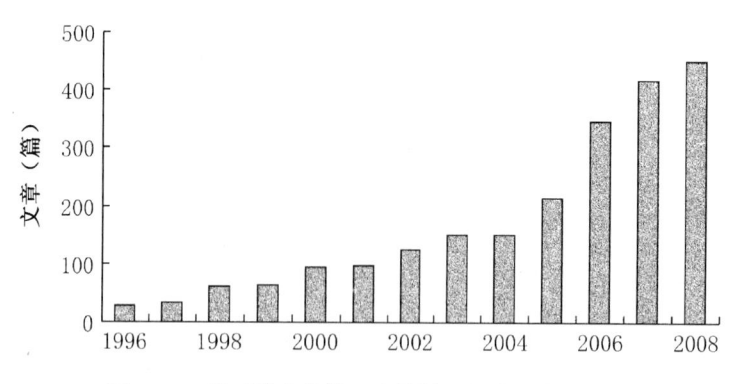

图 1-14 以"城市旅游"为关键词的学术文章数量

评价：旅游科学也是生产力，因为旅游科研成果、旅游信息、旅游政策法规是以意识形态和思想观念对旅游业发展产生直接影响，为各级旅游行政主管部门和各类旅游企业制定政策或决策提供依据，从而发挥促进和推动旅游事业发展的作用；旅游科研成果、旅游信息是各级旅游主管部门制定旅游方针政策的依据和基础，而各级旅游主管部门新制定的旅游方针和政策作为上层建筑对旅游事业的发展又有着直接的影响和作用；旅游科研成果、旅游信息、旅游政策法规对旅游从业人员的素质提高有直接影响和作用（迟景才，2004）。可见，城市旅游学术研究在内容上的不断深化必然会从实践上提高城市对旅游资源的利用能力，推动城市旅游的快速发展。

1.2.2.7 优秀旅游城市评选持续进行

凡勃伦在《有闲阶级论》中提到过"炫耀性消费"，这种消费指向的往往不是物本身，而是物所承载的地位、身份、品位等，即其符号价值。旅游品牌的本质也是一种消费符号，在符号消费的时代背景下，各城市政府、旅游部门和旅游企业越来越重视品牌的建设，品牌竞争成为旅游市场和客源竞争的重要内容，品牌化发展也成为城市实现旅游竞争优势的有效手段。

为推动城市的国际化、现代化发展，提高中国旅游业在国际上的信誉和影响，保障旅游业这一国民经济新的增长点的持续增长，树立城市旅游品牌，国家旅游局 1995 年发出《关于开展创建"中国优秀旅游城市"活动的通知》（旅管理发［1995］046 号）。创建"中国优秀旅游城市"活动是提高旅游产业素质和发展水平，推动城市与国际接轨的一项系统工程，是推动旅游业成为国民经济新的支柱产业，全面促进城市建设的重要举措。在"优秀旅游城市"品牌的激励下，1996 年年底，共有 73 个城市报名参加"创优"活动。各城市成立了由当地市委、市政府主要领导任组长，各有关部、委、局负责人参加的创建领导小组及其办公机构，协调解决长期困扰城市旅游业发展的重点、难点问题，改善旅游大环境，提高服务质量，整治旅游市场秩序，推进城市形象工程建设，为海内外旅游者提供高质量和更加丰富多彩的旅游服务。

继 1998 年首批评出 54 个优秀旅游城市后，越来越多的中国城市参与到"创优"行列中来，国家旅游局也分别于 2000 年、2001 年、2003 年、2004 年、2005 年、2006 年和 2007 年共分 7 批次评选出 306 座优秀旅游城市，这些旅游城市占 2006 年中国设市城市总数的 46%（表 1-2）。在"创优"工作的基础上，2003 年国家旅游局发布《关于组织开展创建中国最佳旅游城市活动的通知（旅发 2003 号）》文件及有关评选标准，开始组织实施创建"中国最佳旅游城市"的活动。"最佳"旅游城市的评选标准相较于"优秀"更具吸引力，许多重要旅游城市又参与到抢夺"最佳"品牌的活动中来。

表 1-2　中国优秀旅游城市在各省份的分布和评选时间

时间/数量	1998 年	2000 年	2001 年	2003 年	2004 年	2005 年	2006 年	2007 年	合计
直辖市	3	1	—	—	—	—	—	—	4
河北省	2	1	1	2	1	—	1	2	10
山西省	—	2	—	1	—	1	—	—	4
内蒙古自治区	—	2	—	4	2	1	—	2	11
辽宁省	2	4	1	1	2	2	2	2	16
吉林省	1	1	—	—	2	—	—	2	6
黑龙江省	1	5	—	1	1	1	—	—	9
江苏省	5	8	1	2	1	5	2	2	26
浙江省	3	4	3	4	2	5	2	3	26
福建省	2	3	1	—	1	—	—	—	7
安徽省	3	3	—	—	—	—	2	—	8
江西省	1	1	1	1	—	2	1	2	9
山东省	6	4	2	4	2	—	3	6	29
河南省	1	4	1	6	1	6	1	1	21
湖北省	—	5	—	4	—	—	—	—	9
湖南省	3	2	—	1	1	1	1	1	10
广东省	4	6	3	5	—	—	2	—	20
广西壮族自治区	3	2	1	—	1	—	—	5	12

续表

时间/数量	1998年	2000年	2001年	2003年	2004年	2005年	2006年	2007年	合计
海南省	2	2	—	1	—	—	—	—	5
四川省	3	2	—	3	1	5	4	3	21
云南省	4	—	—	—	1	1	—	—	6
贵州省	—	1	1	—	1	1	—	2	6
西藏自治区	—	1	—	—	—	—	—	—	1
陕西省	2	1	—	1	—	—	1	1	6
甘肃省	1	1	—	1	1	2	2	—	8
青海省	—	—	—	1	1	—	—	—	2
宁夏回族自治区	—	1	—	—	—	—	—	—	1
新疆维吾尔自治区	2	1	—	1	2	3	2	1	12
新疆生产建设兵团	—	—	—	—	—	1	—	—	1
合计	54	68	16	45	23	41	24	35	306

总体上看,"中国最佳旅游城市"和"中国优秀旅游城市"都是目前我国旅游产业含金量较高的奖牌,是国家对地方旅游产业、旅游环境的最高评价,是一座城市的无形资产,在海内外市场具有相当高的认知度和美誉度。评选出来的最佳旅游城市和优秀旅游城市已经成为中国旅游产业发展的重要依托力量。可以想见,在"最佳"品牌的激励下,中国城市必将掀起新一轮旅游环境建设和旅游服务条件改善的热潮,也必将进一步促进我国城市旅游的健康持续发展和城市旅游产业地位的进一步提升。

评价:总体上看,无论是"优秀"还是"最佳"在本质上都是一种符号,而符号本身孕育着强大的品牌经济价值。我国先后几轮开展的"创优"(创建中国优秀旅游城市)活动对提高城市形象、优化城市发展环境(自然环境、经济环境、投资环境、社会文化环境、政策和政治环境)起到了无可替代的巨大作用,被公认为是我国旅游业发展的一大创举。创优工作对各地旅游业的发展和城市大发展产生了巨大的推动作用和促进作用。创建中国优秀旅游城市活动最初确定的目标和任务已经达到,其效果和影响力已远远超过原来的预期;大大改善了城市的旅游发展环境,切实提高了城市旅游业的管理水平和服务水平,进一步明确了国家现代化旅游城市的发展方向和发展思路;促进了城市发展的现代化、国际化,极大地改善了城市居民的生活环境,提高了城市居民的生活质量，有效地促进了城市和旅游行业精神文明建设①。

1.2.2.8 城市旅游的标准化不断加强

从 20 世纪中叶起，服务业的发展逐渐超过了传统工业和农业的发展而成为全球主要产业。改革开放初期，我国旅游业发展迅猛，而旅游业中的饭店业，由于长期以来的种种问题，服务质量和整体管理水平低下，与国际饭店业的差距很大，一度成为制约旅游业发展的瓶颈。面对日益激烈的市场竞争，为了提高服务质量和管理水平，加快与国际饭店业接轨的步伐，国家旅游局在借鉴国际经验和总结探索的基础上，创造性地制定出我国旅游服务行业中第一个国家标准——《旅游饭店星级的划分与评定》标准，开创了旅游服务领域实施标准化管理的先河。1995 年，经国务院标准化主管部门批复，国家旅游局成立了旅游标准化专业机构——全国旅游标准化技术委员会（简称"旅游标委会"），负责旅游业的标准化技术归口工作，分别负责旅游标准化各个方面的研究工作和标准编制的组织工作。旅游标委会由国务院标准化主管部门（即国家标准化管理委员会，简称"国家标准委"）委托国家旅游局负责领导和管理，委员由旅游行政管理人员和旅游专家及旅游企业的专业人员组成。

在 1995～1997 年期间，国家旅游局相继制定了《内河旅游船星级的划分与评定》、《导游服务质量》、《旅游服务基础术语》、《游乐园（场）安全和服务质量》4 个国家标准和《旅游饭店用公共信息图形符号》、《旅游汽车服务质量》、《星级饭店客房客用品质量与配备要求》、《旅行社国内旅游服务质量要求》4 个行业标准。1998 年，国务院的"三定"方案中赋予国家旅游局"拟定各类旅游景区景点、度假区及旅游住宿、旅行社、旅游车船和特种旅游项目的设施标准和服务标准并组织实施"、"制定旅游从业人员的职业资格标准和等级标准并指导实施"的职能。国家旅游局设置了质量标准处，专职负责全国旅游标准化的具体工作，同时承担全国旅游标委会秘书处的工作。1999 年，国家旅游局起草制定了《全国旅游标准化技术委员会章程》、《全国旅游标准化技术委员会秘书处工作细则》。2000 年，颁布施行了《旅游标准化工作管理暂行办法》和《旅游业标准体系表》，构筑了以旅游业诸要素为基础的旅游标准体系框架，为旅游业的进一步发展建立了科学、规范的技术支撑，是旅游标准化工作开展的重要依据。这些标准和规范的建立对于全面提高城市旅游服务质量和管理水平，实现旅游业科学管理均起到了积极的促进作用。

在 2001～2003 年期间，国家旅游局又相继制定了《标志用公共信息图形

---

① 资料来源：http://www.tmtour.gov.cn/Article/Print.asp?ArticleID=53。
　　何力：深化创优工作　建设旅游强国，检索日期：2008-4-4。

符号第 1 部分：通用符号》、《标志用公共信息图形符号第 2 部分：旅游设施与服务符号》、《旅游区（点）质量等级的划分与评定》、《旅游规划通则》、《旅游资源分类、调查评价》、《旅游厕所质量等级的划分与评定》6 个国家标准和《旅行社出境旅游服务质量》1 个行业标准。从 2004 年至 2006 年，国家旅游局相继制定了《旅游度假区设施与服务规范》、《国家生态区》、《民族（民俗）文化旅游点规划建设与管理规范》、《旅游公寓（别墅）星级的划分与评定》、《旅游汽车公司资质等级划分与评定》、《高尔夫会所星级的划分与评定》、《导游人员等级评定》7 个国家标准和《星级饭店访查规范》、《绿色旅游饭店》2 个行业标准。截至目前，已经发布的旅游标准达到 18 个（其中国家标准 11 个，行业标准 7 个），已立项和正在申报立项的标准 33 个，标准数量在我国服务行业中处在领先地位①。

为了贯彻落实《国务院关于加快发展服务业的若干意见》和国家标准委制定的《全国服务业标准 2009～2013 年发展规划》，发挥标准化在旅游业发展中的引领和规范作用，提升旅游服务质量，推动旅游标准化发展，2009 年 4 月，国家旅游局又印发了《全国旅游标准化发展规划（2009－2015）》，这是我国旅游业首次制定的旅游标准化建设规划。该《规划》在分析我国旅游标准化现状与发展形势的基础上，提出了今后七年（2009－2015 年）全国旅游标准化工作的指导思想、基本原则、规划目标、主要任务和保障措施。《规划》还对旅游业标准体系的框架、结构、内容进行了全面修订，制定了新的《全国旅游业标准体系表》，明确了今后一段时期我国旅游产业发展的标准化方向。

评价：旅游标准化工作的推进，奠定了我国旅游行业的管理和经营服务的技术性基础，在提高行业服务质量、增强企业竞争力、拓展市场管理手段等方面发挥了重要作用。旅游标准化的实施，让越来越多的旅游企业认识到，优质服务就是企业的形象、信誉和品牌，是增强市场竞争力、提高企业效益的有效法宝；同时，旅游行业涉及面广、关联性强，做好行业相关管理工作又避免和其他行业主管部门发生冲突，减少了内部摩擦，有效地提升了城市旅游的运作效率，促进了我国城市旅游业的快速发展②。

1.2.2.9 城市旅游法制建设日臻完善

90 年代中期以来，我国城市旅游发展的法制建设也继续在更广阔的领域向

---

① 资料来源：http://www.uu97.com/newshtml/200610/n1050120.html。
中国旅游网：中国旅游标准化工作 20 年综述，检索日期：2008-4-4。
② 资料来源：http://www.lntour.gov.cn/tour/userServlet/?id=1161666121234&a=details&table=all_news&news_type=invest。
中国旅游报：旅游业乘风破浪的航标，检索日期：2008-4-4。

纵深发展。在国家层面，1996年，国务院第205号令发布《旅行社管理条例》。同时，经国务院批准，国家旅游局、外交部、公安部、海关总署发布《边境旅游暂行管理办法》，对中俄、中朝、中越、中缅等双边国家的边境旅游问题进行了规范。1997年，经国务院批准，国家旅游局、公安部发布《中国公民自费出国旅游管理暂行办法》，扩大中国公民自费出境旅游组团旅行社的范围，改革和完善中国公民自费出国旅游的审批程序。1998年12月2日，经国务院批准，国家旅游局、外经贸部联合发布《中外合资旅行社试点暂行办法》，允许设立中外合资旅行社，对中外合资旅行社的设立条件、审批办法、经营范围作出明确规定。同时，国务院旅游行政主管部门（或会同有关部门）颁布了一些重要规章和规范性文件。如1996年国家旅游局第5号令发布《旅行社管理条例实施细则》、第6号令发布《旅游企业法定代表人离任经济责任审计规定》、1997年国家旅游局第7号令发布《旅行社质量保证金赔偿暂行规定》、第8号令发布《旅行社经理资格认证管理规定》、第9号令发布《旅行社办理旅游意外保险暂行规定》、1998年第10号令发布《旅游统计管理办法》等。此外，该时期国务院旅游行政主管部门还单独发布了一些规范性文件。如1996年国家旅游局发布《国家旅游局关于贯彻实施〈行政处罚法〉的意见》、《国家旅游局行政处罚程序规定》和《关于贯彻实施〈旅行社管理条例〉的通知》等。1997年，国家旅游局发布《国家旅游局关于下发〈全国旅游质量监督管理所机构组织与管理暂行办法〉和〈旅行社质量保证金赔偿试行标准〉的通知》。

我国地方旅游立法也呈现出繁荣景象，各省、自治区、直辖市人大发布了许多地方性旅游法规。如1995年郑州市人大常委会率先发布《郑州市旅游业管理条例》，随后全国又有5个计划单列市或副省级城市的人大颁布了本地的旅游业管理条例。1996年，相继有河南、河北、山东三省人民政府颁布了旅游管理条例；1997年，颁布旅游管理条例的省份又扩展到湖南、云南、山西、四川、重庆、辽宁；1998年扩展到广西、陕西、新疆维吾尔自治区；1999年扩展到湖北、安徽、北京等省市自治区。全国计划单列市、副省级城市和其他主要城市也由当地人大常委会发布了一系列旅游法规，如1996年青岛市十一届人大常委会第二十六次会议通过《青岛市旅游管理条例》，随后苏州市、深圳市、哈尔滨市、武汉市、宁波市、广州市、石家庄市等人民政府也发布了类似的旅游业管理办法和相关条例。

评价：完善的旅游法制不仅是旅游业持续健康发展的根本保障，同时也是建设世界旅游强国不可缺少的关键前提（刘劲柳，2006）。旅游法制建设对于规范旅游市场秩序，保护旅游经营者和旅游者的合法权益，强化旅游安全管理、促进城市旅游目的地建设具有重要意义，有效促进了中国城市旅游服务水平和经营效率的提升。

1.2.3 我国旅游产业发展面临的新形势

在我国《国民经济和社会发展第十一个五年规划》即将全面实施的背景下，规划所确定的目标和一系列重大项目即将实现，我国旅游产业发展面临着一系列全新的形势，这些全新的形势也必将影响到不同区域的城市旅游的发展（中国旅游研究院，2009）。

1.2.3.1 四大潜在旅游目的地依托主体功能区建设渐趋成型

"十一五"规划根据资源环境承载能力、现有开发密度和发展潜力，统筹考虑未来我国人口分布、经济布局、国土利用和城镇化格局，将国土空间划分为优化开发、重点开发、限制开发和禁止开发四类主体功能区，配套了相应的针对不同类型区域的财政政策、投资政策、产业政策、土地政策和人口管理政策，并确定了一系列的限制开发区域和禁止开发的区域。

从"十一五"规划业已确定的部分限制开发区域功能定位及发展方向上来看，受到旅游业对于涵养生态、保护环境特性的影响，这些区域的主体功能更加明确，旅游产业将成为这些区域得以重点发展的产业，而国家公园建设也必将以这些区域为重点（表1-3）。而从禁止开发区域的内容上看，这些区域包括243个国家级自然保护区、31处世界文化自然遗产、187个国家重点风景名胜区、565个国家森林公园、138个国家地质公园，除特定的保护目的外，旅游功能也是这些区域的主体功能，也必将成为我国旅游产业发展的重点区域。

表1-3 "十一五"规划确定的部分限制开发区域

名　　称	功能定位
大小兴安岭森林生态功能区	禁止非保护性采伐。植树造林，涵养水源，保护野生动物
新疆塔里木河荒漠生态功能区	合理利用地表水和地下水，调整农牧业结构，加强药材开发管理
新疆阿尔泰山地森林生态功能区	禁止非保护性采伐，合理更新林地
新疆阿尔金草原荒漠生态功能区	控制放牧和旅游区域范围，防范盗猎，减少人类活动干扰
苏北沿海湿地生态功能区	停止围垦，扩大湿地保护范围，保护鸟类南北迁徙通道
四川若尔盖高原湿地生态功能区	停止开垦，减少过度开发，保持湿地面积，保护珍稀动物

续表

名　　称	功能定位
青海三江源草原草甸湿地生态功能区	封育草地，减少载畜量，扩大湿地，涵养水源，防治草原退化，实行生态移民
秦巴生物多样性功能区	适度开发水能，减少林木采伐，保护野生物种
内蒙古科尔沁沙漠化防治区	根据沙化程度采取针对性强的治理措施
内蒙古浑善达克沙漠化防治区	采取植物和工程措施，加强综合治理
内蒙古呼伦贝尔草原沙漠化防治区	禁止过度开垦、不适当樵采和超载放牧，退牧还草，防治草场退化沙化
毛乌素沙漠化防治区	恢复天然植被，防止沙丘活化和沙漠面积扩大
黄土高原丘陵沟壑水土流失防治区	控制开发强度，以小流域为单元综合治理水土流失，建设淤地坝
桂黔滇等喀斯特石漠化防治区	封山育林育草，种草养畜，实行生态移民，改变耕作方式，发展生态产业和优势非农产业
甘南黄河重要水源补给生态功能区	加强天然林、湿地和高原野生动植物保护，实行退耕还林还草、牧民定居和生态移民
东北三江平原湿地生态功能区	扩大保护范围，降低农业开发和城市建设强度，改善湿地环境
大别山土壤侵蚀防治区	实行生态移民，降低人口密度，恢复植被。
川滇森林生态及生物多样性功能区	在已明确的保护区域保护生物多样性和多种珍稀动物基因库
川滇干热河谷生态功能区	退耕还林、还灌、还草，综合整治，防止水土流失，降低人口密度
长白山森林生态功能区	禁止林木采伐，植树造林，涵养水源，防止水土流失
藏西北羌塘高原荒漠生态功能区	保护荒漠生态系统，防范盗猎，保护野生动物
藏东南高原边缘森林生态功能区	保护自然生态系统

　　从主体功能区的空间分布上看，在东北、内蒙、新疆、川藏滇等地区形成了四大旅游板块，是我国旅游发展最具潜力和后发优势的地区，这些地区将成为未来我国旅游开发、旅游项目布局的主要区域，也是我国旅游未来发展的主要载体和重要目的地，在我国区域经济发展和产业发展布局中占据旅游功能的主体地位。

1.2.3.2　多条跨区域旅游廊道依托交通大格局初具雏形

　　随着扩大内需、促进经济增长等十项措施的实施，4万亿投资中将有很大一部分用于加快铁路、公路和机场等重大基础设施建设，在这样的背景下，一批客运专线、西部干线铁路、高速公路网、中西部干线机场和支线机场建设都将迅速提上日程。按照民航总局的最新规划，2009年和2010年将至少新建60个支线机场。包括昆明、重庆、南宁等西部新建和改扩建干线机场，和广西河池、云南腾冲等一批新建和改扩建支线机场的建设，中国民航2009年计划新开工成都、西安、广州等枢纽和干线机场工程，及延安、吕梁、淮安等40多个支线机场工程，建设项目投资规模为2 000亿元。2010年，计划新开工上海浦东、成都、武汉、南京等枢纽和干线机场及蹈城亚丁20多个支线机场建设，建设项目投资规模将达到2 500亿元。到2020年，我国民航运输机场总数将达244个，新增机场97个（以2006年为基数），五大区域机场群将逐步形成。

　　铁路方面，在调整后的《中长期铁路网规划》方案中，力图突出未来区域经济的协调发展，特别是中西部地区经济的协调发展，加强东中西部通道建设、扩大西部路网覆盖面，扩大各个区域间经济交流与合作。在这样的思路和背景下，通过建设客运专线、发展城际客运轨道交通和既有线提速改造，已经初步形成以客运专线为骨干，连接全国主要大中城市的快速客运网络，尤其是主要城市之间，以及长三角、珠三角、环渤海经济圈、其他城镇密集地区城际轨道交通已经初步形成，有效地改善了中西部地区的交通条件、提高了城市之间的通行能力（图1-15）。

图1-15　2008年调整的中长期铁路路网规划

公路方面，至 2008 年年底，总规模约 3.5 万公里的"五纵七横"的 12 条国道主干线已经基本形成；西部开发 8 条省际公路通道，重点建设高速公路网规划中的"五射两纵七横"共 14 条路线也即将贯通。总体上看，我国东部地区已经基本形成高速公路网，长三角、珠三角、京津冀地区形成较完善的城际高速公路网络；中部地区基本建成比较完善的干线公路网络，承东启西、连南接北的高速公路通道基本贯通；西部地区公路建设取得突破性进展，实现内引外联、通江达海的总体格局（图 1-16）。

图 1-16　中国高速公路主干线网

公路建设的同时，《国家公路运输枢纽布局规划》布局方案中所确定的 179 个国家公路运输枢纽已经基本建设完成，其中有 12 个为组合枢纽。从空间分布上看，东部省份交通枢纽合计达到 61 个，中部地区 56 个，西部地区 62 个，共涉及 196 个城市。国家公路运输枢纽覆盖了所有直辖市、省会城市和计划单列市及地级城市 137 个，覆盖城市占全国地级以上城市总数的 60%，覆盖总人口占全国总人口的 60%；该网络覆盖了 78% 的国家 AAAA 级旅游景点，为公众旅游、休闲出行提供了便利（图 1-17）。

图 1-17 国家公路运输枢纽布局方案

随着扩大内需政策的实施，东部地区通达度继续提高，中西部省区对外联系程度明显优化，机场、铁路和高速公路交通基础设施得到进一步改善，东中西协调发展的旅游交通大格局已经初步形成。以此为载体，跨区域的旅游廊道建设也逐渐加速，形成了东——中——西梯度递进、不断优化的旅游交通格局，西部地区旅游发展的可进入性得到明显提高。

1.2.3.3 侧"Π"字型旅游市场结构随大型城市群不断成长

城市化速度加快、城镇体系不断完善、城市群健康发展，既是"十一五"期间区域经济发展的特征，也是国家区域经济发展的重大战略。随着旅游交通大格局的形成，城市间的产业联系与经济合作不断加强，区域经济一体化的进程不断加快。以城市群作为推进城镇化的主体形态，在空间上逐步形成了以沿海及京广、京哈线为纵轴，长江及陇海线为横轴，若干城市群为主体，其他城市和小城镇点状分布，永久耕地和生态功能区相间隔，高效协调可持续的城镇化空间格局。其中，京津冀、长江三角洲和珠江三角洲等区域城市群的带动和辐射作用不断加强，此外，山东半岛城市群、辽中南城市群、中原城市群、长江中游城市群、海峡西岸城市群、川渝城市群和关中城市群也已经逐渐形成，形成目前中国的十大城市群。

从空间上看，东部沿海集中了我国十大城市群中的六个，仍是目前我国城市群形成和分布的主要地带，但沿着黄河流域和长江流域已经形成了另外两个城市群密集分布的地带，分别分布着中原城市群、关中城市群和长江中游城市群、川渝城市群，且依托着东部沿海城市群密集分布地带，以沿海为纵轴、以这两个新兴城市群分布带为横轴的、倒置的"Π"字型城市群分布结构已经逐步形成（图1-18）。

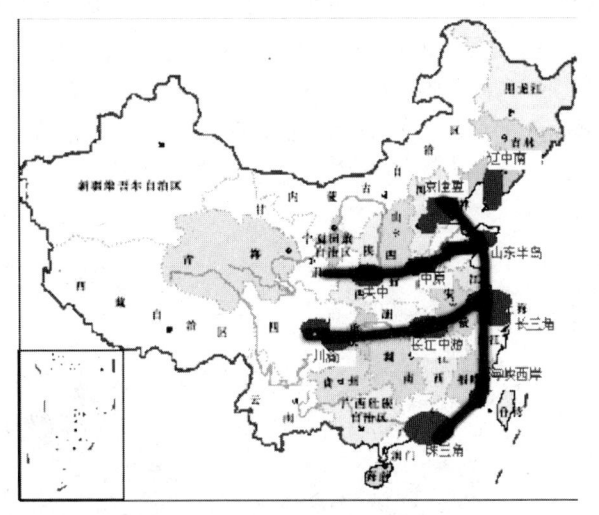

图1-18 国家公路运输枢纽布局方案

从旅游功能上看，以东部城市群为主要客源市场，以主要干线交通为通道的"东——中——西"旅行结构不会在短时期内发生变化。但中部地区城市群将成为我国重要的新兴客源地和目的地，东部地区旅游市场一枝独秀、中部地区旅游市场需求不足、西部地区旅游市场发育迟缓的局面将得到有效改善，中、西部地区旅游消费潜力将得到进一步释放。

1.2.3.4 旅游发展创新不断优化产业发展环境

受国际金融危机影响，国际旅游形势面临着严峻挑战。在中央扩大国内需求，特别是消费需求方针的指导下，旅游产业在地方经济发展中的地位更加突出，各地方政府普遍更加重视旅游产业的发展，以旅游产业发展扩大国内需求、刺激经济增长已经成为地方经济发展的有效手段之一。据不完全统计，由全省各地市党政主要领导、各厅局主要领导参加，省委书记、省长亲自到会作报告的高规格旅游发展大会，已在北京、吉林、贵州、河南、云南、西藏等十多个省市区先后召开；全国31个省区市绝大多数已将旅游业定为本地区的支柱产业或重点产业和先导产业；地方政府将旅游业纳入重点产业，成为新经济增长点的格局已在全国形成；不论是东部地区、中部地区，还是西部地区，一批已建成的旅游大省（市、区）正活跃在国内和国际舞台。

同时，面对国际、国内旅游市场日益加剧的竞争形势，以及为了克服危机事件对旅游行业造成的各种不利影响，根据各地发展的实际需要，地方旅游业在发展中根据自己的实际情况，从中央到地方、从省到市、从县到景区，地方旅游在发展过程中不断突破常规，进行思路、体制、方法和政策等方面的一系列创新，如黑龙江省以国家公园建设为手段的旅游产品创新、河南省以"观光立省"为核心的旅游发展战略创新、云南省以"综合试点改革"为措施的旅游发展思路创新、海南省以国际旅游岛建设为抓手的旅游发展模式创新等（图1-19）。尽管这些创新的效果尚待时间验证，但这些创新无疑对于开阔发展思路、促进我国旅游产业竞争力的提升具有重要的示范和引导意义，代表着旅游发展方式转变的方向。

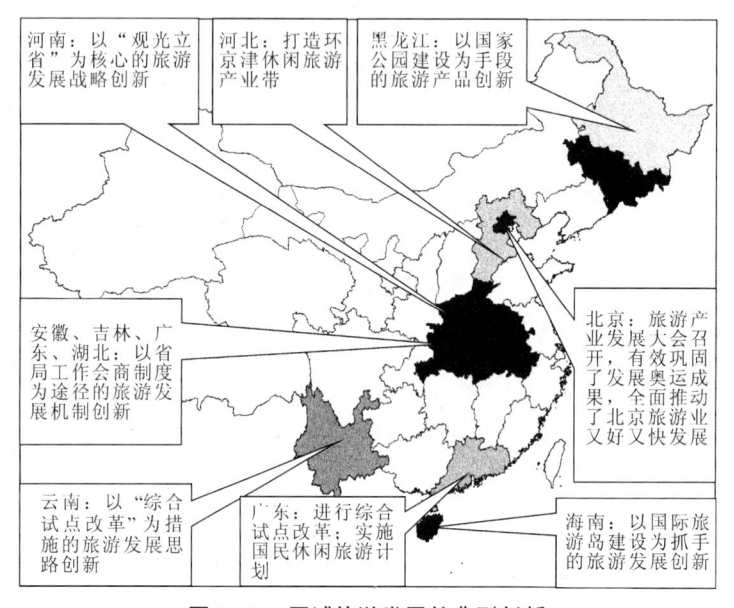

图 1-19 区域旅游发展的典型创新

我国地方旅游产业已经从政府主导下的常规发展进入了创新发展阶段。从空间格局上看，以海南、云南、广东、河南、安徽、吉林等省份为代表的旅游发展创新引领了 2008 年中国旅游发展的新潮流，在各种创新机制、模式的影响下，这些省份将成为未来一段时期中国旅游产业发展最可能取得重大突破和最值得关注的地区。

1.2.3.5 七大区域旅游合作板块集群发展

随着旅游产业体系的不断完善，发展思路的不断成熟，打破区域封锁，提倡区域合作，开始成为业内的共识，区域旅游合作已经成为地方旅游业发展最为显著的趋势。2008年，为了最大限度地降低因各种危机事件而造成的旅游经济损失，不同层面的各地方政府之间不断推进和深化区域之间的旅游合作，最典型的是 9+10 区域旅游合作会议的召开以及合作协议的签署，有效推动了旅游资源、旅游产品、旅游市场和旅游形象的整合，实现了外部经济性的最大化，取得了一系列卓有成效的成果。

总体上看，多层次、多类型、不同方式的区域旅游合作已经逐渐形成，目前我国区域旅游合作表现出如下特征：区域旅游合作范围进一步扩大，长三角扩大到全国，从国内合作走向国际合作；区域旅游合作强度进一步深化，区域旅游合作的内容更加丰富，合作领域从早期的政策、线路等软性合作逐渐向更细致的景区、景点合作迈进；区域旅游合作方式更加灵活，忽略空间地缘关系，抛弃主体行政级别和地位，注重实效的旅游合作已经成为主流；区域旅游合作主体更加明确，考虑到城市旅游合作对旅游政策制定、旅游线路编排设计、旅游产品开发、旅游市场拓展的实效性，城市正成为区域旅游合作的主要载体和承担者。而且城市之间的旅游合作逐渐呈现出板块集群发展的特点，目前，在我国主要形成了东北亚、环渤海、大西北、大西南、中部地区、华东地区和珠三角地区的七大旅游合作板块模块（图1-20）。

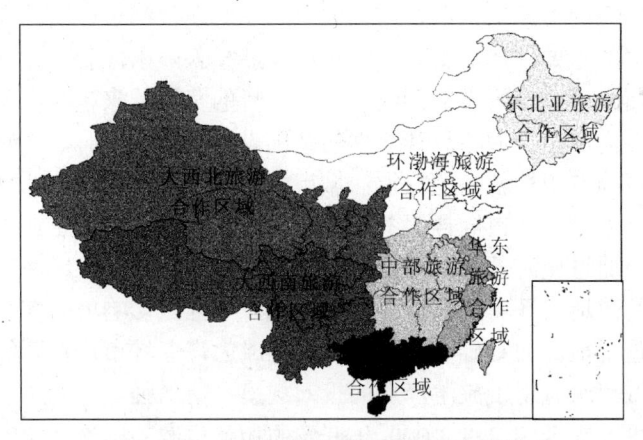

图1-20 区域旅游合作形成的七大集群

总体上看，我国区域旅游合作也不断在创新中发展，不仅在全国区域旅游合作中不断涌现高潮，而且区域旅游合作的力度、深度和广度都有了进一步拓展——以城市为载体的合作主体更加明确和积极，合作层次更加丰富，合作内容更加全面，合作手段更加灵活，我国区域旅游合作进入了以城市为主体的集群发展阶段。

1.2.4 立论基础：城市对旅游资源利用能力存在差距

从经济功能上看，城市是一个介于微观经济细胞——企业和宏观经济整体——国民经济之间的一个"集合概念"，它是一个具有不同属性的企业集群（姜杰等，2003）。因此，城市经济的发展需要不断对外进行物质、能量、信息等交换。就城市的旅游产业发展而言，20世纪80年代以来，一方面由于中产阶层的不断成长，可支配收入和闲暇时间增多，人口流动性增强、交通网络发达等原因而使旅游需求日益大增，另一方面，由于城市原有经济部门的衰退而迫切需要新的经济增长点以解决失业率上升、旧城改造等压力，西方越来越多的城市（甚至包括一些传统的被认为缺乏旅游资源的老工业城市）开始致力于推进其旅游业的发展，并将旅游业视为其重要的经济部门。这种转变很快在地域上得到明显反映：在美国、英国及整个欧洲大陆城市出现了建设会议中心、水族馆、体育馆、音乐厅、博物馆、节假日市场、酒店以及改造滨水区的热潮（保继刚，2005）。

国家统计局根据2005年全国1%人口抽样调查数据推算，2006年底中国大陆城镇人口为5.77亿，农村人口为7.37亿。中国仍是典型的农业大国，城市和农村地区表现出明显的二元化差异。从中国国内旅游发展状况来看，随着城市居民出游能力的不断增强以及广大农村居民对现代都市生活的向往，城市作为旅游目的地的重要性日益提升。从旅游发展投入产出来看，即使随着社会基础设施的不断改善，各因素的制约和旅游项目的负担越来越少，目前中国城市旅游建设也仍需承担一大部分社会性的基础设施建设。同时，区别于一般旅游景点建设中设施专用性较高的特点，城市旅游设施具有共享的非排他性特征，即不仅服务外来游客，也同样服务于城市居民，不仅服务旅游业，也同样服务于其他产业。通过旅游开发，不仅可以带动就业、促进城市经济发展，还可以促进城市更新改造与环境优化，提升城市形象与区域影响力。在城市政府认识到旅游产业重要地位的基础上，发展旅游业成为许多城市培育新经济增长点的合适选择，城市政府用于旅游产业的投入规模不断增强。

从资金投入来看，仅以2000年开始的加强旅游基础设施建设的国债资金为例，截至2005年，共累计投入67.2亿元人民币，先后共安排项目600多个，遍布全国31个省、市、自治区的250多个重点旅游景区[①]；从人员投入来看，截至2007年，我国已有各类旅行社1.8万家，星级饭店1.3万座，各类景点景区2万余家，旅游直接从业人员1 000多万、间接从业人员4 900多万（邵琪

---

① 资料来源：http://wwwold.sdpc.gov.cn/a/news/200501052.htm。
国家发展和改革委员会：旅游基础设施国债项目建设成效，检索日期：2008-3-18。

伟，2008）。在旅游发展资源要素投入规模不断增加的同时，中国旅游业发展也取得了令人瞩目的成就。截至 2007 年，中国入境旅游人数达到 1.32 亿人次，旅游外汇收入达 419 亿美元，旅游总收入达到 1.09 万亿元人民币（邵琪伟，2008）。可见，各级政府用于旅游产业发展的各项资源投入已经达到相当大的规模，作为旅游产业的基本生产单元，在利益激励下，城市政府用于旅游产业的各项资源投入也必然达到相当大的规模，但不同城市的旅游发展水平存在较大差异。保继刚（2006）以入境游客接待量为指标的分析表明，2001 年占全国城市总量仅为 5%的 28 座重点旅游城市共接待入境游客 1 910.8 万人次，占当年全国接待入境游客 8 901.29 万人次的 21%，远高于全国城市的平均水平。可见，城市作为旅游发展投入资源的消化单位，对资源的利用能力和产出能力存在较大差别。

从 20 世纪 90 年代以来中国城市旅游发展的特征上分析，在各城市用于旅游发展的资源投入持续增加背景下，尽管城市旅游发展总体上表现出电子商务持续创新、旅游环境改造方兴未艾、旅游竞争与合作不断深入等特征，但就单个城市而言，不同城市对这些特征的反馈能力存在较大差异，这种反馈能力的差异最终影响到旅游发展的效果。以区域旅游合作为例，张昕玲（2006）认为，北京作为中国首选旅游目的地城市的地位不断下滑，而上海、广州等城市旅游竞争力迅速提升，其主要得益于"长三角"与"珠三角"城市间区域旅游合作的成功。"珠三角"、"长三角"区域旅游合作取得巨大成功的同时，也带动了其他区域旅游合作的开展，推动了区域旅游和全国旅游业的更大发展，使我国旅游业的地位明显增强。而京津冀地区无论是经济还是旅游，其发展速度都要远低于"珠三角"和"长三角"的发展，因此，如果京津冀地区想在未来旅游发展的道路上占有重要地位，就必须进行旅游合作。此外，各城市在对技术进步利用、城市旅游危机事件后的自我修复、优秀旅游城市品牌利用、城市旅游标准化运动对城市服务质量提升等旅游特征的反馈能力也存在较大差异。这种差异最终均作用于城市旅游发展过程中对资源利用能力的差异，对这种差别的评价则构成了本研究立论的基础。

1.2.5 基本问题：城市旅游发展的目标

由于人口不断向城市聚集的过程中，产生了大量的经济问题、社会问题甚至政治问题，使政府对城市经济以及区域经济的治理面临着挑战，因此形成了城市发展中的城市治理与城市效率的分析与研究。城市之间效率水平的差异不仅反映了城市间自然禀赋的差异，更重要的是它在一定程度上反映了不同城市间政府管理水平的差异（刘元元，2005）。实践证明，城市旅游"经济中心论"和"生态中心论"的发展模式均不值得提倡（彭华，1999）。因此，作为生产单元，城市在旅游发展中应追求最低要素投入水平和环境可承受改变极限范围内的游客数量和经济效益最大化，即以更少的投入获得既定的产出或者以既定的投入得到更高的产出。Barros（2005）认为，从公司或者企业经营角度分析，效率和生产率指标可以对这种投入产出的绩效关系进行表征。旅游活动作为城市的主要功能之一，其本质是在企业和公司共有的逐利性本质驱动下，通过对旅游资源的利用获得城市经济发展，在这个过程中，城市以不断追求更高的经济效益为目标，但由于城市对旅游资源利用能力存在差异，因此表现为城市产出差异的变化。Mayes（1996）认为效率和生产率这两个指标与收入和利润密切相关，可以表征一个实体相对于其他实体的竞争能力和比较优势。城市是国家经济增长的核心，城市发展应以追求效率为目标（周一星，1988）。旅游产业作为城市经济的重要产业类型之一，为了获得更高的产出水平，实现在激烈市场竞争中的优势，其发展也应以追求更高的效率和全要素生产率为目标。而城市旅游发展的阶段性特征则很大程度上影响到其效率水平，这些特征也从不同方面构成了旅游效率的本质意义。

城市问题的经济研究还存在一个特殊性，即它不可能脱离地理空间属性，但是在20世纪初发展起来的古典经济理论却对这个外加"维数"未加考虑，这就使现代城市经济学必须结合区域经济学的空间经济理论，建立新的空间经济分析方法（赵民等，2001）。可见，不同城市旅游发展面临的内外部环境差异直接影响到城市的旅游发展效率和生产率水平，其中城市的区位特征及其与相关城市之间的空间关系无疑是这些众多影响因素中的一个，而且起着非常显著的作用，这一点已经逐渐为城市旅游发展的理论和实践所证明。在这种认识的基础上，需要更深入地解答以下问题：城市旅游究竟应该发展到什么规模最有效率？目前我国城市旅游的规模是否合理、是否有效率？哪些因素影响着城市旅游效率和生产率水平的提高？怎样制订科学的城市旅游政策促进其效率和生产率水平的提高？能否对这些问题进行回答，直接影响到我国城市旅游发展的绩效评价和未来发展资源投入方式的选择。基于此，形成了本研究需要解决的问题：

问题一：中国城市旅游发展的效率和全要素生产率现状如何？

问题二：中国城市旅游发展的效率和全要素生产率存在哪些规律？

问题三：中国城市旅游发展的效率和全要素生产率的规律是如何形成的？

问题四：城市的时空特征对旅游效率和全要素生产率有哪些影响？

对这些问题的回答成为本研究选题的最初动机，同时，本书各章节的内容也围绕对这些问题的回答而展开。

1.3 研究目的

1.3.1 描述城市旅游效率和生产率现状

以中国主要旅游城市为研究对象，采用特定的研究方法，选取反映城市旅游效率和全要素生产率投入产出效果的指标，对城市旅游发展的效率和全要素生产率现状进行定量表征，从而对其发展的阶段特征、规模特征、统计特征等进行描述，对问题一进行回答。

1.3.2 探索城市旅游效率和生产率的时空规律性

以定量计算结果为依据，结合特定时间段和空间地域，从时间和空间两个维度，探索中国城市旅游效率和全要素生产率的分布规律，从而对问题二进行回答。

1.3.3 解释城市旅游效率和生产率时空格局形成的机理

通过对中国城市旅游发展特征的分异及对典型城市旅游发展过程的还原，剖析其效率产生和生产率变化的过程，并通过相关理论对中国城市旅游效率和全要素生产率时空格局形成的机理进行解释，从而解答问题三和问题四。

1.4 研究意义

1.4.1 实践意义

1.4.1.1 为城市旅游发展的资源投入提供决策依据

中国正在经历快速城市化的过程，城市在区域经济发展中的地位不断得到强化和提升。作为一种重要的旅游目的地类型，城市吸引着大量游客，旅游功能在城市发展中的地位不断得到提升和强化。为了吸引更多游客，追求更高经济效益，各城市均将改善城市环境、发展旅游业作为城市建设的一项重要任务，当大量资源投入到不同城市的旅游建设和开发中的时候，需要对这些投入资源的产出绩效进行评估，而城市旅游效率和生产率是对绩效进行评价的有效手段，可以为城市旅游发展进一步资源投入决策的制定提供依据。

1.4.1.2 为制定城市旅游发展规划提供定量参考

城市旅游发展需要大量的资源投入，但由于缺乏有效的理论支撑和数据参考，资源投入规模和投入方向的判定始终是困扰城市旅游规划者的一个重大问题。城市旅游效率和生产率概念的引入为城市旅游规划实践运用定量分析技术、对各项资源要素的投入和产出进行系列的精确运算、判别各种旅游城市对投入资源的结构以及利用的合理性、预测城市旅游发展目标提供了定量参考，在方法上为城市旅游规划工作效率的提高提供了手段和依据。

1.4.1.3 为城市旅游竞争力的比较提供相对标准

城市旅游竞争力研究对于评价城市旅游的现状和潜力，构建某一区域范围内的旅游地域系统，防止同质的无序竞争，优化资源、资金、人力配置，以及避免出现不必要的重复建设等都具有重要意义（保继刚，2005）。但由于城市的旅游发展具有不同背景和环境，各自发展优势也存在一定差异。因此，目前有关旅游目的地竞争力量化评价的研究仍处于起步阶段，研究数量相对较少（臧德霞等，2006）。但总的来看，目的地旅游竞争力是一个相对概念，是目的地在更大区域范围内已经或可能取得更大市场份额的能力，因此目的地旅游竞争力的测度与参照区域的选择有关（史春云等，2006）。效率和生产率概念的引入为城市旅游竞争力评估提供了相对标准，为城市旅游发展过程中各自地位、发展目标以及比较优势的确定提供了方向性指导。

1.4.1.4 为城市旅游效率和生产率提高提供实践指导

根据效率和生产率的定量测算结果，可以辨识城市旅游效率和生产率发展的阶段性特征，从而对其效率和生产率进一步提高的资源投入规模、资源投入方向等进行判定。同时，根据效率和生产率的时空变化规律，可以辨识不同时空范围内影响城市旅游效率和生产率变化的因子，并分析这种差异产生的原因及其作用机理。根据研究结果，通过适度调整这些因子改变影响城市旅游发展的内外部环境特征，从而实现旅游效率提高和生产率进步，增强旅游发展投入资源的处理和利用能力。

1.4.2 理论意义

1.4.2.1 丰富旅游研究中绩效评价的内容

根据国家旅游局测算，近五年来，中国旅游投资总量的年均增幅达到10%以上，若保持这一速度，到2010年，中国旅游业投资总量将累计达19 000亿元人民币[①]。从我国城市旅游发展的特征上分析，现阶段各城市旅游开发资本追逐利润的迫切性不可避免地带来了旅游投资开发的盲目性、粗放性及区域性的不均衡等问题。绩效评价是企业管理与提高生产率的重要手段和工具，是一种监督手段，也是一种激励手段。它本身是对计划、任务执行情况的检查监督，同时一般也会与各种利益挂钩，因此具有激励作用。本研究以城市这样一个复杂综合体作为生产单元，对其旅游效率和生产率进行评价，试图从理论上弥补现有城市型旅游目的地（旅游城市）旅游绩效评价研究方面的不足。

1.4.2.2 完善城市旅游研究的学科体系

对城市旅游结合众多实践进行系统研究和原理探索，始终是学者的责任（杨新军，2005）。尽管众多国内学者也对城市旅游进行了积极探索，并提出了许多富有学术深度和政策涵义的见解，城市旅游研究业已形成一个较为系统和完备的体系结构，尤其是在市场、空间结构等方面取得了丰硕的研究成果，但现有研究尚缺乏不同背景下城市旅游绩效评价和比较的内容。本研究对不同发展条件和环境背景下较具代表性的中国58个主要旅游城市的旅游效率和生产率进行了评价，试图从理论上完善城市旅游学科体系中绩效评价的研究内容。

1.4.2.3 拓展旅游竞争力研究的内涵

国外学者自20世纪60年代就开始关注区域旅游竞争问题，并将研究视角逐渐从旅游地之间旅游资源的竞争向市场竞争和形象竞争逐渐过渡。旅游领域的竞争力研究在90年代以后才出现，而涉及旅游目的地竞争力的研究则更晚，但目的地竞争力的评价与研究已经成为旅游学界的热点课题。竞争力是一个相对概念，需要采用定量化方法对其城市间水平进行比较。本研究拟采用定量分析的方法，将效率和生产率作为指标对城市旅游竞争力进行评价，从而为城市旅游竞争力研究提供一套评价方法，试图从理论上拓展城市旅游竞争力量化研究的内涵。

1.4.3 方法论意义

现有城市旅游研究中缺乏城市旅游绩效评估的内容，更缺乏相应的旅游研究范式。本研究将数据包络分析（Data Envelopment Analysis，DEA）方法及其相关模型引入到城市旅游效率和生产率评价，在参考时空特征环境的基础上，描述了效率和生产率的分布格局和形成规律，并将研究结果应用于城市旅游竞争力的评估，从方法上为旅游绩效和旅游竞争力研究提供了一个具有示范意义

[①] 资料来源：http://finance.people.com.cn/GB/4601171.html。

国家旅游局：中国旅游业发展已经打破资金瓶颈，检索日期：2008-3-17。

的评价准则和研究范式。

1.5 研究框架

1.5.1 研究思路

本文按照如下研究思路进行：从城市旅游的背景出发，确定中国城市旅游发展所处的阶段，总结其阶段特征。根据城市对资源利用能力的差异以及对阶段特征反馈能力的不同，提出本研究的理论基础和需要解决的问题，认为城市旅游发展的主要目的之一是寻求更高的效率和生产率。在此基础上，根据感知经验和真实世界结构的映像，形成一种先期的模式，并提出研究的基本假设；为了验证这些假设的结果，采用定量方法选择指标对城市旅游效率和生产率进行表征；从时间和空间两个维度对影响效率和生产率的因素进行归纳与分析，并对影响产生的过程和机理进行理论解释；之后，以典型城市为案例，对城市旅游效率和生产率形成的过程和机理进行还原与描述，从而检验并证明理论分析结果，最后得出本研究的结论和政策建议。

从研究范式上看，本文遵循科学研究的一般步骤，即首先根据现实世界的实际情况，定义研究的问题，明确研究的边界和研究的假设，在此基础上，制定研究方案，观察并收集资料，对资料进行归纳和分析，对结果进行概括和检验，进而通过演绎，提出最终理论。从性质上看，本研究属于基于归纳的演绎研究，遵循现象描述、结构刻画、过程还原和机理解释的逻辑关系，并对应于上文提出的四个问题。研究采用的模式和步骤如图 1-21 所示。

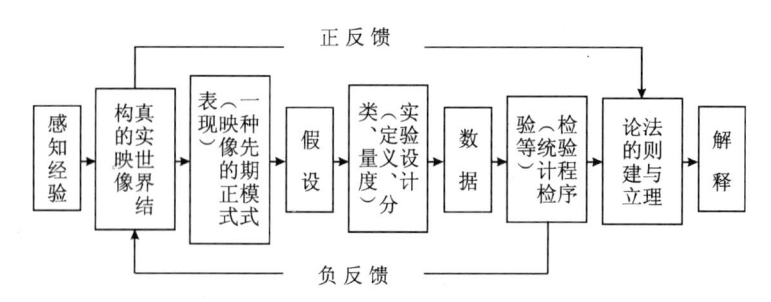

图 1-21 研究采用的模式（引自：王恩涌等，2002）

1.5.2 研究结构

基于以上研究思路，本书共分 8 章进行阐述，其整体研究框架、逻辑关系和研究内容按照图 1-22 进行架构。各章节的主要内容如下：

第一章，绪论。描述我国城市旅游发展过程中的现象和面临的问题，提供研究所处的背景特征，总结中国城市旅游发展的阶段特征，并确定研究的立论基础和所要解决的基本问题，介绍研究目的、意义并制定研究框架。

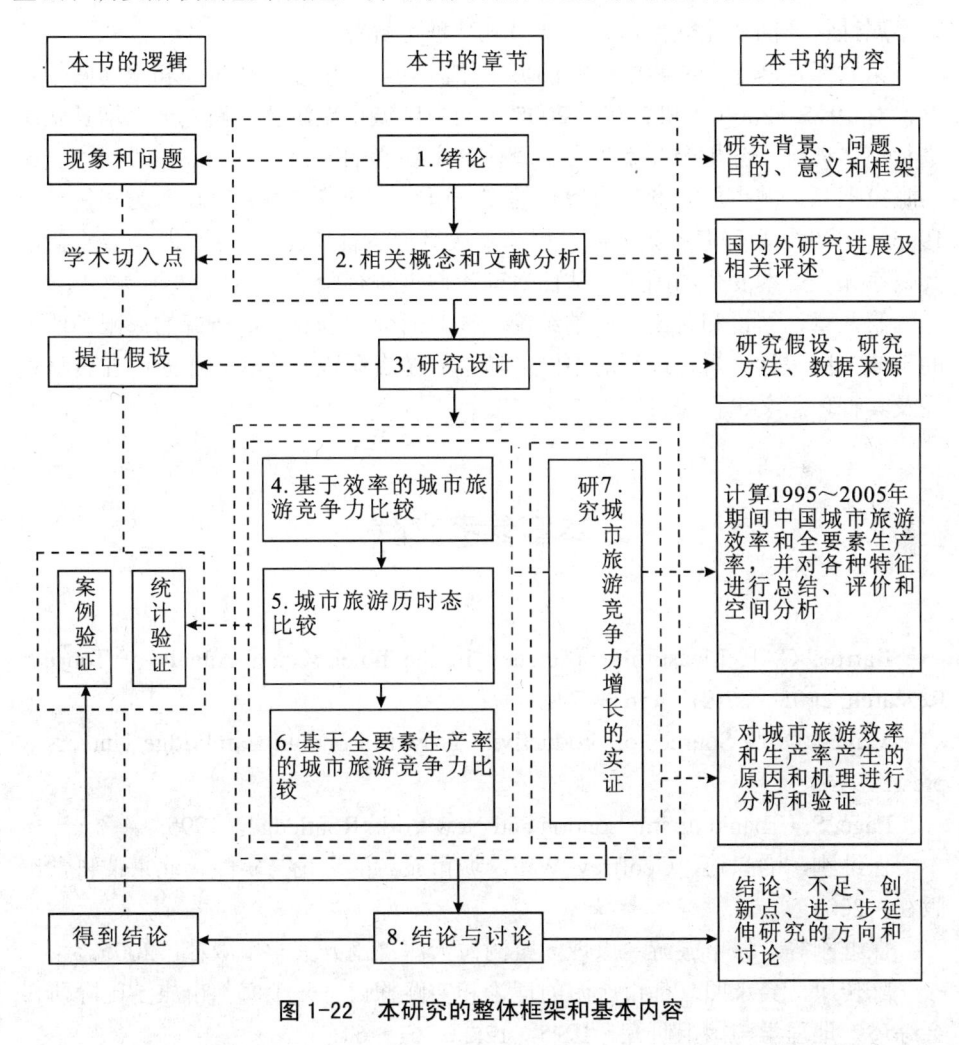

图 1-22　本研究的整体框架和基本内容

第二章，相关概念和文献分析。确定概念和研究边界，对国内外相关领域的文献进行总结和评价，明晰本研究的学术立足点和在旅游研究中的学术地位。

第三章，研究设计。对论文的研究作出整体设计，提出研究假设，对研究方法、研究对象和研究中所采用的数据以及选取的变量和指标进行描述说明。

第四章，基于改革的城市旅游竞争力比较。对 2005 年中国城市的旅游效率统计特征、分组特征、发展阶段特征、各分解效率对总效率的贡献、空间分布特征等进行整体描述和定量刻画，并对结果和空间分布的格局进行理论解释。

第五章，城市旅游与历时态比较。从时间和空间两个维度，对 1995 年、2000 年和 2005 年中国城市的旅游效率属性特征进行比较，总结中国城市旅游效率属性特征的变化规律，并对结果进行理论解释。

第六章，基于全要素生产率的城市旅游竞争力比较。从时间和空间两个维度，对 1995～2000 年和 2000～2005 年间中国城市旅游全要素生产率增长状况进行整体评价，分析全要素生产率变化的主要影响因素。

第七章，城市旅游竞争力增长的实证研究：珠海案例。以珠海为案例，对 1995～2005 年间珠海旅游发展过程和重大事件进行还原与分析，从中寻求影响其效率和生产率变化的因子，从而对理论假设进行验证。

第八章，结论和讨论。归纳结论，并对研究的创新点、研究的局限和研究的延伸方向进行分析，最后对不同区城市旅游资源投入方式和旅游产业转移途经及其管理意义进行探讨。

本章参考文献

Barros, C. P. Measuring efficiency in the hotel sector. Annals of Tourism Research, 2005, 32(2): 456～477.

Mayes, D. G. Sources of productivity growth. London: Cambridge University press, 1996.

Page, S. Urban tourism. London and New York: Routledge, 1995.

保继刚，潘兴连，Geoffrey Wall. 城市旅游的理论与实践. 北京：科学出版社，2001.

保继刚等. 城市旅游 原理·案例. 天津：南开大学出版社，2005.

陈传康，吴承照. 都市旅游的理论和实践探讨——上海都市旅游国际研讨会综述. 地理学与国土研究，1995，12(1)：61～64.

迟景才. 中国旅游经济探索. 广州：广东旅游出版社，2004.

范能船，朱海森. 城市旅游学. 上海：百家出版社，2002. 2～3.

姜成辰．中国旅游电子商务分析．对外经济贸易大学硕士学位论文，2006．
姜杰，张喜民，张勇．城市竞争力．济南：山东人民出版社，2003．
江美球，刘荣芳，蔡渝平．城市学．北京：科学普及出版社，1988．
李德华．城市规划原理．北京：中国建筑工业出版社，2001．
刘宏盈，马耀峰．入境旅游流空间转移与省域旅游经济联系强度耦合分析——以上海入境旅游流西向扩散为例．资源科学，2008，30(8)：1162～1168．
刘劲柳．我国旅游法之路在何方？旅游学刊，2006，21(1)：92～95．
刘元元．经济发展中的城市效率分析——理论发展及其比较．宏观管理，2005(3)：51～54．
马润潮．人文主义与后现代化主义之兴起及西方新区域地理学之发展．地理学报，1999，54(4)：365～372．
马晓龙，吴必虎．历史街区持续发展的旅游业协同——以北京大栅栏为例．城市规划，2005(9)：50～55．
马晓龙，保继刚．"塌陷"背景下中部旅游发展的地理学透视．人文地理，2008，23(1)：80～87．
马耀峰，李永军．中国入境旅游流的空间分析．陕西师范大学学报（自然科学版），2000，28(3)：121～124．
潘丽丽．旅游区域空间发展过程与竞合特征研究——以长江三角洲为例．中山大学博士学位论文，2005．
彭华．汕头城市旅游持续发展驱动机制研究．地理学与国土研究，1999，15(3)：75～81．
彭华．关于城市旅游发展驱动机制的初步思考．人文地理，2000，15(1)：1～4．
邵琪伟．把旅游业培育成为国民经济重要产业．中国旅游报，2008-3-14第一版．
史春云，张捷，朱传耿，周章，杨旸．基于WTTC数据库的旅游竞争力测度与分析，经济地理，2006，26(2)：326～330．
苏伟忠，杨英宝，顾朝林．城市旅游竞争力评价初探．旅游学刊，2003，18(3)：39～42．
王恩涌，赵荣，张小林，刘继生，李贵才，韩茂莉．人文地理学．北京：高等教育出版社，2002．
魏小安，韩健民．旅游强国之路．北京：中国旅游出版社，2003．
吴必虎．区域旅游规划原理．北京：旅游出版社，2001．
巫宁，杨路明．旅游电子商务理论与实务．北京：中国旅游出版社，2003．

徐永健，朱竑，曹小曙．城市旅游国际研讨会在珠海举行．人文地理，1999，14(3)：80．

杨新军．城市旅游系统研究和理论探索的开拓之作——评保继刚等《城市旅游 原理·案例》．人文地理，2005，20(6)：127．

臧德霞，黄洁．关于旅游目的地竞争力内涵的辨析与认识．旅游学刊，2006，21(12)：29~34．

张捷，都金康，周寅康，张思彦，蒋兆刚．观光旅游地客流时间分布特性的比较研究——以九寨沟、黄山及福建永安桃源洞鳞隐石林国家风景名胜区为例．地理科学，1999，19(1)：49~54．

赵民，陶小马．城市发展和城市规划的经济学原理．北京：高等教育出版社，2001．

张定方．中国旅游电子商务发展研究．江西财经大学硕士学位论文，2003．

张晶．西部旅游电子商务发展状况、问题及对策研究．西安科技大学硕士学位论文，2006．

张昕玲．京津冀地区旅游合作模式与机制研究．北京第二外国语学院硕士学位论文，2006．

张志辰．区域旅游合作中的制度分析．旅游学刊，2008，23(1)：67~70．

中国旅游研究院．2008年中国旅游经济运行分析与2009年发展预测．北京：中国旅游出版社，2009．

周玲强．亚洲金融危机对我国国际旅游业的影响及对策研究，浙江大学学报（人文社会科学版），1999(1)：146~151．

周一星．城市地理学．北京：商务印书馆，1992．

周一星．中国城市工业产出水平与城市规模的关系．经济研究，1988(5)：74~78．

朱镇，赵晶，陈静琪，魏晓燕．基于RBV的旅游电子商务采纳关键成功因素研究．旅游学刊，2008，23(2)：23~28．

第二章 相关概念和文献分析

本章主要介绍研究中所使用的基本概念以及概念之间的关系,并从"城市旅游"和"旅游效率/生产率"两个视角对国内外相关文献进行分析,进而对研究现状和趋势进行全面总结和系统评价。主要目的在于明确研究对象的边界、厘清各概念之间的关系,寻找论文的学术立足点和在学术树中的位置。

2.1 概念界定

2.1.1 城市、旅游城市和城市旅游

在中国,"城"最早是一种大规模永久性防御设施,主要用于防御野兽侵袭,后来演变为防御敌方侵袭;"市"是商品交易的场所。正因为"城市"与"城"和"市"具有发生学上的密切联系,到了近现代,城、市都成为乡的反义词而作为城市的简称。世界各国关于城市的定义有许多,但仍没有一个统一的标准。总结起来,城市是具有一定人口规模,并以非农业人口为主的居民集居地,是聚落(Settlement)的一种特殊形态。城市的特征性是多方面的,因此可以从许多角度按照不同的标准对其进行分类,如城市的发生学、城市的地形地貌条件、行政等级、二维形态、人口规模等。和以上各种城市分类相比,城市的职能分类更带有综合性,能更深刻地揭露城市的本质,因而也更重要(许学强等,1997)。根据城市所承担的职能不同,可以对城市的性质进行描述,如可以将城市分为工业城市、军事城市、旅游城市等。

相关文献中并没有关于"旅游城市"的精确学术定义。奥隆索(M. Auronsseau)、哈里斯(C. D. Harris)等在城市职能分类体系中分别将旅游职能作为娱乐功能的一种类型加以描述。城市性质是城市主要职能的概括,指一个城市在全国或地区的政治、经济、文化生活中的地位和作用,代表了城市的个

性、特点和发展方向（许学强等，1997）。因此，在接受旅游城市是对城市性质描述观点的基础上，旅游城市可以进行如下描述，即以旅游作为城市基本对外服务职能之一，以旅游功能为个性、特点和发展方向的城市类型。可见，旅游城市只是城市职能分类体系中的一种类型，是对城市性质和功能的描述，在性质上属于城市的一种特殊形态。

城市旅游与近代旅游几乎同时出现，美国学者Stansfield（1964）最早在其著作《美国旅游研究中的城乡不平衡》中首次提及城市旅游的概念。到了20世纪80年代，随着社会经济的发展，现代城市的扩张，城市功能的不断完善及旅游需求的多元化，城市旅游才作为当代一种特有的社会经济文化现象加速发展起来，并很快成为旅游活动主体之一。但目前学术界就城市旅游的概念与内涵尚未达成一致看法，有学者认为，城市旅游就是旅游者在城市中的旅游活动，及其对社会经济和环境的影响（Gunn，1988）。彭华等（1999a）认为，仅就旅游产业而言，城市旅游是指旅游者在城市中的所有物质与精神消费活动。总的来看，城市旅游是一个范畴，是基于旅游目的地标准而划分的几种旅游类型之一，是发生在城市的各种游憩活动及以城市为旅游目的地、以城市为旅游吸引物招徕游客的各种旅游活动的总称，其实质是对现代城市文明的向往和追求。可见，不同研究视角对城市旅游本质的理解存在差异，根据以上定义，从本质属性看，城市旅游既可以被认为是一种产业形态、产品类型，也可以被认为是旅行的行为方式。本书主要目的在于对产业发展的绩效进行测量，因此，所指的"城市旅游"其实质是指"城市中的旅游产业"。

2.1.2 效率和生产率

效率（Efficiency）源于物理学概念，最初用来标度机械作用中的能量损耗程度。机械系统输出能量与输入能量的比值越大，说明系统内部能量损耗越小，表明效率越高。此后，效率一词进入经济学、管理学等社会科学领域。在经济学领域中，效率通常是指投入与产出或成本与收益之间的关系，用来反映资源配置和经济活动的效果，可以表明资源或劳动价值的实现程度（陈荣，1995）。萨缪尔森（1992）认为，效率是指尽可能地有效运用经济资源以满足人们的需要或者说尽可能减少浪费，即"经济在不减少一种物品生产的情况下，就不能增加另一种物品的生产时，它的运行便是有效率的"，此时，经济就处于生产可能性边界之上，或者说经济运行是有效率的。最常见的效率定义是指生产资源投入与它们的产出效用之间的比例关系,这一定义在不同的领域有不同的诠释。当应用于微观领域时（如应用于某一具体企业），"效率"是指企业在投入一定生产资源条件下的产出，或者在产出一定的情况下的投入成本。当应用于宏观经济领域时，效率是指各种资源在不同生产部门之间是否得到有效配置，其产出是否能最大可能地满足社会和人们的各种需求，基于此意义的效率通常具有"资源配置使社会所有成员得到的总剩余最大化"的性质（曼昆，2003：149）。Charnes 等（1981）从要素投入对生产效率进行定义，他认为在产出既定时，如果一个产出单位能减少某种要素投入数量，而不增加其他要素投入数量，该产出单位缺乏效率。

生产率（Productivity）一般是指资源（资本、劳动等）在社会经济活动中的利用效率，通常用产出与投入的比值大小来表示。依据投入要素的不同，生产率可以分为单要素生产率（如资本生产率、劳动生产率等）和全要素生产率（Total Factors Productivity，TFP）。美国国家标准 I94《工业工程术语（1982）》对生产率的定义是：产出与总投入的比值；实际生产量与规定一个工人或一组工人的标准产量之比。日本学者新井井介（1992）认为生产率是表达生产要素的有效使用程度，用产品的生产数量与为此而投入的生产要素之比表示。马汉武（1999）认为以上两个定义均强调了生产率是总产出与生产要素的总投入之比，实际上是全要素生产率，并认为生产率的实质含义是对生产能力利用和对资源利用程度的考核，它可用来衡量生产组织（企业、政府），也可用来衡量各种产业、部门或整个经济体。

Barros（2005a）系统总结了生产率和效率的区别与联系。他认为无论在测量方法还是在定义上，生产率和效率都存在差别。生产率是指基于投入和产出的比率，该比率可用于任何生产要素绩效的相对测量，同时，也可以进行单投入产出或多投入产出的计算。因为是相对测量，所以需要参考一个外部基点来对生产率进行解释。与生产率不同，效率与生产的可能性边界密切相关，存在一个生产函数，通过描述给定投入水平下的最大可能产出定义投入和产出之间的关系。换言之，效率反映当前产业中的技术水平，是通过参考生产前沿相对进行测量，基点已经包含在定义当中，因此不需要参考外部基点。

基于以上分析，本文对效率和全要素生产率界定如下：

在某一特定技术水平下，没有技术进步发生，只有技术水平发挥程度的技术效率——生产资源配置效率存在，因而称为静态生产前沿面意义下的生产资源配置效率。本研究中统一用"效率"（Overall Efficiency，OE）进行表达。在计算中，是指在既定一组投入要素不变的情况下，一个企业的实际产出同一个假设同样投入情况下的最大产出之比，反映在给定投入情况下城市旅游获得最大产出的能力。由于不涉及投入要素的价格，所以本研究中所指的效率在有的文献中也被称作技术效率。

全要素生产率（Total Factors Productivity，TFP）增长，是指在多时期动态

条件下，各种生产要素的组合单元所引起的生产资源配置效率水平的变化。该指标是产品生产技术、要素组合技术、经营管理技术等诸方面水平的综合反映。目前一般通过引入一个与价格无关的生产率指数——曼奎斯特生产率指数（Malmquist Productivity Index，MPI），并以另一种效率描述工具——距离函数为媒介，实现曼奎斯特生产率指数的非参数描述。

2.1.3　城市旅游效率和全要素生产率

城市旅游在外延上包括所有在城市市域空间范围内进行的一切与旅游相关的活动。从行为主体看，这些活动不仅包括游客在城市范围内的旅游行为和旅游活动（狭义上的城市旅游），也包括旅游企业经营者的经济活动以及城市政府为实现旅游业发展而进行的旅游项目投资等。考虑到目前我国城市旅游发展的阶段性特征"旅游项目背负有大量基础设施建设"的实际，因此，这些活动也包括因旅游项目建设而导致的城市基础设施建设和旅游环境改造等活动。

从供给和需求关系看，可以将发生在城市内的所有旅游活动归结为两种，即一方面以产品和服务供给为主要特征的旅游企业、城市政府、当地居民等利益集团，他们总是试图通过自己的努力（包括各种资源投入）追求更多游客，获得更大利益，如旅游企业不断为游客提供良好的服务、城市政府不断为游客提供便利的设施，而当地居民不断提高自己的好客程度，在供给方的共同作用下不断营造更好的城市旅游环境；另一方面以需求为主要特征的游客，他们总是试图实现最小花费条件下的最高效用满足。如果将所有旅游产品供给方（包括城市政府、旅游企业、当地居民等）的努力均作为营造城市旅游环境的投入，则在这些服务基础上能够为游客提供的服务能力、对游客服务需求的满足程度则构成了这些投入的产出。

参考效率和生产率的定义，城市旅游效率可以通俗地理解为：将城市作为旅游经济的生产单元，实现旅游产业发展过程中单位要素投入在特定时间范围内能够实现产出最大化、使所有利益相关者得到总剩余最大化的性质。城市旅游全要素生产率主要用于表征在多时期动态条件下城市旅游生产的全部生产要素（资本、劳动等）资源配置效率水平的变化程度。

根据对城市全要素生产率的定义和对城市旅游效率的理解可见，本研究试图对 1995~2005 年间中国主要城市在旅游产业发展过程中的效率和全要素生产率，即"城市的旅游效率和生产率"而不是"旅游城市的效率和生产率"水平进行评价。因此，本书完整意义上的题目可以表达为"中国主要旅游城市的旅游效率及其全要素生产率评价：1995~2005"。并以此为指标对中国主要旅游城市的竞争力进行比较。基于此，可以对"什么是效率和生产率的旅游含义和政策含义"这一问题进行回答。

从现阶段我国城市旅游的发展特征上看,十余年来无论在资源投入规模、技术水平还是在服务能力上城市旅游均发生了较大变化。但由于个体城市面临着不同的内外部发展环境,因此,城市对各种特征的反馈程度不同,或者说对投入资源利用能力、技术利用能力之间存在较大的差异性和不平衡性。同时,这种差异的表现程度必须通过城市间的相互比较实现,并不由个体城市决定,而最佳前沿则由对各种特征反馈能力最强的城市所决定。参考城市旅游的发展特征,在实践上,个体城市可以通过增加要素投入规模、改善城市旅游环境、加强旅游标准化服务水平、深化区域间的旅游竞争与合作等方式获得更高的旅游产出,实现对资源和现有技术更合理的利用,以缩小与前沿城市的差距。

可见,同时期各城市与表现最好城市之间在对以上特征利用方面的差异构成了旅游和政策意义上的效率。从历时态角度分析,城市之间的相对优势不断发生变化。参考城市旅游的发展特征,在早期城市旅游效率的基础上,当旅游企业、城市政府或者当地居民实现了技术上的创新、采用了较为先进的生产方式,如电子预定系统、网上交易系统等用于旅游产品和服务供给的时候,即使使用等量的资源投入,往往也能够产生高于早期的旅游产出,但不同城市即使利用相同的技术进步,其产出能力也会存在较大差异,当将供需双方的全部投入要素和全部产出要素均用于效率测量时,这种不同时期旅游供给需求过程中导致的效率变化构成了旅游和政策意义上的全要素生产率变化。

2.1.4　城市旅游竞争力

旅游业的国家竞争和区域竞争是通过城市竞争得以实现,城市旅游竞争力是城市竞争力的重要组成部分。尽管我国学者对城市旅游的研究始于 20 世纪 80 年代,当时的研究多集中于如何把具体某一城市建设成国内著名旅游城市或国际化旅游城市,而较少从竞争力的角度进行分析。对城市旅游竞争力的研究始于近几年。很多学者认为,城市旅游竞争力是指在现代市场经济条件下,一个城市的旅游业在与其他城市的竞争中所体现出来的差别优势和城市综合素质。还有学者认为,城市旅游竞争力是指在旅游产业本身素质和城市旅游环境的综合作用下,通过旅游企业在旅游市场上销售其产品而反映出来的持续发展壮大的能力,具体表现在表层的旅游产品竞争力、操作层的旅游企业竞争力和内因层的旅游生产要素竞争力等三个层面上。

基于对概念产生的不同理解,城市旅游竞争力具有不同的表现。从旅游供给方面看,城市旅游竞争力具体表现为旅游资源的丰裕程度、旅游交通的可进入性、旅游景区的数量、档次和级别、旅游企业的接待能力等;从旅游环境来看，城市旅游竞争力表现为城市市容环境、交通环境、治安环境、人文环境和自然环境质量等；从旅游市场促销方面看，城市旅游竞争力体现为城市旅游促销费用总额，人均促销费用，联合促销的组织机制等；从旅游经济活动的最终效果来看，城市旅游竞争力表现为旅游总收入，旅游收入占 GDP 的比重，接待国际旅游者人数和收入，接待国内旅游者人数和收入，国外旅游者人数占入境旅游者总数的比例，旅游商品销售收入占旅游总收入的比重，人均旅游消费额，旅游者平均停留天数，市民出游量等。从动态角度来分析，旅游竞争力又可以分为现有旅游竞争力、潜在旅游竞争力和未来旅游发展竞争力等。

在城市旅游竞争力的评价方面，有学者认为，指标体系应从四个方面进行考察：①城市旅游竞争业绩评价：从现在的旅游收入、旅游接待量和旅游企业的经济效益三方面来评价。②旅游竞争潜力评价：从旅游资源条件、旅游资金来源和旅游技术人才三个方面来评价。③城市整体环境支持力评价：从城市社会经济环境、自然环境和其他环境三个方面进行评估。④旅游业综合竞争力的评价：即对城市旅游竞争业绩、竞争潜力和城市旅游环境支持力进行综合评价。

城市旅游竞争力是城市参与区域旅游竞争的综合能力，基于不同的学术视角，旅游竞争力的概念和评价体系具有不同的表达方式，从学科交融的角度看，任何表达均具有其合理性，而从其他学科审视又存在一定的不同理解。本书则从城市经营的角度出发，将城市作为旅游经济运行主体，认为在城市旅游经营过程中，投入要素利用最合理、产出绩效最高的城市是旅游竞争力最强的城市，并进而对中国主要城市的资源利用能力，即城市旅游竞争力进行比较研究。

2.2　文献分析

本书中文文献依托 CNKI 知识网络平台中国期刊网的数据库资源（包括中国期刊全文数据库、中国博士学位论文全文数据库、中国优秀硕士学位论文全文数据库、中国重要会议论文全文数据库和中国重要报纸全文数据库[①]）；外文文献依托世界上最大的研究信息和网络资源摘要和引文数据库 Scopus[②]。根据论文所要取得的研究目标，在 CNKI 中分别通过以"城市旅游"和"旅游＋效率"、"旅游＋生产率"为检索词对文章题目进行检索，结果显示文献标题中含

---

① 登陆网址：www.cnki.net
② 登陆网址：http://scopees.elsevier.com/ees_login.asp?journalacronym=JTMA&username=maxiaolong

有这些检索词的相关文章和论文分别为 3 392 条、14 条和 1 条；而在 Scopus 中以 "urban tourism"、"tourism+efficiency" 和 "tourism+productivity" 为检索词对文章题目、摘要进行检索，结果显示，相关论文数量分别为 1 089 篇、163 篇和 111 篇[①]。在此基础上不断进行文献二次追踪检索，最终收集到本研究综述所需要的全部材料。

2.2.1 城市旅游研究综述

随着城市旅游问题的不断涌现与相应研究成果的不断丰富，旅游研究者也开始从不同角度对这些成果进行总结和评价。如古诗韵等（1999）的《城市旅游研究进展》在介绍国外城市旅游最新研究成果的基础上，对我国城市旅游的研究进行了展望；秦学（2001）的《我国城市旅游研究的回顾与展望》系统对我国城市旅游的研究成果进行了总结；陶伟等（2003）的《国外城市旅游研究进展——Annals of Tourism Research 所反映的学术态势》通过对 Annals 发表的城市旅游相关文章进行剖析，对城市旅游研究的态势进行了判断；郑嬗婷等（2006）的《近十年国外城市旅游研究进展》对国内外近十年来城市旅游研究的成果进行了再次梳理；而保继刚等（2006）在其出版的《城市旅游：原理·案例》一书中更是对现有国内外城市旅游研究的成果进行了系统和详尽的总结，该书也成为中国城市旅游系统研究和理论探索的开拓之作（杨新军，2005）。本部分研究综述是在吸收和整理以前学者研究成果的基础上，补充最新资料进行的。

Douglas（2001）在总结 90 年代以来城市旅游研究成果的基础上，定义了以空间尺度（点、地区、城市、区域、国家、国际）和主题（需求、供给、开发、市场、规划、组织、实施、影响等）为纵、横轴线的城市旅游研究一体化框架体系（图 2-1），并强调对框架体系内因素之间横向和纵向联系的研究。尽管该模型的建立为城市旅游形成系统、统一的概念体系提供了一条极具参考价值的途径，但实际上，由于中国城市旅游研究大多以旅游发展的现实问题为导向，在学术研究中往往难以将旅游的开发、规划、组织和实施等主题以清晰的标准完全分解开来。因此，本书在参考 Douglas 所确定的框架体系的基础上，按照文献涉及的主题内容，将城市旅游归纳为旅游需求研究、旅游供给研究、旅游建设研究、旅游管理研究和旅游影响研究五个方面，并分别对城市旅游研究进行综述。

---

① 数据库检索日期：2007-07-30。

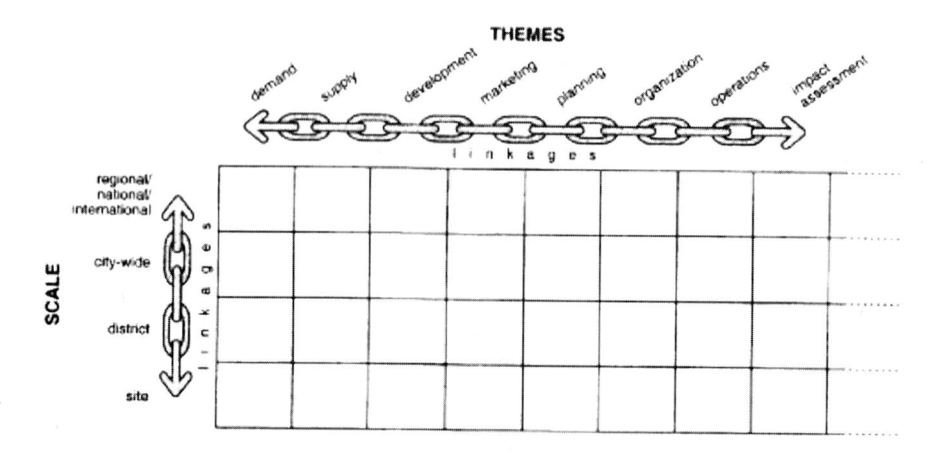

图 2-1 城市旅游研究的整体框架（引自：Douglas，2001）

2.2.1.1 城市旅游需求研究

游客对旅游目的地的认知结果直接影响到其目的地选择，对城市制定更为合理的旅游市场和营销政策具有重要意义。Dellaert 等（1995）应用选择试验法模拟城市游客的活动选择，利用"属性—选择"交互作用模型对荷兰旅游者巴黎周末旅游活动进行了验证，发现购物和观光是这些游客的必选项目，在周末不同时间段各种活动选择之间存在显著的相互影响，但夜间和白天影响的差异不大。Eymann 等（1997）则使用多项式模型分析个体在目的地和度假活动之间选择的决定性因素，发现不同细分市场游客对旅游产品的认知存在差异。Stuart 等（1998）比较了三种类型游客对伯里兹社会、经济和生态环境的正负面影响，分析了旅游者与目的地的关系。与此类似，Suh（2004）则将韩国首尔游客分为消闲和商务两类，并对他们的旅游花费和活动选择偏好进行了分析，发现远程旅游者（欧洲和北美）更倾向于对当地文化的关注，而近程旅游者（日本）更喜欢购物；商务游客旅游花费明显高于休闲游客，但特定行为偏好与花费之间没有直接联系。滕丽等（2004）在考虑收入、旅游消费占收入比例、区域旅游供给强度和交通条件等因素的基础上，利用人工神经网络对中国 39 个城市不同类型居民的旅游需求特征信息进行了分析，发现中国城市间居民出游率和消费需求存在差别，且与人均收入水平存在相关关系。Hayllar 等（2005）对澳大利亚石城游客进行了以气氛、区位和历史等主题为基础的深度访谈分析，结合旅游体验的本质，描绘了旅游体验现象学的二元论，即石城注定要成为悉尼旅游的一个组成部分，而石城的本质体验则由石城本身提供。

与国外一致，对城市旅游需求的案例研究也是国内城市旅游需求研究的重点。吴必虎（1994，1997）通过旅行测定手段获得的基本数据，运用游憩活动空间和曲线分析技术对城市居民旅游需求进行了系统研究，得到中国城市居民旅游目的地选择行为的 4 条基本规律：即中国城市居民旅游和休闲出游市场，随距离增加而衰减，80%的出游市场集中在距城市 500km 以内的范围内；中国城市居民的出游目的地，城市多于风景名胜区，且较集中于东部沿海城市；由旅游中心城市出发的非本市居民的目的地选择范围，主要集中在距城市 250km 半径圈内；中国城市居民关于目的地选择的态度和行为之间存在明显不一致，态度上偏好远城自然景观，行为上选择近城目的地，该不一致是由目的地的多种属性和旅游者所处的情境造成的。保继刚等（2002）利用 1999 年和 1987 年的第一手抽样调查资料，对桂林国内旅游客源市场 12 年间的空间演变进行研究，发现桂林国内客源市场在空间上逐步分散、吸引半径加大、波浪式推进和跳跃性增长的规律，并探讨和分析了桂林国内客源市场空间演变的原因。陆林等（2002）分析了三亚、北海、普陀山等海滨型旅游地和黄山、九华山等山岳型旅游地国内客流的季节性特征，认为自然季节性因素是造成以自然吸引物或自然－文化吸引物为特征的旅游地客流季节性变化的主导因素。杨新军等（2004）在西安旅游客源市场基本情况分析的基础上，利用面板数据和中心地标准距离公式，对不同时期西安国内旅游吸引半径和空间吸引力进行了定量计算，并在对比分析的基础上，总结了国内旅游客源市场距离衰减的基本规律和西安国内旅游吸引力的发展与变化趋势。卞显红等（2007）则运用模糊综合评判法与层次分析理论，在构建城市旅游目的地选择模糊综合评判矩阵基础上，对该区域旅游流份额和流动规律进行了定量分析，发现长江三角洲是入境旅游高度一体化发展的区域,上海是该区域内其他城市的重要入境旅游客源中转地。张红（2000）则通过对北京、上海、西安等旅游热点城市境外游客抽样调查资料和多年统计资料的分析，总结了入境旅游流在空间分布、形态、流量和流向等方面的规律性特征。

  城市本地居民也对城市具有旅游/游憩的功能需求。Lisa（2000）使用随机价值测量方法，调查了居民出游距离与他们理想中的目的地和出游地之间的距离，并测算了距离增加状态下的休闲态度，发现 40%的瑞典居民希望更短的休闲距离，并希望在居住区更近的区域规划林地以供步行游憩（1 公里范围内），45%的受访者不希望休闲距离增加。在国内，许春晓等（2006）通过城郊旅游消费意向抽样调查数据的职业分群统计分析，发现长沙市居民绝大多数职业群体的旅游目的和时间观念存在一定的同一性，意向性消费水平存在一定的差异性而交通方式偏好分异明显。此外，旅游产品满意度和旅行安全的提高有助于城市旅游营销。Bill（1998）调查了谢菲尔德游客、居民以及体育旅游者对城市旅游产品的满意度感知,认为城市旅游产品的开发必须以游客满意为前提。Barker 等(2002,2003)以 2000 年奥克兰市主办的"美洲杯"为案例,使用因子分析和结构方程模型对大型节事活动中的游客安全感知进行了分析,发现国内外游客对旅游犯罪具有截然不同的感知差异,阐述了体育事件、旅游犯罪和旅游体验之间的关系。Carr(2001)则按照性别和组成差异对年轻游客在伦敦城市度假环境下的安全感知进行了评估,发现性别差异确实对感知环境有一定影响,但不是影响的唯一因素,社会文化标准和价值观也会影响他们对旅游安全的感知。

2.2.1.2 城市旅游供给研究

城市吸引力是城市旅游发展的源动力,所有城市都以提升旅游吸引力为重要工作。Myriam(1986)认为城市内部环境这种"旅游产品"需要具备独特的空间和环境特性、完善的休闲娱乐功能和相关配套设施吸引游客。荷兰的案例表明:即使并非传统的旅游城市,但由于具有完善的旅游系统和独特的旅游发展模式,这些城市也对游客有着与众不同的吸引力,而旅游开发商和广告商的宣传也对游客具有重要影响。Judd(1995)在综合分析美国大型城市旅游发展战略的基础上认为,树立品牌形象、招徕商务会议、建设大型购物商场和狂欢地带等措施可以促进城市经济发展,并检验了这些战略对经济和社会的实际转化能力。Xiao(1997)对厦门市与泉州市的国际游客、服务人员与当地居民的调查发现,两个城市中游客与当地居民之间的关系、旅游与休闲的结合方式等并不一致,而这种差异受地方文化、价值观和生活方式等影响,并建议旅游城市应通过丰富游客体验、加强游客与当地居民文化交流等方式促进沟通、提高城市旅游吸引力。Litvin(2005)以南卡罗莱纳州查尔斯顿的国王街改造从而保持城市吸引力项目为案例,探讨了历史街区改造与城市旅游发展的互动关系,为城市和城市零售商业的发展提供了有意义的反馈。此外,Limburg(1998)、Chiesura(2004)和 Bob Mckercher(2005)等分别以荷兰斯海尔托停博斯市(S-Hertogenbosch)、阿姆斯特丹市和香港为案例,探讨了不同城市最具吸引力的因素。刘清春等(2007)选取了人生气候舒适指数来衡量城市旅游气候的舒适性,计算了中国 44 个城市的人生气候舒适指数以及偏离度,分析了旅游气候舒适期,发现其中 19 个城市舒适气候期是 5 个月,舒适期过短或者过长的城市都较少。按照舒适期的长短以及舒适月份分布的连续性,将舒适期分为 3 类 2 型。最后,为评价各城市的气候综合状况,利用各人生气候指数偏离度,通过 Kohonen 神经网络方法,将 44 个城市分成 5 类,为城市旅游产品的供给提供了物质基础。

城市旅游竞争力是评价城市旅游发展现状和潜力、构建区域旅游地域系统、帮助城市更好地参与国内和国际竞争的重要依据。苏伟忠等（2003）和丁蕾等（2006）在界定城市旅游竞争力概念的基础上，通过构建评价指标体系对不同地区城市旅游竞争力进行了对比，研究发现不同城市具有不同的竞争优势。黄耀丽等（2006a，2006b）在深入分析旅游竞争力含义及其空间结构的基础上，采用城市旅游竞争力的多维评价和综合分析方法，将珠江三角洲城市旅游目的地划分为不同的3个等级，并总结出珠江三角洲城市旅游竞争力具有以广深为轴线的"哑铃"型双极放射状空间形态模式，提出了凭借城市自身比较优势，承担不同层次旅游竞争与合作角色的空间组织模式。

　　为了提高城市旅游竞争力，学者对不同类型城市旅游发展的动力机制进行了系统分析。彭华（1999b）以汕头为例，探讨了商务主导型的都市旅游带动区域旅游发展的模式，并系统探讨了旅游发展驱动机制及动力模型（彭华，1999c）。保继刚等（2004a，2005）则从总量、个案、时空等角度探讨了中国城市旅游目的地的变化规律，得出中国城市旅游目的地地理集中指数变化趋缓的结论，并从城市旅游驱动力变化、城市功能和地位变化、城市旅游目的地竞争等方面进行地位变化的因素分析。此外，为了阐释改革开放以来中国城市旅游目的地相对变化的原因，在一般分析的基础上，又以大连、深圳和珠海三个较具代表性的城市为例，对城市旅游驱动力的转化过程做个案剖析。研究发现：每个城市旅游目的地的发展都存在相应的主导驱动机制；城市旅游的主导驱动机制存在时空变化；城市旅游要实现可持续发展必须跟随外部环境的变化（主要是需求结构的变化），适时转变驱动力类型。黎筱筱等（2006）通过最邻近指数的计算，判断出中国优秀旅游城市空间凝聚型分布的特征、三大经济区的分布差异和同一区域内的等级差异，并从区域经济水平、城市体系结构以及旅游资源分布三个方面给出解释。徐红罡（2005c）总结和研究了旅游城市化、都市城市旅游、环城游憩带、旅游与城市转型、旅游城镇的衰落等城市旅游与城市发展的动态模式，并建立城市旅游与发展的一般反馈模型，找出导致城市发展和城市旅游发展非线性特征的内部结构。朱竑等（2005）则借用首位分布和位序—规模法则，分析了中国省际层次和主要旅游城市的旅游规模分布形态，发现这种分布尽管呈现首位分布，但位序—规模分布拟合度不高。根据各省市旅游规模变化和位序变化的协调关系，将我国省市分成均衡、增长缓慢和加速增长等三种类型，并分析了不同因素对旅游规模分布的影响。

　　在旅游产品供给方面，具有悠久历史和文化积淀的城市往往成为现代城市遗产旅游的重要目的地。Hovinen（1995）对宾夕法尼亚州兰喀斯特遗产旅游地的研究表明，Amish社区对旅游活动的逐渐参与和公共规划部门对营销的被动反馈已经对文化遗产保护产生了影响，而折扣购物中心的增加也影响到游客的旅游兴趣，因此具有前瞻性的规划对遗产旅游地开发具有重要意义。Kevin（1996）则强调了城市旅游过程中遗产地和零售业、商业之间关系的问题，他认为城市遗产地作为吸引旅游者的主要场所，除了观光门票收费外，应配套完善的休闲设施和购物设施以满足旅游者的多层次需求、促进消费、带动城市旅游发展。Chang 等（1996）通过对比分析蒙特利尔和新加坡城市遗产旅游发展的经验，探求了"自上而下"和"自下而上"两种方式的结合模式。研究表明，宏观环境推动了两个城市均将遗产旅游作为促进城市旅游发展的战略，在不断开拓全球市场的同时又能保持城市的地方特色，从而保持城市持久的旅游吸引力，对发展城市遗产旅游至关重要。Schofield（1996）通过曼彻斯特"北方好莱坞"之旅体验经历的分析，探讨了视觉媒体在主题遗产旅游产品开发中的作用。Caffyn 等（1999）以伯明翰为例，对内陆多种族城市如何开发遗产旅游产品以达到经济和社会目标的平衡，如何开发社区参与和满足少数民族、种族群体需求的遗产旅游，如何在后工业化和后殖民主义社会开发工业遗产旅游并能形成一致的新欧洲形象等问题进行了探讨。Sidney 等（1999）分析了涉及遗产管理的香港政府、旅游机构、非政府组织和当地居民等团体对遗产地旅游开发的不同看法。随后，Bob 等（2005）总结了基于城市旅游地和文化遗产管理之间关系成熟度差异的 7 种类型。Russo（2002）则以威尼斯为例，专门对城市遗产旅游开发"恶性循环"问题进行了旅游空间组织、遗产城市旅游产品质量和区域经济动力之间关系的研究，认为可持续发展政策应针对导致恶性循环的关键点，如文化资源质量和可进入性等方面进行调控。汪宇明（2001）则探讨了典型风景旅游城市旅游产品的深度开发问题。

随着旅游产品内涵的不断扩大，大型运动会、博览会等事件也成为城市旅游的吸引物类型之一。Maurice（1994）通过各类大型事件的比较和 1991 年谢菲尔德（Sheffield）大学生运动会的案例分析，总结了大型事件对城市规划、城市政策与城市发展战略的影响。他认为大型事件主要受城市领导者、社会变化（social change）和非理性规划（non-rational planning）等因素影响，而大型事件可以通过规划和政府政策进行控制。Bill（1997）则利用同一案例，分析了大型事件举办前后的战略规划对竞赛投资、发展旅游、振兴城市经济以及社会政治环境的影响。在国内，余青等（2004）从类型、现状评价、基本规律等几个维度论述了中国城市节事活动的发展态势，并从节事活动的时空分布特征和规律性对开发与管理提出了建议。而在城市内部，城市博物馆和主题公园也是两种重要而特殊的旅游产品形态。Myriam 等（1996）以鹿特丹为例，采用阶梯分析法研究了博物馆在城市旅游发展中所起的吸引作用，发现博物馆旅游者的游览动机依次为学习、体验和娱乐，在提出旅游者动机"叠加树"（Additive tree）模型的基础上，制定出博物馆旅游市场的营销战略。Adam 等（1995）以西埃德蒙顿商场为例评价了商城对城市旅游的经济贡献，发现尽管商业中心对城市旅游发展确实具有一定贡献，但这种贡献并没有以前研究所显示的那么大。在国内，保继刚（1994，1997）通过实证调查和文献研究对影响中国主题公园发展的客源市场和交通条件、区域经济发展水平、城市旅游感知形象、空间集聚和竞争以及决策者行为等因素进行了系统分析。董观志（1999）则通过对深圳华侨城等四大旅游主题公园的调查分析，总结了我国旅游主题公园客源市场的分异规律和基本特征。陆林（2007）则论述了2008年北京奥运会举办对中国旅游业和旅游研究的机遇。

此外，城市边缘区开发也已经成为城市旅游发展的重要途径。Gospodini（2001a）在考虑城市发展前景、城市设计潜力和主要形态与空间特征的基础上，试图建立一个希腊城市滨水区再开发和再设计的理论框架。他认为，在欧洲城市体系的竞争中，尽管希腊城市滨水区再开发面临很大挑战，但可以通过改变、提高和发展等途径得以实现。吴必虎等（2001）以上海为案例对环城游憩带（ReBAM）研究的结果表明，旅游成本与土地租金是决定 ReBAM 区位的主要力量，而游憩需求、投资偏好和政策导向是影响 ReBAM 的形成与发展的主要因素。在此基础上，又对中国乡村旅游地与其客源地城市间的距离关系进行了测定（2004）。

2.2.1.3 城市旅游建设研究

从20世纪90年代起，中国兴起了建设国际旅游城市的热潮。周玲强（1999）提出了国际风景旅游城市指标体系建立的基本原则和详细的指标体系，为建设国际旅游城市提供了定量参考。为检验国际旅游城市目标是否实际，分析我国城市国际竞争优势的时空特征以及重要城市的国际旅游竞争优势，邢珏珏等（2005）利用皮尔逊（Pearson）相关法探讨我国城市国际旅游竞争优势及其影响因素，发现我国具有国际旅游竞争优势的城市只有14个，并不是所有城市都适合于国际旅游城市的建设标准。从影响因素分析来看，城市国际旅游竞争优势与国际旅游收入、旅游特色资源、城市区位优势、城市经济的活跃度有关，而与城市 GDP、城市第三产业发展没有明显的相关性。对城市旅游产品生命周期所处阶段的正确认识，有助于城市政府根据阶段制定相应的旅游产业发展政策和旅游投资决策。保继刚等（2004b）采用系统动力学方法构建了苏州城市旅游地生命周期的系统动态模型，并利用模型对苏州城市旅游地生命周期的发展过程进行了解释，并强调了市场差异对旅游产品需求的影响以及在系统结构中各个反馈机制所起的作用差异。在此基础上，徐红罡等（2005a，2005b）论述了系统动力学方法对于旅游地生命周期研究的适用性和有效性，构建了城市旅游地生命周期的研究框架和城市旅游发展的系统动态模型，解释了旅游地发展的系统内部结构和各要素的作用机制。随后，又在对城市旅游市场和旅游产品进行细分的基础上，总结和考察了细分产品的演变规律和整个城市的旅游生命周期。研究发现：即使整个城市旅游地处于持续增长的趋势，城市旅游产品结构也可能出现根本性的转变；完整的城市旅游地演变模式应包括三个发展阶段，每个阶段可能存在交叉和重叠，城市旅游生命周期的研究关键在于把握城市旅游产品系统结构的演变。

旅游形象对指导城市旅游开发、产品设计和旅游营销等均具有重要意义。Bill 等（1996）对五个英国老牌工业城市旅游形象的对比研究表明，虽然这些城市的类型和功能相似，在制定市场营销方案时存在相同之处，但受城市本身特色影响，各城市政府和行业领导者在旅游促销中存在重要差异，并从地理视角对这些差异产生的原因进行了分析。Dahles（1998）在分析早期阿姆斯特丹旅游形象的基础上，提出了以当地文化为主题的旅游形象重塑战略，认为这种策略是阿姆斯特丹建立一个区域城市身份的标志和成为未来世界旅游中心城市的重要手段。此外，国外学者 Seaton（1999）、Choi 等（1999）、Chen 等（2002）和 Douglas 等（2004）分别采用不同的方法对滑铁卢（Waterloo）、香港、宾夕法尼亚州和拉斯维加斯等城市和地区的旅游形象塑造进行了分析和方案制定。在国内，李蕾蕾（1995，1999）认为城市旅游的进一步发展已不能单纯依赖孤立的旅游景点，而必须推出城市整体的旅游形象，通过形象定位、主题口号的提出、视觉形象的设计与推广等战略来全面发展城市旅游，并提出了城市旅游形象设计的工作流程。屈海林等（1996）详细分析了香港旅游形象的构成要素，香港在城市旅游形象促销方面的成败，为内地城市旅游发展提供了宝贵经验。聂献忠（1998）以香港和上海为例，论述了城市旅游产品及配套设施等旅游视觉要素的建设，旅游行业管理及服务质量和水平所表现出来的旅游行为形象在城市旅游中的重要性，比较了沪、港两地在这方面的差异。此外，国内学者也对不同类型城市的旅游形象塑造提出了一系列可供参考的方案（章锦河，2001；马晓龙，2006；李山等，2006；李东和等，2007）。

2.2.1.4 城市旅游管理研究

合适的城市旅游服务设施选址与布局是城市实施有效管理的前提。Stephen（1985）分别计算出加拿大安大略湖区八个城市中五种类型餐馆的集中分散程度、土地使用程度、受交通条件影响程度、受人流影响程度等四个方面的确切数值，总结出不同类型餐馆的空间布局模式，为餐馆的选址、布局和管理提供了有益的参考。Noam 等（2001）则运用多种理论模型，详细分析了耶路撒冷（Jerusalem）近 150 多年来旅店空间布局的转变情况，得出政权转换会对城市旅店布局模式产生影响的结论。随着城市居民对生存环境改善呼声的高涨，城市旅游规划中公众参与的重要性日益明显。Douglas（1998）详细分析了巴黎城市规划、香榭里舍大道（the Champs-Elysees）重建与卢浮宫（the Grand Louvre）发展规划，发现公众参与可以直接影响旅游发展政策与建设方案，有利于收集不同意见，使巴黎城市旅游发展规划的内容更为全面。Herderson（2000）对新加坡唐人街开发方案的研究也同时证明，规划方案的实施应当考虑当地居民的参与、历史真实性的体现和产品生命周期更替。城市作为旅游目的地、居住地、工作地，具有不同的空间需求，产生的矛盾需要采取有针对性的管理方法，对此，Kevin（1997）提出城市发展政策制定应考虑国家政策和规划机制、可持续发展原则、扩大就业、政治的控制力和权力结构等因素。Tufts（1999）从供给角度对加拿大蒙特利尔博物馆日常运作的研究表明：该地区博物馆的竞争主要表现在收入、新技术、劳动实践和网络开发等方面，博物馆的经营改组不仅可以提高公共管理的重要地位，而且有助于增加多样化的旅游产品并提高游客的体验质量。Karl等（2000）为了解决市场调查数据真实性与可比性问题，在共享欧洲旅游研究资料的基础上，详细介绍了欧洲智能数据库系统的产生过程，为城市旅游实施有效管理提供了基础材料。

合理的空间布局与空间结构是实施城市旅游有效管理和城市旅游空间利用最大化的前提。Douglas（1999）从微观角度分析了巴黎城市旅游的发展情况，并特别研究了具有代表性的旅游空间，如地标性建筑和排水系统等的分布及功能，以了解不同旅游者对不同空间的需求。Robert（2001）在回顾种族区分和当代社会政治变化的基础上，强调了休闲空间建设与文化一致性的关系。Gospodini（2001b）探讨了城市设计、城市形态和城市旅游之间的关系，认为城市空间形态可能对旅游者的偏好产生影响，城市形态与城市功能的改变可以增加城市旅游的多样性和可选择性。在国内，保继刚等（1998）在界定 RBD 概念的基础上，结合广州天河城、深圳华侨城等案例，分析了城市 RBD 与 CBD 的关系，归纳了城市 RBD 的功能类型及其形成机制，认为 RBD 对于城市商业、旧城改造和城市规划均具有重要影响。杨新军等（2001）在分析城市旅游景观空间符号、总结国外城市旅游产品序列的基础上，研究了城市旅游商业区的类型，指出其区位主要受城市传统风貌格局的影响，其空间形态与城市商务中心有密切联系。随后，杨新军等（2004）又以西安"一日游"行为为基准，给出了西安旅游目的地区域范围，发现西安旅游目的地区域对周边地区旅游客源产生了明显的截流效应。陶伟等（2002）在分析苏州城市旅游空间结构的节点、通道和域面等要素的基础上，提出了通过整体与核心整合苏州城市旅游空间结构的原则和途径。

规划技术是对城市旅游进行管理的最直接手段和方式。吴承照（1999）认为城市旅游规划的特殊性在于市场、资源、设施和与其他规划关系之间的特殊性，城市旅游规划所要解决的核心问题在于产品与目标，并设计了城市旅游规划的技术体系和实现途径。周尚意等（2002）认为行为地理学在研究人们空间行为时强调个体差异，旅游产品消费的效用满足也以个体衡量。由于旅游线路是旅游产品之一，因此旅游产业的发展趋势是设计更多的旅游线路产品，以满足不同消费者的旅游需要。通过分析苏州城市旅游中不同年龄、不同受教育程度、不同职业人群的旅游线路多元化指标（TRDI）的多样性差异，发现不同细分市场具有不同的特征。进而提出中观尺度上旅游线路设计的基本理念及评价方法，为旅游业经营单位设计旅游线路和旅游者选择适当的旅游线路产品提出了建设性的方案。王铮等（2002）在 Wilson 模型的基础上，运用空间相互作用理论建立了旅游域模型，通过上海、昆明和成都等城市旅游域的分析计算，给出了模型参数，进而文章研究了模型与 GIS 技术的问题，提出用旅游域模型分析旅游业发展问题的方法，并探索了应用旅游域模型规划旅游区的技术方法。随后，又从地计算的角度出发，以江西上饶为例，运用可计算模型对旅游地域系统规划中的旅游中心集散地选择问题，旅游服务设施区位以及宾馆床位数的最优化问题进行了研究（邓悦等，2003）。实现了传统旅游规划技术与信息技术的结合，有效推动了旅游规划技术的进步。卞显红（2003a）认为城市旅游空间规划布局是在综合评价城市旅游发展潜能的基础上，通过对城市旅游优先开发的地域确定、旅游生产要素的配置和城市旅游接待网络的策划，实现城市旅游空间结构合理及空间规划布局优化。作为城市旅游布局的中观层面，城市旅游空间规划布局主要受资源、区位、市场、社会经济及旅游交通等多种因素的影响和制约。戴光全（2001）应用旅游景观、旅游规划、景观生态和城市设计的基本理论，从发展城市旅游的角度，提出了城市旅游景观塑造的城市"场、流、象、说"四要素概念体系，并利用该体系对伊春城市旅游景观整治进行了案例研究。此外，汪宇明等（2006）探讨了都市社区旅游国际化的发展模式。而万绪才等（2003）则从旅游者的视角对城市旅游环境质量进行综合评价，通过旅游者评判的方式，构建城市旅游环境质量评价指标体系，对南京、苏州两市的旅游环境质量进行了综合评价与比较。

2.2.1.5 城市旅游影响研究

旅游发展对目的地最直接的影响在于经济和环境，尤其是对发展中国家和地区的经济和环境影响。Rogerson（2002）对约翰内斯堡的研究发现，城市旅游与经济复苏和城市经济发展之间存在密切的关系，该地区旅游经济表现出明显的地理和部门集群，而商务旅游是旅游发展波动最为明显的部门，地方政府正在进一步寻求旅游对经济发展的推动作用。Barry（1997）从经济影响角度利用投入一产出模型分析了加拿大城市康沃尔（Cornwall）在发展郊区旅游住宿业和饮食业时产生的问题，研究发现：过分依赖住宿、餐饮发展提高地区经济和当地居民生活水平并不是最理想的旅游发展策略，尽管发展旅游有利于平衡财政收支，但集中发展旅游也会引发工业衰退。Matthew（2000）通过小规模调查方法对印度尼西亚公园社区旅游就业和收入的分析显示，外来经营者、城市居民和非农村居民之间的分配不平等，且存在明显的核心—边缘关系。Andreas 等（1995）对约克角半岛游客和旅游从业人员的调查发现，这种外围地区存在经济漏损、设施维护和环境保护等问题，针对这些经济、环境和社会问题，提出了开发和管理上的建议。陆林（1997）认为旅游区域的经济效应取决于旅游花费总量、旅游花费在区域经济中的漏损、区域经济规模、旅游业与整体经济的关联等，并以黄山为例，提出提高旅游区经济效应的战略措施。随后，通过与国外旅游城市化研究的对比，陆林等（2006）又对我国旅游城市化未形成较完善的概念体系、研究领域较分散、研究内容不够丰富、尚未凝炼成明确的研究领域和研究方向等问题表示了担忧，认为应该加强旅游城市化问题的研究（陆林，2005）。李永文（2005）则对主题公园建设对区域合理配置资源、提升核心竞争力、优化产业结构、驱动社会经济综合发展等方面的影响进行了分析。城市旅游发展的主要病症之一是生态环境的破坏。Nina 等（1996）对俄罗斯疗养胜地索契旅游发展过程中的环境问题进行了研究，认为旅游业快速发展过程中出现的并不符合生态标准的旅游开发活动，如燃料废渣、汽车尾气、工业废品和游客大量涌入是导致俄罗斯疗养胜地索契（Sochi）环境不断恶化的主要原因。卞显红等（2003b）则认为城市旅游的问题主要在于空间发展无序、布局不合理及资源的过度开发，对如何正确运用城市空间发展战略及正确使用城市旅游承载力优化与调控城市旅游生态环境作了探讨。而为追求更好的城市旅游环境，Jeremy 等（1996）分析了洪都拉斯首都伯里兹城（Belize）发展生态旅游的目标，并探讨了实现不同目标的途经。汪宇明（2002）则具体提出了典型城市旅游资源可持续利用的政策性建议。

　　除经济和生态环境影响外，城市旅游也从社会文化等方面对目的地施加影响。Boris 等（1984）以南斯拉夫伯雷克（Porec）市为例，通过调查旅游者游览伯雷克市老城区的动机和当地居民对老城区重建的意见，分析旅游者和当地居民对老城区重建的期望，试图寻求既能保护老城区历史文化遗产又能提高城市吸引力、发展旅游业的重建方案。Cohen（1995）研究了泰国传统手工文化在旅游发展中的作用，发现各种类型的缎带产品正经历供给异质化的现象，即原始生产手工产品的村庄已经整体向专业零售该产品转变，而城市的商业发又引进了新的产品种类。手工产品不仅是一种吸引物和用于直接销售的商品，而且成为一种本土文化商品出口到外国市场的媒介。Eastman（1995）研究了肯尼亚的旅游和斯瓦希里语（Swahili）边缘化的问题。虽然标准化的斯瓦希里语出现在正式的课本中，但受旅游发展导致的政治和经济因素影响，这种语言仍呈现被迫边缘化的趋势。Reiner（1996）以前苏联爱沙尼亚市（Estonia）为例，从社会制度角度研究了前苏联解体后形成的各个新独立国家，由计划经济体制向市场经济体制转变过程中对城市旅游发展所产生的影响。他指出：在苏联时期，由于实行计划经济，国家每年都会对一些重要的旅游城市投入大量资金发展旅游业。然而在市场经济体制下，当国家不再向城市提供大量资金发展旅游时，其单一的国外市场弊端也逐渐显现。Bertram（1998）分析了德国纳粹文化对巴黎旅游业的影响，认为当地旅游业被战胜国控制后，社会文化有被同化的危险，且这种文化形象会影响政治和军事决策。作为通往马丘比丘（Machu Picchu）的主要关口，秘鲁的库斯科市（Cuzco）吸引了大批游客，Pierre 等（2000）对库斯科市旅游发展与当地古代秘鲁土著印加人传统文化之间关系的研究表明，尽管印加文化和旅游有着不同的根源，但彼此之间是共生的。同时，旅游发展也往往会同化城市的边缘区域、带来迎合高消费的商业氛围，而简单化或完全抹杀历史遗迹的文化意义。Antonio 等（2002）以质量、可进入性、形象为主要维度对欧洲四个城市游客友好度、文化和住宿投资对市场激励反应的评估表明，旅游产品的软因素是城市吸引国际游客的决定因素，但该因素在规划实践中却往往得不到重视。马西森等（1993）认为旅游业的社会影响可涉及游客、当地居民、游客与当地居民的关系等三个方面，并认为旅游业社会影响指的是旅游业带来的表现在价值观、个人行为、家庭关系、生活方式、道德观念等方面的变化。戴凡等（1996）通过对云南大理古城居民学英语态度和掌握英语程度的调查，发现大量外国游客的到来激发了当地居民学习英语的热情，一部分人已掌握英语这个交流工具，而且大部分年青人已把英语学习作为他们所受教育的一个重要部分。保继刚等（2004c）则运用城市地租理论和集体选择理论对历史城镇的旅游商业化进行了动态分析，认为在缺乏外来预见性干预的情况下，旅游商业化出现在历史城镇中不可避免，但是政府的前瞻性措施能够控制旅游商业化。

　　城市旅游的各种经济、社会、文化和生态影响最终都直接作用于当地社区，因此，受此影响的社区居民对城市旅游表现出不同的态度。Gilbert 等（1997）以坎特伯雷（Canterbury）和吉尔福德（Guildford）两个城市的中心区为案例，对比了居民的经济、社会、环境、文化和生态影响感知差异，发现城市旅游发展水平较高的市中心居民对旅游的消极反馈更高。此外，Tim 等（1999）对英国约克居民旅游发展态度的研究、Tomljenovic（2000）对澳大利亚黄金海岸老年居民旅游发展态度的研究、David 等（2001）对澳大利亚黄金海岸城乡边缘Tamborine 山当地居民对旅游发展态度的研究、Andriotis 等（2003）对克里特岛（Crete）不同类型城镇居民对旅游发展态度的研究均证明了不同统计学和社会经济特征的人口对旅游开发态度也存在显著差异，强化了 Gilbert 等的结论。在国内，杨兴柱等（2005）对中山市居民、李志飞（2006）对柴埠溪国家森林公园的土家族山区居民对旅游影响的感知和态度的实证研究也得到了类似的结论。

2.2.2 旅游效率和生产率研究综述

尽管学术界对旅游产业综合性和复杂性的认识已经达成共识，但对产业内涵和外延的界定仍存在较大争议，一般认为狭义的旅游产业包括吃、住、行、游、购、娱等六个部门。文献检索结果表明，现有旅游效率和生产率研究中涉及的主要产业部门包括酒店（宾馆）、旅行社、交通和旅游目的地等。但绩效评价对任何一种类型的组织和管理均具有重要意义（Lewin et al., 1986）。

2.2.2.1 旅游酒店效率和生产率研究

旅游酒店效率研究已经成为学术研究的热点之一（Baker et al., 1994）。早期的旅游企业经营效率研究发生在美国，Morey 和 Dittman（1995）利用数据包络分析方法（Data Envelopement Analysis，DEA）对美国 54 家私有连锁酒店 1993 年的管理绩效评估表明，这些酒店的平均管理效率为 0.89，效率最低的旅馆也达到 0.64，反映了美国旅游服务市场经营效率较高的现状。Michael 等（1996）在将服务人员按照工作性质划分为五类的基础上，对宾馆内部服务环境进行了有效性评价，发现前台、客房和停车场员工的绩效对客人感知质量具有最重要影响，而客房员工的绩效对客人满意度和价值增加均具有最直接的影响。作者认为主客之间的交流和服务绩效的无形性特征是造成这种结果的原因。为了克服 DEA 方法统计数据的局限性，Anderson（1999a）采用随机前沿方法（Stochastic Frontier Analysis，SFA），利用 1994 年数据对美国 48 家酒店企业的管理效率进行了测算，结果表明所有企业的平均效率达到 0.89，效率最高和最低值分别达到 0.921 和 0.843。为了验证该结论的稳健性，在随后的研究中，Anderson 等（2000）又采用 DEA 方法对这些酒店效率进行了测量。尽管方法不同，但研究结论近乎一致，即美国酒店产业经营管理的效率较高。与以上研究不同，Christopher（1999）通过对特定时刻酒店用餐翻台率与可能得到的最大翻台率的简单比较，认为酒店管理者可以通过降低峰值时期用餐人数、增加供给量、降低随机性（建立预订系统）和采用新技术等手段提高运作效率。

在欧洲，Barros 发表了系列文章对旅游酒店效率进行了研究。最初，他以葡萄牙 42 家国有酒店为研究对象，提取劳动力、经营成本等投入指标，以销售额、接待量和过夜游客量为产出指标，采用 DEA 方法，利用 1999～2001 年的面板数据分析了这些酒店的全要素生产率（Total Factors Productivity，TFP）水平以及影响因素。计算结果表明，只有少数酒店的 TFP 在这个时期得到提高，多数酒店的效率变化实现增长，只有少数酒店在技术变化上实现增长，并根据曼奎斯特指数（Malmquist Productivity Index，MPI）的分解将这些酒店划分为四种类型（Barros，2005b）。随后，他又根据葡萄牙的 15 家国有酒店 1998～2002 年的面板数据，采用 SFA 的方法，将效率和技术进步分解为纯技术进步（pure technical progress）、非中立技术进步（non-neutral technical progress）和规模争议技术进步（scale-augumenting technical progress）三个指标对这些酒店的效率进行了测算。结果表明，大部分酒店均没有达到有效，且整体效率值偏低，资源浪费现象较为严重。据此，提出了提高生产力、吸引外来投资等提高效率的措施和方法（Barros，2006a）。此外，他还采用相同的方法对具有遗产性质的国营连锁宾馆的效率进行了评价，结果表明：大部分国有宾馆经营有效，对于无效的宾馆，规模和区位是影响他们效率的主要原因（Barros，2005a）。

在亚洲，台湾地区学术界对于旅游酒店效率进行了大量研究并取得了较为丰硕的成果。Tsaur（2000）利用 1996～1998 的面板数据，采用 DEA 方法对 53 家涉外酒店的经营效率进行了测算，结果显示经营有效的比率达到 87%。随后，不断有学者对这方面的研究进行深化，Hwang（2003）等利用 DEA 和曼奎斯特生产率指数对台湾 45 家酒店 1998 年的效率以及 1994～1998 年的生产率变化进行了测算，结果显示台湾旅游酒店管理者的经营管理效率为 0.79，20 家酒店的生产率有所进步，台湾旅游酒店经营总体处于有效状态。随后，Huang 等（2005）又以问卷调查的方法对 359 份有效问卷进行了实证分析，发现台湾涉外酒店在内部营销、员工满意度与宾馆绩效之间具有显著正相关关系，从而提出以内部营销为手段不断提高员工满意度进而实现绩效增长的路径。Chiang（2004；2006）的研究则表明，酒店效率无效的原因在于其技术效率较低，而受规模效率影响不大。对酒店类型和效率关系的研究表明，效率与酒店类型之间无明显相关，而受区位和交通的影响较大，并指出应该加强酒店品牌、顾客满意度和服务质量等因子对酒店效率影响的研究。可见，Huang 和 Chiang 等的研究结果与 Tsaur 的基本一致，即台湾酒店的效率维持在一个较高的水平。但 Sun 等（2005）采用 DEA 松弛测量（Slack-Based Measure）、曼奎斯特指数和回归分析等技术手段，从管理、住宿和餐饮三个方面对台湾 55 家涉外酒店绩效的研究结果表明台湾 2001 年酒店业的管理效率均较低，但有 61.76%酒店生产率在 1990～2001 年间有所提高,管理效率受餐饮面积、客房数目、旅馆与机场距离、员工数目等因子影响。此外,Wang 等(2006a)的研究发现,涉外宾馆从投入到产出的转换能力与可控的投入和不可控的经营环境均有关,由于"胜地"和"连锁"宾馆较"城市"和"孤立"宾馆有更好的经营环境,因此,前者具有更高的周末使用率和品牌效应。同时,Wang(2006b)采用相同的方法对酒店成本效率进行了五种方式的测算,并用回归分析方法对影响效率的因素进行了分析,结果表明:台湾酒店成本效率无效的主要原因在于技术效率无效和规模效率无效,过小的经营规模限制了酒店成本的节约。而回归分析表明,国外散客、在线交易和酒店类型与他们的经营绩效相关。在中国大陆,学术界也使用 DEA 方法对不同区域酒店的相对效率进行了测算和比较分析(陈浩等,2004,2005;彭建军等,2004;黄丽英,2005)。

2.2.2.2 旅行社效率和生产率研究

旅行社效率是旅游效率研究的另外一个重要领域。Barros 等(2006b)考虑到葡萄牙旅行社面临着市场进一步开放、竞争日益激烈的实际状况,以市场份额占 68.6%的 25 家最大旅行社为研究对象,利用 2000～2004 年的面板数据,选择经营成本、劳动力价格等变量,采用随机前沿成本模型对这些旅行社的经营绩效进行了分析,研究表明:以平均效率作为比较对象,大部分葡萄牙的旅行社效率有效,而那些成立时间长的旅行社一般效率较高。此外,资本、劳动、销售额等因素对旅行社效率具有决定影响。Köksal 等(2007)利用 DEA 方法对 2004 年 24 家土耳其旅行社的经营效率进行了评价。他将这些旅行社按照经营性质分为独立经营和连锁经营两种,研究发现当年 79.16%的旅行社在经营上是无效率的,尽管在经营方式上存在差异,但两种类型旅行社在经营效率上并没有显著差异。田喜洲(2003)等在认识到我国旅游企业效益和整体市场效率较低、旅游供需处在一种低水平均衡点现状的基础上,通过对旅行社产品市场低效率原因和旅游市场博弈及其均衡结果的分析,提出政府加强市场监督管理是提高旅游市场效率最佳选择的结论。

2.2.2.3 旅游交通效率和生产率研究

航空公司和机场在区域经济和旅游产业发展过程中具有重要作用,因此旅游交通效率和生产率研究主要集中在这个领域。Charles 等(2001)采用改进的参数方法,基于劳动成本不断上升的欧洲 12 家国有航空公司和美国 7 家主要国有航空公司的面板数据,检测经营成本受员工成本上升的影响程度以及这些成本依赖于产业竞争的程度。研究发现,尽管竞争很小而且不明确,航空公司利润与员工成本确实相关,赢利很大程度上来自于私有化和自由度。Fernandes 等(2002)采用 DEA 方法,按乘客数目对 35 家巴西国内机场资源利用效率进行了计算，发现 16 家机场对资源的利用有效，并根据游客需求的预测确定了基于游客标准认知的机场容量扩张时期。Sarkis 等（2004）认为，尽管有效的机场经营对提高航空公司的绩效具有关键作用，但现有研究很少对机场的经营绩效进行评价，进而利用与 Fernandes 相同的方法，选择经营成本、雇员规模、出口和跑道作为投入变量，选择经营收入、客流量、客运飞机起降架次、飞机起降总架次以及总货物运输量作为产出变量，对美国 44 家主要机场 5 年来的经营绩效进行了评估。结果表明，先后有 15 家机场在五年间的经营有效率，但所有机场都没有在五年间全部有效率。并根据这些机场五年间的绩效值，利用聚类分析方法，建立了绩效提高的基准。此外，Nooreha 等（2000）以马来西亚雪兰莪州（Selangor，Malaysia）交通部门 1996 年 46 个服务单元为对象，以劳动、质量、服务等因子为投入产出变量，采用 DEA 方法，对公共部门的服务效率进行了评价。

2.2.2.4 旅游目的地效率和生产率研究

相对于产业部门，综合性目的地效率和生产率的相关研究较少。Lee 等（2002）以五个不同属性的代表性国家公园为对象，采用附随价值法（Contingent Valuation Method，CVM）和二分选择（Dichotomous Choice，DC）问卷，通过直接访谈并发放问卷的方式，对韩国国家公园的保护和利用价值进行了评估。结果表明：国家公园区位与资源对使用价值具有积极影响，游客在考虑国家公园价值时会考虑其交通成本和时间成本；而区位对国家公园的保护价值则存在消极影响。两种价值在不同国家公园中的作用存在差异。通过使用价值与政府财政支付的比较可知，政府必须对国家公园进行财政支付才可以实现国家公园的持续发展。节事活动主办地作为一种特殊类型的旅游目的地通过提高系统的组织效率可以进一步提高系统的经营和管理效率。在分析手工业组织和节事活动相似性的基础上，Preda 等（2003）采用承载力管理理论对澳大利亚主要体育节事主办地承办体育赛事运行效率的研究发现，供给、需求、自然因素等因子是导致节事运营效率较低的主要原因。在中国，李艳双（2001）等将数据包络分析思想和模型应用于旅游可持续发展能力的评价中，并以某城市为背景进行了实证研究，根据 DEA 有效性与指标集的关系对评价结果进行了分析，为城市制定相关的旅游对策提供了科学依据。

2.2.2.5 旅游效率和生产率的其他研究

Bell 等（1995）在区分航空成本、租车成本、住宿花费、劳动成本等十多个投入和产出变量的基础上，利用 DEA 方法对公司控制商务旅行成本部门运作效率的评价结果显示：这些部门经营效率达到 0.839 的平均水平，通过有效控制可以将这些部门的现有成本降低 16.1%，以取得当前的产出水平。随后，

Anderson 等（1999b）使用与 Bell 研究相同的数据，采用 SFA 方法和线性规划技术分别构建了有效边界，并根据效率结果对这些公司的部门进行了分类，研究取得了与 Bell 等几乎相同的结论，两种方法的平均效率值分别达到 0.946 和 0.874。从总体上看，这些部门的经营是比较高效的，从而印证了这种方法和 Bell 等研究结论的有效性，并得到通过设置类似的成本控制部门可以降低公司商务旅行成本的结论。

旅游酒店网站应用效率的重要性也得到了学者的关注。Marianna（2003）在分析以前研究存在问题的基础上，以英国三星级宾馆为对象，采用 DEA 方法对酒店的信息交流技术的生产率进行了测定。研究发现，生产率的提高并非来自于信息交流技术的单位投资，而是来源于网络和信息能力的开发，进而提出了管理策略和提高效率的方法。可见，生产率提高的关键因素在于技术进步，而与投资规模并不一定具有直接的因果关系。Costas 等（2006）按照管理者和用户的视角将宾馆网站划分为六个维度，并提出了网站评价的框架。通过与 25 家顶级宾馆品牌网站绩效的实证比较发现，希腊酒店网站在设施、客户联系、在线预订和相关信息提供等方面均存在一定差距，特别是在在线预订和价格信息等方面的差距更为明显，得到希腊旅游酒店网站应用效率较低的结论。

在中国，薄湘平（2006）用 2002 年国家旅游局的抽样调查数据，以旅游花费和旅游停留时间作为测评输入指标，以旅游者群体对服务质量感知等级的比例作为输出指标，采用 DEA 方法对我国旅游服务质量进行了测评，结果表明只有台湾地区游客对我国旅游部门服务质量的评价为非 DEA 有效，并从旅游者的年龄、职业、旅游目的等因素对其消费特征进行了分类分析。胡燕京（2006）等运用 DEA 方法测算了我国上市旅游企业 2005 年的经营绩效，发现我国上市旅游企业总体效率平均值为 0.7393，而且在各个区间段分布均匀，同时所有企业均处于规模效率递增阶段，而非 DEA 有效的企业普遍存在总资产利用不充分的问题，从而提出使非 DEA 有效公司达到有效的可行措施。左冰等（2008）选用参数法，在超越对数生产函数和 CES 生产函数模型基础上，选择指标对 1992~1995 年中国旅游业全要素生产率（TTFP）以及旅游经济增长方式进行研究，分析了 TTFP 变化与旅游增长之间的关系，探讨各省旅游增长方式的演化过程与变化趋势，发现中国旅游业属于典型的要素驱动型增长方式，技术进步缓慢，各省旅游业增长方式与发展水平出现了明显分化。

此外，Stefan 等（2005）以单位价值产生的环境破坏作为计算基础，以二氧化碳排放量作为环境破坏的标志，以交通、住宿和活动作为变量，分别计算了落基山国家公园，阿姆斯特丹入境旅游，法国、塞舌尔和锡耶纳 Val di Merse 旅游开发的生态效率，研究发现，生态效率根据旅行距离、旅游方式、游客停留天数和人均花费等不同而发生变化，尽管旅游业没有表现出高于其他产业类型的生态效率，但生态效率仍可作为评估旅游环境和经营绩效的有效指标。

2.2.3 讨论

综合现有文献可见，经过四十多年的不懈努力，国内外城市旅游研究已经取得了丰硕的成果。在国外，城市旅游研究几乎涉及需求、供给、建设、管理和影响等各个方面，尤其是在遗产旅游城市建设和管理、旅游目的地居民感知和城市旅游影响等方面，取得的研究成果对城市旅游的发展具有重要导向意义，且已经对旅游管理和规划的实践工作产生了重要影响，如旅游规划中更加重视社区居民的参与，更关注旅游开发对城市可能的影响等。相较于国外，尽管国内城市旅游研究较晚，但研究内容也已经覆盖了所有国外城市旅游研究的命题，且表现出明显的中国本土特色，如在中国城市旅游蓬勃发展的背景下，为了追求更高的城市旅游经济效益，中国学者则强调了城市旅游驱动力研究、城市旅游竞争力研究和城市旅游的经济影响研究，有关这些内容则是中国学者对旅游研究的重要学术贡献。但国内外学者关于城市旅游研究中尚没有从经济学和管理学角度将城市作为一个生产单元，对其旅游发展过程中投入产出关系的效率和生产率进行表达。

相比较而言，国内外城市旅游研究均取得了相对丰富的成果，但国外在旅游效率和旅游生产率等方面的研究成果则明显多于国内，说明旅游效率和旅游生产率研究尚没有得到国内学术界的广泛重视。总体上看，尽管旅游效率与生产率研究已经积累了一定的文献，但现有研究只集中在宾馆、饭店等几个产业部门，研究领域过于狭窄，尤其缺乏对旅游目的地、特别是综合性旅游目的地的研究。同时，对现有国内外研究的比较可以发现，国内旅游效率和旅游生产率研究与国外相比具有明显差距。即使国外相关研究较为狭窄，但也已经涉及酒店、旅行社、旅游交通、旅游目的地、旅游环境等多个领域，但国内只有台湾地区学者进行了较为少量的研究，且受两岸关系影响，这些研究并没有对大陆旅游研究和旅游产业发展产生明显的影响和示范作用。从研究内容上看，大陆只有少量文献涉及酒店等特定产业部门，且这些研究仅局限于对旅游效率或生产率的简单测算，缺乏效率/生产率来源和产生机理的系统分析和理论解释，尤其缺乏对城市这种综合性旅游目的地效率和生产率评价及其产生机理的研究。相比较而言，国内旅游效率和生产率研究无论在广度和深度上，还是在内容和方法上，均需要进一步完善、强化和补充。

2.3 本章的基本结论

根据国内外城市旅游和旅游效率/生产率相关文献的分析和研究，本章可以得到如下四点结论：

第一，国内外城市旅游研究已经取得了较为丰硕的成果，但现有研究均将城市作为承载旅游活动进行的载体，探讨各主体在载体上的各种旅游开发、管理、建设和影响等。实际上，从经营角度分析，城市可以被抽象为一个复杂的综合性旅游目的地，为了实现这个目的地旅游业的持续健康发展，城市需要不断与外界进行各种物质、能量、信息等要素的交换，其中，对城市进行资源投入以获取最大产出是实现目的地旅游业持续健康发展的重要手段。因此在投入产出基础上取得高水平的绩效是城市这个经济体旅游发展所追求的目标。但现有城市旅游文献中尚没有效率和生产率研究的内容，将城市视作一个经济体，对城市这种综合性旅游目的地效率和生产率的研究需要进一步加强。

第二，在国外，已经有大量文献涉及旅游效率和生产率研究，尤其是对酒店、宾馆、旅行社等少数产业部门的研究已经取得了相当丰硕的成果。但从研究内容上看，受数据可得性和变量复杂性的影响，现有文献明显缺乏对城市这种综合性旅游目的地的效率和生产率研究。在国内，除台湾地区有少量研究外，大陆地区关于效率和生产率研究尚没有得到主流旅游学者的重视，该领域的研究明显缺乏具有代表性的学术成果，现有的少量研究也主要集中在现象描述阶段，缺乏效率和生产率机理的深度分析和解释。因此，将效率和生产率作为绩效评价指标对城市这种综合性旅游目的地的研究需要进一步加强。

第三，根据研究目的，对效率和生产率研究可以采用不同的方法，其中，最常用的方法包括数据包络分析（DEA）和随机前沿模型（SFA）等。二者的主要区别在于 DEA 的非参和非随机性。该方法的成本边界包络了变量的实际成本，不考虑统计推论，不能够对统计杂质和无效进行区分。随机前沿方法则试图通过结构误差区分杂质和无效的影响（Lovell，1993）。Latruffe 等（2004）的研究结果表明，两种方法对同一问题的论证其实是可以相互印证的。根据现有文献的分析，考虑到数据包络分析处理多输入多输出、无需考虑数据量纲影响等优势，目前在旅游效率和生产率研究中大多采用该方法。这种优势也为本文进行城市旅游效率和生产率评价提供了方法选择的参考。

第四，本书选择城市作为研究对象，对其旅游产业发展的效率及其全要素生产率进行研究，试图从两个方向上对现有旅游研究的学科体系有所贡献。一方面，城市的旅游发展需要对投入要素和产出要素的经营水平进行评价，该课题弥补了城市旅游研究中关于城市经营绩效评价内容的缺乏；另一方面，从作者所掌握的文献上看，尽管已有少量学者对不同类型的旅游目的地进行了绩效研究，但本研究对城市这个复杂目的地系统进行旅游绩效评价尚属首次，因此该课题丰富了旅游绩效评价中关于综合性旅游目的地研究的不足。基于这样的考虑，本书试图从"城市旅游"和"效率/生产率"两个研究方向上构建本研究的学术立足点，最终确定了"中国主要城市的旅游效率及其全要素生产率评价"的研究课题。

本章参考文献

Adam, F., & Tulin, E. The economic impact of a mega-multi-mall, estimation issues in the case of west Edmonton mall. Tourism Management, 1995, 16(5): 367~373.

Anderson, R. I., & Fish, M., & Xia, Y., & Michello, F. Measuring efficiency in the hotel industry: a stochastic frontier approach. Hospitality Management, 1999a, 18(1): 45~57.

Anderson, R. I., Lewis, D., & Parker, M. E. Another look at the efficiency of corporate travel management departments. Journal of Travel Research, 1999b, 37(3): 267~272.

Anderson, R. I., & Fok, R., & Scott, J. Hotel industry efficiency: an advanced linear programming examination. American Business Review, 2000, 18(1), 40~48.

Andreas, E. H., & Clem, A. T. Peripheral tourism, development and management. Annals of Tourism Research, 1999, 22(3): 517~534.

Andriotis, K., & Vaughan, R. D. Urban residents' attitudes toward tourism development: the case of Crete. Journal of Travel Research, 2003, 42(2): 172~185.

Antonio P. R., & Jan, B. Planning considerations for cultural tourism, a case study of four European cities. Tourism Management, 2002, 23(6): 631~637.

Baker, M., & Riley, M. New perspectives on productivity in hotels: some advances and new directions, International Journal of Hospitality Management, 1994, 13(4): 97~311.

Barker, M., & Page, S. J. Visitor safety in urban tourism environments: the case of Auckland, New Zealand. Cities, 2002, 19(4): 273~282.

Barker, M., Page, S. J., & Meyer, D. Urban visitor perceptions of safety during a special event. Journal of Travel Research, 2003,41(4):355~361.

Barros, C. P. Measuring efficiency in the hotel sector. Annals of Tourism Research, 2005a, 32(2): 456~477.

Barros, C. P. Evaluating the efficiency of a small hotel chain with a Malmquist productivity index. International Journal of Tourism Research, 2005b, 7(3): 173~184.

Barros, C. P. Analysing the rate of technical change in the Portugese hotel industry. Tourism Economics, 2006a, 12(3): 325~346.

Barros, C. P., & Matias, A. Assessing the efficiency of travel agencies with a stochastic cost frontier: a Portuguese case study. International Journal of Tourism Research, 2006b,8(5):367~379.

Barry, P. A. Tourism and the economic development of Cornwall. Annals of Tourism Research, 1997, 24(3): 721~735.

Bell, R., & R. Morey. Increasing the efficiency of corporate travel management through macro benchmarking. Journal of Travel Research, 1995,33(Winter):11-20.

Bertram, M. G. Warfare and tourism: Paris in Word War. Annals of Tourism Research, 1998, 25(3): 616~638.

Bill, B., & Liz, R. Tourism marketing images of industrial cities. Annals of Tourism Research, 1996, 23(1): 201~221.

Bill, B. Strategic planning before and after a mega-event. Tourism Management, 1997, 18(3): 167~176.

Bill, B. User satisfaction and product development in urban tourism. Tourism Management, 1998, 19(1): 35~47.

Bob, M., Pamela, S. Y. H., & Hilary, C. Relationship between tourism and cultural heritage management: evidence from Hong Kong. Tourism Management, 2005, 26(4): 539~548.

Boris, V., & Drangan, T. Tourism and Urban Revitalization: A Case Study of Porec, Yugoslavia.Annals of Tourism Research, 1984, 11(4): 591~605.

Caffyn, A., & Lutz, J. Developing the heritage tourism product in multi-ethnic cities. Tourism Management, 1999, 20(2): 213~221.

Carr, N. An exploratory study of gendered differences in young tourists perception of danger within London. Tourism Management, 2001, 22(5): 565~570.

Charnes, A., Cooper, W. W., & Rhodes, E. Evaluation program and managerial efficiency: an application of data envelopment analysis to program follow through. Management Science, 1981, 27(6): 668~697.

Chang, T. C., & Simon, M. Urban heritage tourism: the global local nexus. Annals of Tourism Research, 1996, 23(2): 284~305.

Charles, K. N., & Paul, S. Competition, privatization and productive efficiency: evidence from the airline industry. The Economic Journal, 2001, 111(473), 591~619.

Chen, J. S., & Uysal, M. Market positioning analysis, a hybrid approach. Annals of Tourism Research, 2002, 29(4): 987~1003.

Chiesura, A. The role of urban parks for the sustainable city. Landscape and Urban Planning, 2004, 68(1): 129~138.

Chinag, W. E., Tsai, M. H., & Wang, L. S. M. A DEA evaluation of Taipei hotels. Annals of Tourism Research, 2004, 31(3): 712~715.

Chinag, W. E. A hotel performance evaluation of Taipei international tourist hotels - using data envelopment analysis. Asia Pacific journal of Tourism Research, 2006, 11(1): 29~42.

Choi, W. M., Chan, A., & Wu, J. A qualitative and quantitative assessment of Hong Kong's image as a tourist destination. Tourism Management, 1999, 20(3): 361~365.

Christopher, C. M. A simple measure of restaurant efficiency. Hotel and Restaurauant Administration Querterly, 1999(6): 31~37.

Cohen, E. Touristic craft ribbon development in Thailand. Tourism Management, 1995, 16(3): 225~235.

Costas, Z., & Vasiliki, V. A framework for the evaluation of hotel websites: the case of Greece. Information Technology & tourism, 2006, 8: 239~254.

Dahles, H. Redefining Amsterdam as a tourist destination. Annals of Tourism Research, 1998, 25(1): 55~69.

David B. W., & Laura, J. L. Resident perceptions in the urban-rural fringe. Annals of Tourism Research, 2001, 28(2): 439~458.

Dellaert, B., Borgers, A., & Timmermans, H. A day in the city: using conjoint choice experiments to model urban tourists' choice of activity packages. Tourism Management, 1995, 16(5): 347~353.

Douglas, G. P. Tourism development in Paris: public intervention. Annals of Tourism Research, 1998, 25(2): 457~476.

Douglas, G. P. Tourism in Paris: studies at the microscale. Annals of Tourism Research, 1999, 26(1): 77~97.

Douglas, G. P. An integrative framework for urban tourism research. Annals of Tourism Research, 2001, 28(4): 926~946.

Douglass, W. A., & Raento, P. The Tradition of invention conceiving Las Vegas. Annals of Tourism Research, 2004, 31(1): 7~23.

Eastman, C. M. Tourism in Kenya and the marginalization of Swahili. Annals of Tourism Research, 1995, 22(1): 172~185.

Eymann, A., & Ronning, G. Microeconometric models of tourists' destination choice. Reigional Science and Urban Economics, 1997, 27(6): 735~761.

Fernandes, E. & Pacheco, R. R. Efficient use of airport capacity. Transportation Research Part A, 2006, 36: 225~238.

Gilbert, D., & Clark, M. An exploratory examination of urban tourism impact, with reference to residents attitudes, in the cities of Canterbury and Guildford. Cities, 1997,14(6):343-352.

Gospodini, A. Urban designs, urban space morphology, urban tourism, an emerging new paradigm concerning their relationship. European Planning Studies, 2001a, 9(7): 925~935.

Gospodini, A. Urban waterfront redevelopment in Greek cities, a framework for redesigning space. Cities, 2001b, 18(5): 285~295.

Gunn, C.A. Tourism Planning. New York: Taylor & Francis, 1988.

Hayllar, B., & Griffin, T. The precinct experience: a phenomenological approach. Tourism Management, 2005, 26: 517~528.

Herderson, J. Attracting tourists to Singapore's Chinatown, a case study in conservation and promotion. Tourism Management, 2000, 21(5): 525~534.

Hovinen, G. R. Heritage issues in urban tourism, an assessment of new trends in Lancaster county. Tourism Management, 1995, 16(5): 381~388.

Huang, I. S., & Chi, D. J. Relationships among internal marketing. Employee job satisfaction and international hotel performance: an empirical study. International journal of management, 2005, 22(2): 285~293.

Hwang, S. N., & Chang, T. Y. Using data envelopment analysis to measure hotel managerial efficiency change in Taiwan. Tourism Management, 2003, 24(4):

357~369.

Jeremy, E., & Keith, S. Ecotouris questioned case studies from Beli. Annals of Tourism Research, 1996, 23(3): 543~562.

Judd, D. R. Promoting tourism in US cities.Tourism Management, 1995, 16(3): 175~187.

Karl, W. Standardizing city tourism statistics. Annals of Tourism Research, 2000, 27(1): 51~68.

Kevin, M. Consuming (in) the civilized city.Annals of Tourism Research, 1996, 23(2): 322~340.

Kevin, M. York: managing the tourist city. Cities, 1997, 14(6): 333~342.

Köksal, C. D., & Aksu, A. A. Efficiency evaluation of A-group travel agencies with data envelopment analysis (DEA): a case study in the Antalya region, Turkey. Tourism Management, 2007, 28(3): 830~834.

Latruffe, L., Balcombe, K., & Zawalinska, K. Detweminants of technical efficiency of crop and livestock farms in Poland, Applied Economics, 2004, 36: 1255~1263.

Lee, C. K., & Han, S. H. Estimating the use and preservation values of national parks' tourism resources using a contingent valuation method. Tourism Management, 2002, 23(5): 531~540.

Lewin, A. Y., & Minton, J. W. Determining organizational effectiveness: another look, and an agenda for research. Management Science, 1986, 32(5): 514~538.

Limburg, B. V. City marketing: a multi-attribute approach. Tourism Management, 1998, 19(5): 475~477.

Lisa, H. On the distance to recreational forests in Sweden. Landscape and Urban Planning, 2000, 51(1): 1~10.

Litivin, S. W. Streetscape improvements in a historic tourist city a second visit to King Street, Charleston, SouthCarolina.Tourism Management, 2005, 26: 421~429.

Lovell, C. A. K. Production Frontiers and Productive Efficiency. Chapter 1 in H. O. Fried, C. A. K., 1993.

Marianna, S. The information amd communication technologies productivity impact on the UK hotel sector. International Journal of Operations & Produciton Management, 2003, 23(10): 1224~1245.

Matthew, J. W., & Harold, J. G. Local economic impacts of dragon tourism in indonesia. Annals of Tourism Research, 2000, 27(3): 559~576.

Maurice, R. Mega events and urban policy. Annals of Tourism Research, 1994, 21(1): 1~19.

Michael, D. H., & Keith, C. J. Employee performance cues in a hotel service environment: influence on perceived service quality, value, and word-of-mouth intentions. Journal of Business Research, 1996, 35(6): 207~215.

Morey, R. C., & Dittman, D. A. Evaluating a hotel GM's performance: a case in benchmarking. Cornell Hotel Restaurant and Administration Quarterly, 1995, 36(5): 30~35.

Myriam, J. V. Inner city tourism: resources, tourists and promoters. Annals of Tourism Research, 1986, 13(1): 79~100.

Myriam, J. V., & Johan, V. R. Scanning museum visitors: urban tourism marketing. Annals of Tourism Research, 1996, 23(2): 364~375.

Nina, S. L., & Marat, M. A. Tourism and environmental degradationin Sochi, Russia. Annals of Tourism Rsearch, 1996, 23(3): 654~666.

Noam, S, K.Urban hotel development patterns in the face of political shifts. Annals of Tourism Research, 2001, 28(4): 908~925.

Nooreha, H., Mokhtar, A., & Suresh, K. Evaluating public sector efficiency with data envelopment analysis (DEA): A case study in road transport department; Selangor, Malaysia. Total Quality Management, 2000, 11(4): 830~836.

Pierre, L. B., & Jorge, F. O. Tourism and nativistic ideology in Cuzco, Peru. Annals of Tourism Research, 2000,27(1): 7~26.

Preda, P., & Watts, T. Improving the efficiency of sporting venues through capacity management: the case of the Sydney (Australia) cricket ground trust. Event Management, 2003, 8(2): 83~89.

Reiner, J. Tourism in transition in post Soviet Estona. Annals of Tourism Research, 1996, 23(3): 617~634.

Robert, P. W. Constructed leisure space-the seaside at Durban. Annals of Tourism Research, 2001, 28(3): 581~596.

Rogerson, C. M. Urban tourism in the developing world: the case of Johannesburg. Development Southern Africa, 2002, 19(1): 169~190.

Russo, A. P. The "vicious circle" of tourism developmen t in Heritage cities. Annals of Tourism Research, 2002, 29(1): 165~182.

Sarkis, J., & Talluri, S. Performance based clustering for benchmarking of US airports. Transportation Research Part A, 2004, 38(5): 329～346.

Schofield, P. Cinematographic images of acity, alternative heritage tourism in Manchester. Tourism Management, 1996,17(5): 333～340.

Seaton, A. V. War and thana tourism: Waterloo 1815-1914. Annals of Tourism Research, 1999, 26(1): 130～158.

Sidey, C. The meaning of heritage trail in HongKong. Annals of Tourism Research, 1999, 26(3): 570～588.

Stansfield, C. A. A note on the urban-nonurban imbalance in American recreational research. Tourist Review, 1964, 19(4): 196～200.

Stefan, G., Paul P., Jean-Paul C. et al. The eco-efficiency of tourism. Ecological Economics, 2005, 54(15): 417～434.

Stephen, L. S. Location patterns of urban restaurants. Annals of Tourism Research, 1985, 12(4): 581～602.

Stuart, M., & Erlet, C. Tourist typology: observations form Belize. Annals of Tourism Research, 1998, 25(3): 675～699.

Suh, Y. K., & Gartner, W. C. Preferences and trip expenditures- a conjoint analysis of visitors to Seoul, Korea. Tourism Management, 2004, 25(1): 127～137.

Sun, S., & Lu, W. M. Evaluating the performance of the Taiwanese hotel industry using a weight slacks-based measure. Asia-Pasific Journal of Operational Research, 2005, 22(4): 487～512.

Tim, S., & Art, H. Residents' opinions of tourism development in the historic city of York, England. Tourism Management, 1999, 20(5): 595～603.

Tomljenovic, R., & Faulkner, B. Tourism and older residents in a sunbelt resort. Annals of Tourism Research, 2000, 27(1): 93～114.

Tsaur, S. H. The operating efficiency of international tourist hotels in Taiwan. Asia Pacific Journal of Tourism Research, 2000, 6(1): 29～37.

Tufts, S., & Milne, S. Museums, a supply-side perspective. Annals of Tourism Research, 1999, 26(3): 613～631.

Wang, F. C., Huang, W. T., & Shang, J. K. Measuring pure managerial efficiency of international tourist hotels in Taiwan. The service industries journal, 2006a, 26(1): 59～71.

Wang, F. C., Huang, W. T., & Shang, J. K. Measuring the cost efficiency of international tourist hotels in Taiwan. Tourism Economics, 2006b, 12(1): 65～85.

Xiao, H. G. Tourism and leisure in China: a tale of two cities. Annals of Tourism Research, 1997, 24(2): 357~370.

保继刚. 大型主题公园布局初步研究. 地理研究, 1994, 13(3): 83~89.

保继刚, 古诗韵. 城市 RBD 初步研究. 规划师, 1998, 14(4): 59~65.

保继刚. 主题公园发展的影响因素系统分析. 地理学报, 1997, 52(3): 237~245.

保继刚, 郑海燕, 戴光全. 桂林国内客源市场的空间结构演变. 地理学报, 2002, 57(1): 96~106.

保继刚, 甘萌雨. 改革开放以来中国城市旅游目的地地位变化及因素分析. 地理科学, 2004a, 24(3): 365~370.

保继刚, 苏晓波. 历史城镇的旅游商业化研究. 地理学报, 2004c, 59(3): 427~436.

保继刚. 城市旅游 原理·案例. 天津: 南开大学出版社, 2005.

保继刚, 龙江智. 城市旅游驱动力的转化及其实践意义. 地理研究, 2005, 24(2): 274~282.

保继刚, 郑海燕. 苏州城市旅游地生命周期的系统动态研究. 规划师, 2004b, 20(11): 12~16.

卞显红. 城市旅游空间规划布局的影响因素分析. 地域研究与开发, 2003a, 22(3): 93~96.

卞显红, 王苏洁. 城市旅游空间规划布局及其生态环境的优化与调控研究. 人文地理, 2003b, 18(5): 75~79.

卞显红, 沙润, 杜长海. 长江三角洲城市入境旅游流区域内流动份额分析. 人文地理, 2007, 22(2): 32~38.

薄湘平, 张慧. 基于 DEA 方法的我国旅游服务质量测评研究. 统计与决策, 2006, 10(下): 92~94.

陈浩. 基于 DEA 的浙江星级酒店效率评价. 江苏商论, 2005(8): 76~77.

陈浩, 彭建军. 从投入产出效率的角度分析广东星级酒店发展. 商业经济文荟, 2004(3): 63~65.

陈荣. 城市土地利用效率论. 城市规划汇刊, 1995(4): 28~63.

戴凡, 保继刚. 旅游社会影响研究——以大理古城居民学英语态度为例. 人文地理, 1996, 11(2): 37~42.

戴光全. 基于 FFII 的城市旅游景观塑造: 伊春市案例. 热带地理, 2001, 21(3): 251~256.

邓悦, 王铮, 刘扬, 李山, 周嵬. 旅游集散地规划的地计算模型及案例. 地理学报，2003，58(5)：781～788。

丁蕾，吴小根，丁洁．城市旅游竞争力评价指标体系的构建及应用．经济地理，2006，26(3)：511～515.

董观志．深圳华侨城旅游客源分异规律的量化研究．经济地理，1999，19(6)：118～122.

古诗韵，保继刚．城市旅游研究进展．旅游学刊，1999，14(2)：15～78.

胡燕京，冯琦．基于DEA的我国上市旅游企业经营绩效评价．华东经济管理，2006，20(9)：62～65.

黄丽英．基于DEA方法的我国高星级酒店效率研究．中山大学硕士学位论文，2007.

黄耀丽，李凡，郑坚强，李飞．珠江三角洲城市旅游竞争力空间结构体系初探．地理研究，2006a，25(4)：730～740.

黄耀丽，李飞，李凡．基于竞争力要素和空间尺度的城市旅游竞争力刍议——兼与城市竞争力比较．地域研究与开发，2006b，25(4)：94～98.

姜杰，张喜民，张勇．城市竞争力．济南：山东人民出版社，2003.

李东和，张捷，卢松，钟静．苏州水乡古镇旅游形象定位研究——以部分水乡古镇为例．地域研究与开发，2007，26(2)：81～85.

李蕾蕾．旅游点形象定位初探．旅游学刊，1995，10(3)：29～31.

李蕾蕾．旅游地形象策划理论与实务．广州：广东旅游出版社，1999.

李山，王铮．旅游地品牌化中的旅游形象与旅游口号．人文地理，2006，21(2)：5～11.

黎筱筱，马晓龙，吴必虎．中国优秀旅游城市空间分布及其动力机制．干旱区资源与环境，2006，20(5)：120～124.

李艳双，韩文秀，曾真香，傅惠敏．DEA模型在旅游城市可持续发展能力评价中的应用．河北工业大学学报，2001，30(5)：62～66.

李永文．论主题公园的区域经济影、建设与发展．经济地理，2005，25(5)：694～697.

李志飞．少数民族山区居民对旅游影响的感知和态度——以柴埠溪国家森林公园为例．旅游学刊，2006，21(2)：21～25.

刘清春，王铮，许世远．中国城市旅游气候舒适性分析．资源科学，2007，29(1)：133～141.

陆林．旅游区域经济效应——安徽黄山市案例研究．南京大学学报(哲学．人文科学．社会科学版)，1997(2)：53～54.

陆林，宣国富，章锦河，杨效忠，汪德根．海滨型与山岳型旅游地客流季节性比较——以三亚、北海、普陀山、黄山、九华山为例.地理学报,2002.57(6):731~740.

陆林.旅游城市化:旅游研究的重要课题.旅游学刊,2005,20(4):10.

陆林,葛敬炳.旅游城市化研究进展及启示.地理研究,2006,25(4):741~750.

陆林.2008北京奥运:中国旅游业和旅游研究的机遇.旅游学刊,2007,22(9):6~7.

马汉武.生产效率与生产率的界定及其意义.江苏理工大学学报(社会科学版),1999(1):63~65.

马晓龙.西安城市旅游形象再定位研究.干旱区资源与环境,2006,20(1):47~52.

马西森,A.,戴凡.旅游业的社会影响.地理科学进展,1993(3):16~20.

曼昆著.梁小民译.经济学原理.北京:机械工业出版社,2003.

聂献忠.旅游形象建设与都市旅游业发展.城市规划汇刊,1998(2):59~61.

彭华,钟韵.关于旅游开发与城市建设一体化初探.经济地理,1999a.19(1):111~115.

彭华.试论经济中心型城市旅游的商务主导模式——以汕头市为例.地理科学,1999b,19(2):140~146.

彭华.旅游发展驱动机制及动力模型探析.旅游学刊,1999c,19(6):39~44.

彭建军,陈浩.基于DEA的星级酒店效率研究——以北京、上海、广东相对效率分析为例.旅游学刊,2004,19(2):59~63.

秦学.我国城市旅游研究的回顾与展望.人文地理,2001,16(2):73~78.

屈海林,邱汉琴.香港都市旅游的形象及竞争优势.旅游学刊,1996,11(1):24~28.

萨缪尔森,诺德豪斯.经济学.北京:中国发展出版社,1992.

邵琪伟.把旅游业培育成为国民经济重要产业.中国旅游报,2008-3-14第1版.

苏伟忠,杨英宝,顾朝林.城市旅游竞争力评价初探.旅游学刊,2003,18(3):39~42.

陶伟,钟文辉.国外城市旅游研究进展——Annals of Tourism Research 所反映的学术态势.城市规划,2003,27(8):76~83.

陶伟,戴光全,吴霞."世界遗产地苏州"城市旅游空间结构研究.经济地理，2002，22(4)：487～491.

滕丽，王铮，蔡砥. 中国城市居民旅游需求差异分析. 旅游学刊，2004，19(4)：9～13.

田喜洲，王渤. 旅游市场效率及其博弈分析——以旅行社产品为例. 旅游学刊，2003，18(6)：57～60.

万绪才，张安，李刚，徐菲菲. 基于旅游者的城市旅游环境质量综合评价研究——南京与苏州两市实例分析. 经济地理，2003，23(1)：113～116.

汪宇明. 广西桂林旅游资源深度开发研究. 人文地理，2001，16(6)：53～56.

汪宇明. 广西桂林旅游资源的可持续利用. 自然资源学报，2002，17(3)：361～365.

汪宇明，程怡，龚伟，吕帅. 都市社区旅游国际化的"新天地"模式. 旅游科学，2006，20(3)：36～42.

王铮，蒋轶红，王瑛，李山，王莹，翁桂兰. 旅游域模型及其结合GIS的应用. 旅游学刊，2002，17(2)：57～62.

吴必虎. 上海城市游憩者流动行为研究. 地理学报，1994，49(2)：117～126.

吴必虎，唐俊雅，黄安民，赵荣，邱扶东，方芳. 中国城市居民旅游目的地选择行为研究. 地理学报，1997，52(2)：97～103.

吴必虎. 大城市环城游憩带（ReBAM）研究——以上海市为例. 地理科学，2001，21(4)：355～359.

吴必虎，黄琢玮，马小萌. 中国城市周边乡村旅游地空间结构. 地理科学，2004，24(6)：757～763.

吴承照. 现代城市旅游规划技术体系. 城市规划，1999，23(10)：27～31.

新井井介. 现场管理者才干增长必读. 北京：中国经济出版社，1992.

邢珏珏，李业锦，赵明. 我国城市国际旅游竞争优势特征及其影响因素分析. 经济地理，2005，25(5)：712～719.

许春晓，张欢，柴晓敏，罗肖. 城市居民城郊旅游需求的职业分异研究——以长沙市为例. 旅游学刊，2006，21(7)：75～78.

徐红罡. 城市旅游与城市发展的动态模式探讨. 人文地理，2005c，20(1)：6～9.

徐红罡，龙江智. 城市旅游地生命周期的模式研究. 城市规划学刊，2005b(2)：70～74.

徐红罡，郑海燕，保继刚. 城市旅游地生命周期的系统动态模型. 人文地理，2005a，20(5)：66~70.

许学强，周一星，宁越敏. 城市地理学. 北京：高等教育出版社，1997.

杨新军，刘军民. 城市旅游开发中的产品类型与空间格局. 西北大学学报（自然科学版），2001，31(2)：179~184.

杨新军，马晓龙. 大西安旅游圈：国内旅游客源空间分析与构建. 地理研究，2004，23(5)：695~704.

杨新军，马晓龙，霍云霈. 旅游目的地区域空间结构研究——以西安为例. 地理科学，2004，24(5)：620~626.

杨新军. 城市旅游系统研究和理论探索的开拓之作——评保继刚等《城市旅游 原理·案例》. 人文地理，2005，20(6)：127.

杨兴柱，陆林. 城市旅游地居民感知差异及其影响因素系统分析——以中山市为例. 城市问题，2005(2)：44~50.

余青，吴必虎，殷平，童碧沙，廉华. 中国城市节事活动的开发与管理. 地理研究，2004，23(6)：845~855.

张红. 我国旅游热点城市境外游客旅游流空间分布特征分析. 人文地理，2000，15(2)：56~57.

章锦河，陆林. 资源型城市旅游形象设计研究——以淮南市为例. 人文地理，2001，16(1)：16~19.

郑嫱婷，陆林，章锦河，杨钊. 近十年国外城市旅游研究进展 经济地理，2006，26(4)：686~692.

周玲强. 国际风景旅游城市指标体系研究. 城市规划，1999，23(10)：31-34.

周尚意，李淑方，张江雪. 行为地理与城市旅游线路设计——以苏州一日游线路设计为例. 旅游学刊，2002，17(5)：66~70.

朱竑，吴旗韬. 中国省际及主要旅游城市旅游规模. 地理学报，2005，60(6)：919~927.

左冰，保继刚. 1992~2005年中国旅游业全要素生产率及省际差异. 地理学报，2008，63(4)：417~427.

第三章 研究设计

在参考相关理论以及城市旅游发展的实际经验与特征的基础上，本章提出了本书的研究假设，并介绍研究中所采用的主要方法、理论模型、研究对象和数据来源，最后确定 DEA 计算中采用的变量与指标，并对其适用性进行说明与讨论。

3.1 研究假设

3.1.1 基于区域经济发展不平衡性的研究假设

改革开放前，我国政府一直致力于经济平衡发展，各种投资政策和财政支付转移明显地向边远和落后地区倾斜。改革开放以后，中国政府在区域经济发展战略上从平衡发展战略转向不平衡发展战略，优先发展沿海地区，发展和开放的政策明显向沿海地区倾斜。这些地区获得了包括投资、财税、外资外贸、金融等方面的优惠政策，使得这些地区得以迅速发展起来，也迅速拉大了沿海与内地的经济发展差距。从地区生产总值来看，2003 年广东省为 13 626 亿元，约相当于 3 个湖南省（4 639 亿元）或 10 个贵州省（1 365 亿元）或 35 个青海省（390 亿元）；从人均地区生产总值来看，2003 年浙江省为 20 147 元，3 倍于江西省（6 678 元），4 倍于甘肃省、5.6 倍于贵州省。尽管政府为了缩小区域之间经济发展的差距，先后又实施了"西部大开发"、"东北等老工业基地崛起"和"中部崛起"等战略和政策措施，但相关研究表明，区域经济发展水平之间的差距并没有因这些战略的实施而得到明显改善，甚至出现差距进一步扩大的趋势（周国华等，2002；刘国新等，2003）。

就城市旅游发展而言，由于我国属于发展中国家，经济发展尚处于工业化初期阶段，不同区域城市的经济实力存在较大差别，城市用于旅游产业发展的资源投入规模也不同。东部地区城市经济发达，可用于旅游发展的资金较多，而中西部城市则用于旅游产业发展的资金较少。因此，城市用于旅游产业发展的资源投入规模也必然受这种发展阶段特点和城市之间经济水平的差异所影响。从我国城市旅游发展的阶段和特点看，目前我国城市旅游发展尚处于所谓的重点开发阶段，该阶段对城市旅游发展的资源投入仍有较大规模的需求，那些经济实力较强的东部地区城市往往能够满足城市旅游发展对资源进一步投入的需求，而经济实力差的中西部地区城市则不能满足这种需求。因此，资源投入规模会影响到城市的旅游效率水平，从城市旅游发展阶段特点看，具有更强资源投入能力区域的城市其旅游发展效率水平应更高，从而得到本研究的第一个假设。

假设一：受区域经济发展水平不平衡性影响，东部发达地区城市更可能获得较高的旅游效率，且主要受资源投入规模影响。

3.1.2 基于超产权理论的研究假设

超产权理论（Ultra-Property Rights Theory）把竞争作为激励的一个基本因素，其逻辑依据是20世纪90年代发展起来的竞争理论（对该理论的综合评述见Vicker，1995），因此也称为竞争理论，其具体内容包括竞争激励论、竞争发展论、竞争激发论与竞争信息完善论等四个部分。与传统产权论模式的不同之处在于，超产权论认为靠利润激励去驱动经营者的努力必须以竞争市场为前提。给定利润激励，市场竞争就像一个放大控制器，竞争越激烈，利润激励刺激经理努力工作的作用也越大。同时，竞争还影响企业治理机制的改善，市场竞争不仅对利润激励与经理的努力之间的关系有影响，而且对企业治理机制的改善也有影响。

该理论认为产权不是影响效率的唯一变量，产权中利润激励只有在市场竞争有效的前提条件下才能发挥其刺激经营者增加努力与投入的作用，且不认为利润激励与经营者努力投入有一定必然的正相关关系。这是因为在市场中竞争能产生一种非合同式的"隐含激励"，即通过竞争，把高效率企业筛选出来，并剔除低效率企业，因此这就迫使企业不断改善治理机制。换言之，经过长期充分竞争，留下来的企业都拥有与市场竞争相适应的治理机制。

因此，超产权论者认为仅是产权变动不能产生"优胜劣汰"，因为只是改变了激励机制并不能保证效率一定会提高，只有在市场竞争有效的前提下才能使产权制度发挥其激励作用，竞争才能牵动产权创造效率。可见，竞争理论的结论是：市场竞争是剩余索取激励经营者努力（即产权激励的有效性）的前提。在区域旅游发展的竞争中，旅游区的区际空间竞争主要表现为区际等级高的旅游景区（点）之间（章锦河等，2005）。其本质是在一定区域范围内，通过旅游景点之间的淘汰和筛选，遴选出所谓"等级高"的旅游景点，并以此景点参与更大范围内的空间竞争，进行下一轮次的淘汰与筛选。最终，在一个国家或一个区域范围内，只存留少量几个标志性的旅游景点作为旅游符号存在。可见，按竞争理论可以推出城市旅游发展与绩效提高的如下逻辑关系，即城市旅游绩效的提高依赖于一种良好的旅游发展制度和环境，而形成这种制度和环境的基础是竞争性市场的存在，所以竞争性市场的存在是城市旅游绩效提高的前提和基础。本书选择的研究对象为中国主要旅游城市，在以旅游经济发展作为城市经济发展主要途径的背景下，旅游城市之间的竞争程度将更为激烈。基于超产权理论的逻辑关系，可以形成本研究的第二个假设。

假设二：竞争性市场环境的存在有利于提高城市旅游效率和生产率。

3.1.3 基于外部经济性理论的研究假设

自马歇尔在 1890 年出版的《经济学原理》第四篇中提出了"外部经济"这一概念以来，外部性理论经过一代又一代经济学家的发展，已成为现代经济学理论体系的一个重要组成部分。从一般均衡角度看，经济主体间的经济行为相互影响和相互制约，且这种影响通过供求关系和市场价格变动发生作用。当经济中存在无法通过市场反映出来的影响时，市场则存在外部性，根据"影响好坏"，外部性可以分为正外部性和负外部性，分别又称为外部经济和外部非经济。马歇尔的外部经济概念是指经济中外在于企业的因素变化对企业的有利影响，如知识增加、技术进步等导致单个企业的成本下降，这种影响对产业是内在的，但对企业是外在的。具体地说，如果一个竞争产业的扩大，产业产出的提高降低（或提高）了该产业中厂商的投入品价格，就认为该产业存在着外部经济（或非经济）。

在区域合作及由此形成的区域经济中，集聚经济本质上是一种外部经济，是指一些较小而独立的地区在空间上的集聚所带来的经济效益和成本节约，源于各种相关经济活动的集中而带来的效益。由于知识外部性、风险分担、基础设施共享等的作用，以及其他不可分性的存在等，地理位置接近的一些地区会因为集聚产生的外部经济性而使其生产率获得普遍提高或其规模报酬有所递增。在区域经济合作中，实施产业集群、资产重组、设施共用等都能产生较大较好的集聚经济。城市旅游的发展也不例外。通过共同利用各种基础设施、服务设施、公共信息、能源资源、市场网络和品牌共享等，可以减少城市旅游发展的资源消耗，节约经济活动成本，增进相互了解和信任，增加市场需求和发展机会，促进技术创新，加快观念、思想和知识的扩散等。同理，旅游地供给分割性和游客对整体旅游产品的依赖性，决定了旅游地合作在旅游规划管理中的重要地位，合作是可持续旅游的重要元素。旅游业是开放性、关联性程度极高的新型产业，需要在保持旅游产品向多元化方向发展的同时，塑造完整的大旅游，满足多元化的旅游市场需求，同时符合政府和社区利益，保证旅游地的竞争力和可持续发展力（杨效忠等，2006）。结合中国城市旅游发展的特征可见，20世纪90年代以来，正是由于"外部经济性"的刺激性，使得中国城市之间的旅游合作程度呈现日益加深的局面。基于这种逻辑关系，可以形成本研究的第三个假设。

假设三：合作性市场环境的存在有利于提高城市旅游效率和生产率。

本研究就是在验证这三个假设关系基础上的实证研究，即通过对1990年、1995年和2005年中国主要城市旅游效率和全要素生产率水平的测度以及空间关系的分析，验证效率和全要素生产率空间分布特征和影响因素的假设关系。

3.2 研究方法

本书对城市旅游效率和全要素生产率的研究最终主要采用两种方法：一种是数据包络分析的定量研究方法，主要用于对城市的旅游效率和全要素生产率进行测量和评价；另外一种是个案研究的定性分析方法，主要用于对特定城市旅游发展过程中，影响旅游效率和全要素生产率的因素进行分析和解释。

3.2.1 方法的选择

制定市场营销战略时需要考虑的一个主要问题是对整个产业管理效率的测量，而不是对个体部门优势的分析，因此基于投入－产出关系对管理效率进行测量具有重要意义（Wang et al., 2006）。本研究的主要目的在于对城市旅游效率和全要素生产率进行评价。根据文献综述的结论，在旅游效率和绩效评价研究中学者们采用最多的方法是数据包络分析（Data Envelopment Analysis, DEA）、随机前沿函数（Stochastic Frontier Function, SFA）和平均值的方法。Berger和Mester（1997a, 1997b）总结了多种测度效率的方法及其影响，认为SFA和DEA是较好的两种效率测度方法。

在各种方法适用性的比较中，用平均值或绝对值对效率和生产率进行评价最为简单而直接，但将这种方法用于城市旅游这种复杂系统的效率和生产率评价则存在较大缺陷。首先，旅游产业本身具有高度的关联性，其发展过程几乎涉及城市经济建设的各个方面。从我国城市旅游发展阶段和特征上看，由于处于城市旅游发展早期，旅游项目的建设背负着许多社会职能，如基础设施的建设等。因此，城市旅游的生产过程必然是一种"多投入、多产出"指标的行为，而平均值或绝对值通常仅考虑"单投入，单产出"，在生产中投入和产出指标很多的情况下，无法评价"多投入，多产出"的"城市旅游"系统；其次，城市旅游受资源和经济发展水平的影响，发展状况和影响因素千差万别，如何在评价某城市旅游发展效率和全要素生产率变化的同时，找出影响这种变化的制约因素，也是这种方法无法解决的问题。可见，平均值或绝对值方法不适合对城市旅游效率和全要素生产率进行评价。

随机前沿函数也被称为经济计量前沿方法，它对成本、利润或者投入、产出和环境因素之间生产关系的函数形式作出假定，允许存在随机误差。该方法还设定包含无效率因素的组合误差模型，假设无效率遵循通常为半正态非对称分布，而随机误差遵循对称分布（通常为标准正态分布），该方法也被认为是效率测算较好的方法之一。旅游业在本质上属于第三产业，第三产业的生产过程与第二、第一产业生产的本质区别在于其"福特式"生产的专门化程度低，旅游产业发展不仅受上下游产业发展的影响，同时受其他产业部门的影响和制约；即使受相同产业部门的影响和制约，但不同城市受个体环境的影响，其表现出的复杂程度也存在较大差异，难以精确表达。因此，在城市旅游效率评估之前，很难对各影响因素之间生产关系的函数形式作出合理假定，属于典型的黑箱子问题。同时，这种方法考虑了随机误差，并假定无效率遵循非对称分布，但考虑到影响旅游发展各因子的复杂性，这一假设条件在城市的旅游效率评价中也很难满足。可见，SFA对城市的旅游效率和全要素生产率进行评估也不是较为理想的选择。

数据包络分析（Data Envelopment Analysis，DEA）是著名运筹学家 Charnes 等人提出的专用于效率评价的方法。它把单输入单输出的工程效率概念推广到多输入多输出同类决策单元（Decision Making Unit，DMU）的有效性评价中去，极大地丰富了微观经济中的生产函数理论及其应用技术，同时在避免主观因素、简化算法、减少误差等方面有着不可低估的优越性（马占新，2002）。DEA 以某一生产系统中的实际决策单元为基础，建立在决策单元的帕累托（Pareto）最优概念之上，通过利用线性规划技术将决策单元的多项投入与多项产出项目数据，投射在坐标空间上，确定生产系统的效率前沿面（或称前沿生产函数），进而得到各决策单元的相对效率以及规模效益等方面的信息。可见，其效率评价不是由一个孤立的标准所决定，而是由其他相关的特殊数据组所决定（Stavarek，2003）。在没有随机性误差的假设条件下，若企业观察值落在此效率前沿面上，DMU 具有完全效率，效率值为 1；观察值若不落在此效率前沿面上，为相对无效率，效率值为 0 到 1 之间，其间的差距代表企业无效率程度。DEA 的工作步骤如图 3-1 所示。

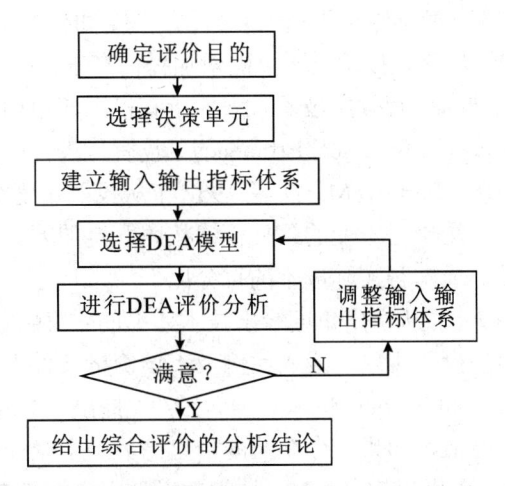

图 3-1 DEA 方法的应用步骤（引自：曾珍香等，2000）

与随机前沿函数、平均值或绝对值方法比较，DEA 在处理多输入、特别是多输出问题上具有绝对优势（魏权龄，1988），主要表现在以下几个方面：（1）DEA 方法允许效率在一定时期内发生变动，无需构造一个确定的基本生产函数和估计函数参数系数，可避免函数型态的人为错误设置所导致的结果不准；（2）可以通过数学规划方式客观产生权数并且有效处理投入（或产出）单位不一致的问题；（3）可以有效处理定性与定量投入（或产出）指标的问题，即可处理比率尺度与顺序尺度数据兼容性而且较少受观察值多寡之限制，且这种方法是纯技术性的，具有与市场价格无关等优点，特别适合复杂经济体的效率评价（Charnes 等，1989）。显然，城市旅游关联性广的特征决定了其旅游发展的投入和产出指标要素较多，且各指标之间的单位很难达到一致性，同时由于这种复杂的关联性，投入产出要素之间也很难存在一个稳定的函数关系，而 DEA 方法中的每个决策单元均从利于自己的角度出发，分别求取权重，不需要知道各投入产出要素之间确切的函数表达关系。因此，这种方法在城市旅游产业这种综合性部门的效率评价中具有更强的适用性。

3.2.2 数据包络方法

3.2.2.1 生产前沿面理论

经济学生产理论中经常采用生产可能集和生产前沿面描述企业的技术情况。生产可能集是在既定技术水平下所有可能的投入产出向量的集合。生产前沿面则是在既定技术水平下有效率的投入产出向量的集合，即投入一定下产出最大值或产出一定下投入最小值的集合。

Koopmans（1951）最早给出了技术有效的定义：如果在不减少其他产出（或增加其他投入）的情况下，技术上不可能增加任何产出（或减少任何投入），则该投入产出向量在技术上有效，技术有效的所有投入产出向量的集合构成生产前沿面。而对技术效率（Technical Efficiency）较有代表性的定义是英国剑桥大学的经济学家法瑞尔（Farrel, M. J.）在1957年从投入角度给出的："技术效率是指在生产技术和市场价格不变的条件下，按照既定的要素投入比例，生产一定量产品所需的最小成本与实际成本的百分比"。

Leibenstein（1966）从产出角度给出技术效率的定义："技术效率是指实际产出水平与在相同的投入规模、投入比例及市场价格条件下所能达到的最大产出量的百分比"。Lau和Yotopoulos（1971，1973）提出了相对技术效率的概念，认为在投入一定情况下，如果一个企业的产出比另一个企业的产出高，那么它具有较高技术效率。由以上定义可知，技术效率是用来衡量在现有技术水平下，生产者获得最大产出或投入最小成本的能力，表示生产者的实际生产活动接近前沿面的程度，即反映了现有技术的发挥程度。由于实际值可以直接观测到，因此度量技术效率的关键是前沿面的确定，所以生产前沿面理论的产生与发展在技术效率理论中尤为重要。

刘威伟（2006）详细介绍和解释了技术效率理论和生产前沿面理论的产生。首先构造一个平面直角二维坐标系，其中，横轴表示单位劳动力投入，纵轴表示单位资金投入，CC'为单位等成本曲线，OP是企业规模扩张线（规模收益不变）。UU'线是由各样本相对较低点的投入（L/Y、K/Y）用线性规划技术构造的一个凸包（convex facet），也即生产前沿面。待评价企业的技术效率和配置效率由该企业样本点与UU'的相对位置进行估算，根据两种效率之间的位置关系，存在四种不同的技术效率和配置效率关系，如图3-2所示。

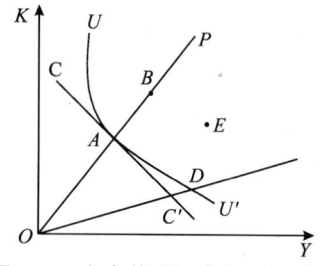

图3-2 生产前沿面直观表征效果

若样本企业处于 A 点,即等成本线 CC'、规模扩张线 OP 和前沿面 UU'的交点,则该企业的技术效率和配置效率均为最优(都等于1);若样本企业处于点 B,即在规模扩张线 OP 上,但不在前沿面 UU'上,则该企业配置效率为最优(等于1),但技术效率为非最优,存在技术非效率;若样本企业处于 D 点,即在前沿面 UU'上,但不在规模扩张线 OP 上,则该企业技术效率为最优(等于1),但配置效率为非最优,存在配置非效率;若样本企业处于 E 点,即既不在前沿面 UU'上,也不在规模扩张线 OP 上,则该企业配置效率与技术效率均为非最优,存在技术非效率和配置非效率。

技术效率与配置效率的度量。从投入角度对技术效率和配置效率进行度量,在图3-3中,假定生产单元(如企业)有两个投入要素(X_1,X_2),一个产出(Y),SS'是等产量曲线,与曲线 SS' 对应的函数 $Y=f(X_1, X_2)$ 即是前沿生产函数。

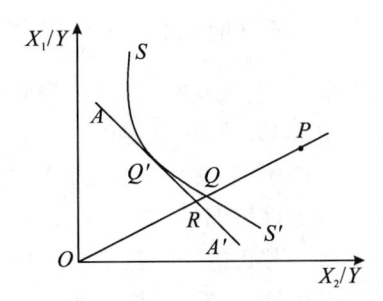

图3-3 基于投入角度的技术效率测量

AA'是等成本曲线,在要素价格比已知时,AA'的斜率可确定;P、Q、Q'为不同生产单元的样本点,则 P 代表非经济有效单元,Q 为技术有效单元,Q'为经济有效单元,我们可以利用由有效生产单元组成的等产量曲线 SS' 来测算各单元的技术效率。以 P 点表示的生产单元的技术非效率就用 QP/OP 的比率来表示,代表该单元要达到技术有效产出可减少的投入要素比率。

技术效率(TE)一般就可用的 OQ/OP 的比率来测定,即有:

$$TE=OQ/OP=1-QP/OP \tag{3-1}$$

RQ 代表了投入点从技术有效但配置无效点 Q,移动到技术和配置均有效的 Q'时,所能减少的成本,所以单元的配置效率(AE)等于 OR/OQ,即有:

$$AE=OR/OQ \tag{3-2}$$

总的经济效率(EE)可由 OR/OP 来表示,RP 的距离即代表该生产单元要达到经济有效(即技术和配置同时有效)可节省的投入成本。由上述公式可得:

$$EE=OR/OP=(OQ/OP)\times(OR/OQ) \tag{3-3}$$

从产出角度分析,同样假设生产单元有一个投入要素 X,两个产出(Y_1,Y_2),ZZ'是生产可能性曲线,即产出的前沿面;A 为非效率生产单元,其技术效率可用 OA/OB 的比率来测定,即有:$TE=OA/OB=1-AB/OB$;

配置效率为:$AE=OB/OC$;

经济效率为:$EE=OA/OC=(OA/OB)×(OB/OC)$。如图 3-4 所示。

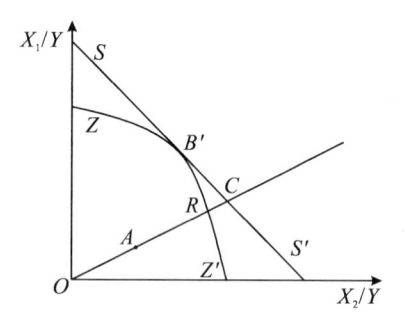

图 3-4 基于产出角度的技术效率测量

利用前沿方法进行效率研究的关键在于如何找到效率前沿(或者说生产前沿)SS'或者 ZZ'(图 3-3 和图 3-4),这也是各种方法的区别所在。各种方法之间的差异主要在于对下列假设的不同:(1)最佳方法前沿的函数形式,即限制性较强的参数函数形式还是限制性较弱的非参数函数形式;(2)是否考虑了随机误差(random error),这种误差可能会导致考察的样本单位的产出、投入、成本或利润出现偶然的偏高或偏低;(3)如果存在随机误差,随机误差和效率值的分布是何种形式,例如半正态分布,截断正态分布(truncated normal distribution)等。根据对效率前沿形状和随机误差、低效率值分布的不同假定,可以将前沿分析方法归为非参数方法和参数方法两大类,前者以数据包络分析为代表,后者以随机前沿分析为代表,其他方法均是在这两种方法基础上的进一步修正和发展。

纯技术效率与规模效率的度量。经济效率可以分解为技术效率与配置效率,而技术效率也可以继续被分解为纯技术效率(PTE)与规模效率(SE)的乘积。纯技术效率测度的是当规模报酬可变时,被考察企业与生产前沿之间的距离,因此也被称为可变规模报酬技术效率,而规模效率衡量的则是规模报酬不变的生产前沿与可变规模报酬的生产前沿之间的距离,它说明了由于不能在不变规模报酬下生产而造成的无效程度。为便于图示说明,这里仅考虑单一投入(X)和单一产出(Y)的情况(图 3-5)。

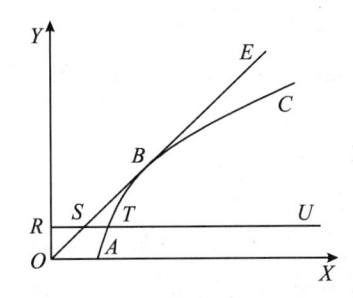

图 3-5 纯技术效率和规模效率的测量

如图 3-5 所示，OE 表示规模报酬不变的生产前沿，AB 段和 BC 段为规模报酬可变的生产前沿，ABC 曲线表明从规模报酬递增到不变再到递减的过程。

假设一个决策单元（例如企业）在 U 点生产，其技术效率为 TE=RS/RU；而考虑了可变规模报酬的纯技术效率为 PTE=RT/RU；

规模效率为：SE=RS/RT (3-4)

由以上三式易得：TE=PTE×SE (3-5)

SE=TE/PTE (3-6)

如果 PTE>SE，则效率变化（无论是上升或下降）主要来自于纯技术效率的改变；反之，如果 PTE<SE，则效率变化（无论是上升或下降）主要来自于规模效率的改变。

3.2.2.2 基本模型

由于 DEA 方法被广泛应用于各种效率评价实践，本研究仅参考城市旅游效率和生产率评价软件的用户参考手册对相关模型进行简单介绍。本书所用的计算软件为瑞典 EMQ 公司（Economic Measurement and Quality in Lund Corporation）开发的 OnFront（Version 2.01），该软件的用户参考手册由两位经济学教授 Rolf 和 Shawna 撰写（Rolf et al., 1998~2000），更详细的工作原理可通过相关文献进行进一步检索。

规模报酬不变的 CRS 模型　CRS 模型是 Charnels, Cooper 和 Rhodes(1978)所提出的假设企业固定规模报酬不变（Constant Returns to Scale, CRS）情况下运营的最基本的 DEA 模型，因此也称为 CCR 或 C^2R 模型。其基本原理如下：

假设有 n 个决策单元，每个决策单元 DMU 有 m 种投入和 s 种产出。令 DMU_j 表示第 j 个决策单元，x_{ij} 为第 j 个决策单元所需第 i 种投入的数量（$x_{ij}>0$）；y_{rj} 表示第 j 个决策单元的第 r 种产出数量（$y_{rj}>0$）；另外我们赋予每个投入产出指标恰当的权重，取 x_j 的权重为 v^i（$v_i>0$）；y_j 的权重为 u^r（$u_r>0$）。其中 $i=1, 2, \ldots, m$，$j=1, 2, \ldots, n$，$r=1, 2, \ldots, s$。记 $x^j=(x^{1j}, x^{2j}, \ldots, x^{mj})^T$，$y^j=(y^{1j}, y^{2j}, \ldots,$

$y^{sj})^T$, $v_i = (v^1, v^2, ..., v^m)$ 和 $u_r = (u^1, u^2, ..., u^s)$, x_i、y_j 是已知数据，u、v 是变量。由此定义每个 DMU^j 都有其相应的"效率评价指数"：

$$h_j = \frac{u^T y_j}{v^T x_j}, j = 1, 2, ..., n \tag{3-7}$$

总能找到权重变量 u、v 适当的值，使 $h_j \leq 1$。我们对第 j_0 个决策单元进行评价（$1 \leq j_0 \leq n$）时，以权重 u、v 为变量，以决策单元的效率评价指数为目标，以所有决策单元的效率指数 $h_j \leq 1(j=1,2,...,n)$ 为约束条件，求一组最优权数 u、v，使 h_{j0} 最大，则可得到 DEA 的 CRS（或 CCR）基本模型：

$$\begin{cases} \max h_{j0} = \dfrac{u^T y_{j0}}{v^T x_{j0}} \\ \text{s.t.} \dfrac{u^T y_j}{v^T x_j} \leq 1 \quad (j = 1, 2, ..., n) \\ u \geq 0 \\ v \geq 0 \end{cases} \tag{3-8}$$

通过 Charnes-Cooper 变换，令 $t = \dfrac{1}{v^T x_0}$，$\omega = t \cdot v$，$\mu = t \cdot u$，可以转化为一个等价的线性规划问题：

$$\begin{aligned} & \max h_{j0} = u^T y_0 \\ & \text{s.t.} \omega^T x_j - \mu^T y_j \geq 0, \quad (j = 1, 2, ..., n) \\ & \omega^T x_0 = 1 \\ & \omega \geq 0, \mu \geq 0 \end{aligned} \tag{3-9}$$

规划问题（3-9）所表示的即为多元线性规划问题。利用线性规划的对偶原理，引入新的松弛变量 s^+，s^- 可以得到这一问题唯一的等价包络形式：

$$\begin{aligned} & \min \theta \\ & \text{s.t.} \sum x_j \lambda_j + s^- = \theta x_0 \\ & \sum y_j \lambda_j - s^+ = y_0 \\ & \lambda_j \geq 0, \quad (j = 1, 2, ..., n) \\ & s^+ \geq 0, s^- \geq 0 \end{aligned} \tag{3-10}$$

这里的 θ 是一个标量，λ 是 $N \times 1$ 维常数向量。根据 Farrell（1957）的定义，

θ 即是第 j 个决策单元的效率值，满足 $0 \leq \theta \leq 1$。当 $\theta=1$ 时，表示该决策单元是效率前沿面上的点，因而处于技术有效状态。将式（3-10）表示的线性规划问题求解 n 遍，即可得到每个决策单元的效率值。

CRS 模型得出的效率值是总效率，其经济含义是当第 j 个决策单元的产出水平保持不变（投入导向）时，如以样本中最佳表现（处于效率前沿面上）的决策单元为标准，实际所需要的投入比例。$1-\theta$ 就是第 j 个决策单元多投入的比例，也就是可以减少（或称浪费）投入的最大比例。具体可以分三种情况：

1. 当 $\theta=1$，$s^+=s^-=0$ 时，称 DMU_{j0} 为 DEA 有效，即在这 n 个决策单元组成的经济系统中，在原投入 x_0 的基础上所获得的产出 y_0 已达到最优；

2. 当 $\theta=1$，且 $s^+ \neq 0$ 或 $s^- \neq 0$ 时，称 DMU_{j0} 为 DEA 弱有效，此时，若 $s^+=0$，$s^- \neq 0$，说明可以通过对实际的这 n 个决策单元进行组合，得到新的决策单元与原 DMU_{j0} 相比，可以将原 DMU_{j0} 的部分而非全部投入减少仍能保持原产出不变；若 $s^+ \neq 0$，$s^-=0$，此时得到新的决策单元与原 DMU_{j0} 相比，可在保持原 DMU_{j0} 投入不变的情况下，将部分而非全部产出量有所提高；

3. 当 $\theta<1$ 时，称 DMU_{j0} 为 DEA 无效，即在这 n 个决策单元组成的经济系统中，可通过组合将所有投入分量降至原投入 x_0 的 θ 比例，而保持原产出 y_0 不变。

规模报酬可变的 VRS 模型　　CRS 模型中规模报酬不变的假设隐含着规模小的决策单元可以通过增加投入等比例扩大产出规模，也就是说企业规模的大小不影响其效率。这一假设相当严格，在许多情况下并不满足，因为经济环境、市场竞争、政府政策等因素都可能导致我国城市旅游难以在理想的规模下运行。显然，规模报酬不变假设与实际差距较大。为解决该假设脱离生产实际的问题，Banker，Charnes 和 Cooper（1984）提出了 CRS 模型的改进方案，以考虑规模报酬可变（Variable Returns to Scale，VRS）的情况（亦称 BCC 模型）。

通过增加一个凸性假设 $\sum \lambda_j = 1$，CRS 模型可以很容易地修正为 VRS 模型，即：

$$\min \theta$$
$$\text{s.t.} \sum x_j \lambda_j + s^- = \theta x_0$$
$$\sum y_j \lambda_j - s^+ = y_0 \quad\quad\quad (3\text{-}11)$$
$$\sum \lambda_j = 1, \lambda_j \geq 0, \quad (j=1,2,\ldots,n)$$
$$s^+ \geq 0, s^- \geq 0$$

可以证明约束条件 $\sum \lambda_j = 1$ 满足了规模报酬可变的假设。

以 TE_{CRS} 表示为固定规模报酬下的技术效率值，TE_{VRS} 表示变动规模报酬下的技术效率值，则 TE_{CRS} 与 TE_{VRS} 值都是大于 0 而小于 1 的数。一般情况下，由 VRS 模型所求得的 TE_{VRS} 要比 CRS 模型求得的 TE_{CRS} 要大。VRS 模型中的规模效率值（SE），可以比较某一特定地区城市旅游在固定规模报酬 CRS 下的 TE_{CRS} 与在变动规模报酬 VRS 下的 TE_{VRS}，若二者没有差异，则表示该地区城市旅游的无效率并非由规模因素引起；若二者存在差异，则表明该地区城市旅游的无效率来自规模无效率。我们可以用下式来表示其间的关系：

$$TE_{CRS}=TE_{VRS}\times SE \text{ 或 } SE=TE_{CRS}/TE_{VRS} \tag{3-12}$$

基于 VRS 模型，通过改变投入要素强处理（Strong Disposability）和弱处理（Weak Disposibility）方式，可以将城市旅游效率（Overall Efficiency，OE）最终分解为：

（1）规模效率（Scale Efficiency，SE），衡量规模报酬不变的生产前沿与规模报酬变化的生产前沿之间的距离，可以理解为：某一生产点与规模有效点比较，规模经济性的发挥程度。城市旅游发展过程中的规模效率是指用于旅游发展的资源要素投入满足城市对旅游发展资源需求的程度。当资源投入不能满足资源需求的时候，城市旅游发展的能力不能达到最大程度发挥，从规模上讲，该时期城市旅游发展是没有效率的，通过增加资源要素投入，城市旅游发展可以获得更大收益。结合中国城市旅游发展的特征可见，各城市不断增加旅游发展资源投入，在本质上就是提高规模效率、获取更大收益的手段。

（2）利用效率（Congestion Efficiency，CE，有的文献中称做冗余），与产出自由处置状态相比，存在产出拥挤现象时生产效率的发挥程度。城市旅游发展过程中的利用效率是指在特定生产条件下，当一种或多种旅游发展投入要素增加到一定程度时，不同城市对这些投入要素增加的自由利用能力存在差别，如果城市能够对这些增加的投入资源实现自由合理利用，则城市旅游发展的利用效率是有效的；如果城市对这些资源的利用不合理，在一定技术条件下，一部分生产要素数量不变，其他一种或者多种投入要素增加到一定程度时，某种旅游发展要素投入过多会造成生产淤塞、产出降低，则城市旅游发展利用效率无效。从中国城市旅游发展特征看，随着城市用于旅游发展资源投入规模的进一步加大，不同城市对资源的使用方式存在较大差别，如很多城市将资金用于城市商业街区改造、滨水区建设等。实践表明，这些工程并没有取得预期的经济效益，导致了大量的资源浪费。实际上，这些资源可以投入到其他城市急需的旅游项目建设中，从而取得更高的收益。从资源利用方式上看，城市对这些资源的利用是无效率的。

(3) 纯技术效率（Pure Technical Efficiency，PTE）[①]，反映规模报酬可变条件下，被考察城市与生产前沿面之间的距离，指除了产出规模效率和产出可处置度以外，所有其他生产和管理技术水平差距所造成的产出效率损失的度量。城市旅游发展过程中的纯技术效率是指城市在旅游业发展过程中对现有技术水平发挥的程度。当城市把现有技术水平充分应用于旅游资源的合理利用，把技术能力发挥到最大程度时，则城市旅游发展的纯技术效率是有效的；否则，城市旅游发展的纯技术效率无效。以城市旅游电子商务发展为例，尽管在20世纪90年代中期就已经有了酒店分销系统和中央预订系统成功应用的案例，但即使在目前状况下，也不是所有城市在其旅游发展过程中均将这种技术得以充分利用。可见，不同城市之间对先进技术的利用水平存在较大差异，能够将旅游技术水平发挥到最大程度的城市实现了纯技术效率有效，而不能将这些技术得到充分利用的城市，则纯技术效率无效。

根据效率及其分解的关系，城市旅游总效率的提高可以通过规模效率、技术效率和利用效率的增长实现。现阶段，中国城市的旅游发展特征对其旅游效率的各分解效率均具有不同程度的影响。如城市旅游设施投资的水平直接影响到规模效率和利用效率的水平，而城市旅游电子商务的创新能力则很大程度上影响到技术效率的水平，城市旅游环境改造和城市旅游的竞争与合作则不同程度上影响到规模效率、技术效率和利用效率水平的提高。可见，城市的旅游发展特征对城市旅游效率的影响在本质上构成了本书所研究的"旅游效率"。即，所谓的城市旅游效率在本质上就是城市旅游发展过程中各种特征对城市旅游进程中资源利用能力的影响，这种影响表现为对旅游投入资源利用水平的高低。城市旅游特征与城市旅游效率各分解效率之间的关系如表3-1所示。

规模报酬非增的 NIRS 模型 规模无效率城市的旅游发展可能处于规模报酬递增阶段或规模报酬递减阶段，可以通过求解规模报酬非增（Nonincreasing Returns of Scale，NIRS）的 DEA 问题来判断被考察决策单元所处的区域（Coelli，1996）。将式（3-11）所表示的 VRS 模型中约束条件 $\sum \lambda_j = 1$ 改为 $\sum \lambda_j \leqslant 1$，即得到 NIRS 模型：

[①] 在相关文献中，一些学者将效率评价称作技术效率（Technical Efficiency）评价，而将其分解称作纯技术效率（Pure Technical Efficiency）。为了行文方便，本书从第四章开始，将被评价对象的总体技术效率称作总效率（Overall Efficiency），而将纯技术效率称作技术效率（Technical Efficiency）。

表 3-1　中国城市旅游特征与各分解效率之间的关系

城市旅游特征	规模效率	技术效率	利用效率
城市旅游设施投资持续增长	***	*	***
城市旅游电子商务持续创新	*	***	***
城市旅游环境改造如火如荼	***	*	***
城市旅游竞争与合作不断深化	**	**	***
城市旅游危机事件不断发生	*	***	***
城市旅游学术研究不断深入	*	**	**
优秀旅游城市评选持续进行	**	**	*
城市旅游的标准化不断加强	*	***	**
城市旅游法制建设日益完善	*	**	**

注：*的多少代表二者的相关程度，*越多则相关性越强，***表示最强。

$$\min \theta$$
$$\text{s.t.} \sum x_j \lambda_j + s^- = \theta x_0$$
$$\sum y_j \lambda_j - s^- = y_0 \tag{3-13}$$
$$\sum \lambda_j \leq 1, \lambda_j \geq 0, \quad (j=1,2,\ldots,n)$$
$$s^+ \geq 0, s^- \geq 0$$

公式（3-13）中，θ 表示非递增规模报酬假设下的技术效率，通过比较 NIRS 与 VRS 模型所得出的效率值，可以判断被评价决策单元处于规模报酬变动的何种状态。判断方法如下：

（1）如果 $TE_{NIRS} \neq TE_{VRS}$，则该城市的旅游发展处于规模报酬递增阶段；其规模无效是因决策单元规模过小产生的，可通过扩大规模来提高效率；

（2）如果 $TE_{NIRS} = TE_{VRS} \neq TE_{CRS}$，则该城市的旅游发展处于规模报酬递减；其规模无效是因决策单元规模过大产生的，需通过减小规模来提高效率；

（3）如果 $TE_{NIRS} = TE_{VRS} = TE_{CRS}$，则该城市的旅游发展处于规模报酬不变阶段。

由上述模型的原理可知，一个城市旅游的整体低效率可能是由于该城市旅游发展的技术低效率，或者是利用低效率引起的，也可能是二者共同作用的结果。城市旅游的技术低效率可进一步从城市旅游的纯技术效率和规模效率两个方面来分析，任何一个低效率都可以引起城市旅游的整体低效，而城市旅游的利用低效则一般是城市没有合理利用投入资源所致。这为我们研究如何提高城市旅游效率提供了思路。

曼奎斯特（Malmquist）指数 提高生产率是转变经济增长方式、提高经济增长质量的有效途径和显著标志。因为 DEA 的 CRS 模型、VRS 模型和 NIRS 模型计量的均是相对效率，衡量各决策单元在整个评价体系中的相对表现，对两个处于不同时间范畴的不同评价体系，其效率值不能直接进行比较。因此，当研究不同时期决策单元的效率演化时，就应采用生产率指数的理论与方法（Fare，1978）。生产率指数有多种形式，其中目前被广泛使用的是曼奎斯特指数（Malmquist Index），该指数是在距离函数基础上定义的，因而和法雷尔（Farrell，1957）效率理论有着密切联系。根据生产资源配置效率测度理论，采用非参数前沿面模型可以对曼奎斯特指数的基本原理进行介绍。

仍从投入角度研究中国城市旅游的全要素生产率变化。假设每一时期 $t=1,2,...,T$，第 $k=1,2,...,K$ 个城市使用 $n=1,2,...,N$ 种投入 $x_{k,n}^t$，得到第 $m=1,2,...,M$ 种产出 $y_{k,m}^t$。在定义每一时期固定规模报酬（Constant Returns to Scale，CRS）、投入要素强处置（Strong Disposability of Inputs，S）条件下的参考技术后，计算每一个城市基于投入的 Farrell 技术效率的非参数规划模型。为了得到生产率随时间变化的 Malmquist 生产率指数，引入作为 Farrell 技术效率倒数的距离函数（Distance Function）概念（Fare et al.，1994），参考技术 $L^t(y^t|C,S)$ 下的投入距离函数为：

$$D_i^t(y^t, x^t) = 1/F_i^t(y^t, x^t|C,S) \tag{3-14}$$

投入距离函数可以看作是某一生产点 (x^t, y^t) 向理想最小投入点压缩的比例。当且仅当 $D_i^t(x^t, y^t) = 1$，(x^t, y^t) 在生产前沿面上，生产在技术上有效率；如果 $D_i^t(x^t, y^t) > 1$，在时间 t，(x^t, y^t) 在生产前沿面外部，生产在技术上无效率。在时间 $t+1$，把式子中的 t 替代为 $t+1$ 便可得到此时的距离函数 $D_i^{t+1}(x^{t+1}, y^{t+1})$。

基于投入的全要素生产率指数可以用 Malmquist 生产率指数来表示（Caves et al.，1982）：

$$M_i^t = D_i^t(x^t, y^t) / D_i^t(x^{t+1}, y^{t+1}) \tag{3-15}$$

这个指数测度了在时期 t 技术条件下，从时期 t 到 $t+1$ 的技术效率变化。同样，可以定义在时期 $t+1$ 技术条件下，测度从时期 t 到 $t+1$ 技术效率变化的 Malmquist 生产率指数：

$$M_i^{t+1} = D_i^{t+1}(x^t, y^t) / D_i^{t+1}(x^{t+1}, y^{t+1}) \tag{3-16}$$

在式（3-16）中，对于任何一个 DMU 而言，当 M_i^{t+1} 的值大于 1 时，表示

由 t 期到 $t+1$ 期被评价对象的全要素生产率有所增长；小于 1 时表示全要素生产率下降；等于 1 则表示在该期间被评价对象的全要素生产率没有发生变化。

3.2.3 个案研究

个案是对真实状况的一种描述（Andrews，1951）。"个案"通常是被用文字书写的，而所描述的状况会刺激阅读者的思考，使其认清事实的真相如何，问题何在，以及如何处理。陈万淇（1995）指出，所谓个案，乃许多相关事实的说明，它提供问题的状况，以待寻求解决问题的可行方案。它所描述的事实或事件必须是真时真地的，不可杜撰，且应该有一个或数个中心问题，并只作客观的描述而不作主观的评论。总而言之，"个案"所代表的应是一项事实，或一组事件，它提供一个问题或一连串的问题，以供研究者思考，并尝试去解决它的一份数据，故个案可被视为一种能引发思考、判断和正确行动的工具。

个案研究（case study）是了解某一特定现象，在特定范围、特定时间内综合情况的研究方法，其注意力往往集中在社会现象的一个或者几个案例上，这种对象可以是个人，也可以是个别团体或机构，前者如对一个或少数几个优生或差生进行个案分析，后者如对某先进班级或学校进行个案研究。个案研究一般对研究对象的典型特征作全面、深入的考察和分析，也就是所谓"解剖麻雀"的方法，其目的是尽可能对所欲了解的问题或议题进行探究，以获得最彻底的映像（a complete picture），例如"究竟发生了什么事"或"为什么会发生这样的事"，个案研究偏重于探讨当前的事件或问题，尤其强调对于事件真相、问题形成原因等方面作深刻而且周详的探讨。这就使特定问题能够得到深入研究，并以多种观点进行研究。因此，这种研究方法一般不应用单一数据生成，而是普遍地综合应用了若干技术，在法律和医学知识的传授上，个案的运用与分析早就成为最基本的教学工具之一（R. 基钦等，2006）。

个案研究是为了决定导致个人、团体或机构之状态或行为的因素，或诸因素之间的关系，而对此研究对象做深入而缜密的研究，广泛搜集个案资料，彻底了解个案现况及发展历程，并予以研究分析，以确定问题症结，进而提出矫正建议，这种方法特别重视对个案发展过程中资料的分析。同时，一般的研究者皆以具有代表性的个别团体为对象，经由仔细分析样本数据，务期从中获致结论，以概括所属的母群体（叶重新，2001）。由于个案研究所需的相关资料全部来源于研究人员长期的会谈、相关次级数据搜寻以及观察等方式，因此个案研究一般被认为是一个比较客观的方式。

个案研究的首要问题是对象选择，其方法包括马林诺夫斯基式的机遇式抽样和目的性抽样两种。在前者的个案研究中，研究者事前并没有表述清楚调查的主题，只是研究者进入了某个现场后，或因为巧合而遇到并在工作和生活过程中逐步确定和界定研究对象；后者是个案研究中更常用的研究对象确定方法，它是依照研究者对研究目的的判断来选择适当的抽样方法。为此，研究者事先界定研究对象，以便选择有可能为研究的问题提供最大信息量的样本。总而言之，个案研究的内在意义在于为透过针对单一或若干个案进行研究，藉由多元资料的搜集及多重比较分析，以期找出规律性的东西，以寻求解决问题的方法或途径，故是一种逻辑性的导向思考过程（叶重新，2001）。

个案研究的步骤：（1）明确个案研究的目的和内容；（2）制定研究计划；（3）实施个案研究（收集资料、交谈、观察、测量等）；（4）整理分析材料，形成结论；（5）起草研究报告。个案研究不等同于典型研究，不是通过个别来看全局，并从个别结论推进总体结论，即直接目的不是要建立普通法则，而是要明了特定对象的固有性状。基本上，其实施流程可精简地归纳为三个步骤：先确定个案研究对象，再透过各种方式调查并搜集所需数据、进行个案分析研究，最后写出分析报告[①]（图 3-6）。

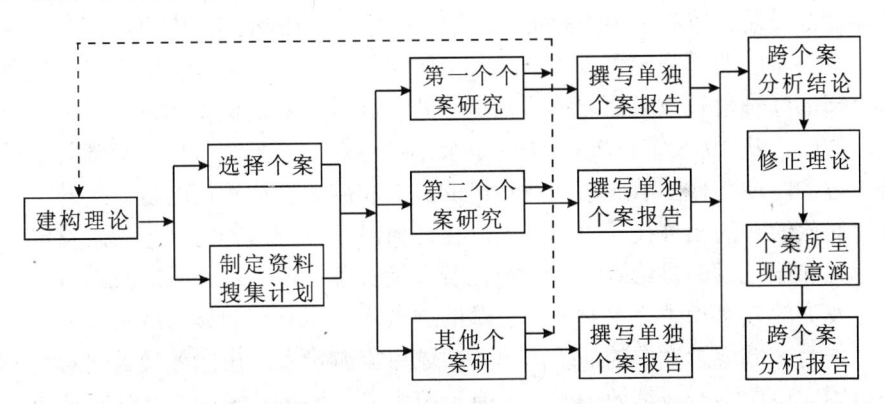

图 3-6　个案研究的流程（转引自：陈姿伶，2008）

由于个案研究法所着重的是深度、重质及精密的研究过程，其设计的逻辑含括：（1）个案研究是一种实证研究（empirical inquiry），是在真实背景下，研究当时的现象，特别是在现象与背景间界线不是非常清楚的时候；（2）有关个案研究的探究，在于处理技术上的特殊情境，在此情境中，研究者所关心的变项会比资料还多，因此，非常依赖多重证据的来源，不同数据需在三角检定方式下收敛，并达成相同结论。此外，个案研究得益于事先发展（prior development）

---

① 资料来源：http://www.extension.org.tw/book/02_92-1.9.doc。
陈姿伶：个案研究法（Case Study），检索日期：2008-3-21。

的理论命题，以引导资料搜集和分析。故个案研究并不是一种收集资料的做法，也不只是一种设计特征，而是一种周延而完整的研究策略。就其本质而言，个案研究具有注重个体研究、以多元方法搜集个案资料、注重分析工作、注重诊断补救和合乎科学原理等特征（叶重新，2001）。

3.3 研究对象和数据来源

3.3.1 研究对象

真正意义上的中国现代旅游业发展肇始于 20 世纪 80 年代初期，但旅游业真正成为区域经济发展的重要产业类型则始于 90 年代初期。从 1995 年开始，国家旅游局开始进行中国优秀旅游城市的评选活动，一定程度上促进了中国城市旅游的发展。随着旅游产业实力的进一步壮大，1998 年的中央经济工作会议提出了将旅游业作为国民经济新增长点的决策。随后在全国范围内培育旅游业这个新的经济增长点方面取得了明显成效，旅游产业地位得到进一步强化和提升。同时，从 1995 年到 2005 年的十余年，也是中国全面从计划经济向市场经济过渡的时期，伴随着旅游产业规模的扩大和旅游产业地位的日益提升，各级政府对旅游业的相关投入也超过了以往任何时期。城市作为区域旅游发展的基本单元和服务设施供给者，每年消耗着大量资源。评价这个时期我国城市旅游产业发展的效率和生产率对旅游资源的进一步利用具有明显的政策含义。

作为区域旅游发展的最基本单元，城市旅游投入产出绩效最大化对更大区域范围实现旅游产业绩效的提高具有示范意义。城市旅游的综合性特征决定了对大规模城市统计和监测的难度较高，因此尽管 2006 年底中国不同规模设市城市总数已达到 661 个，但经中国国家旅游局长期进行统计监测，并将主要数据公布在《中国旅游统计年鉴》中的城市只有 60 个。这 60 个城市或者是各个省、市、自治区的省会城市，或者是著名的风景旅游城市，在中国城市旅游体系和各省份旅游经济发展中占有重要位置。因此这些城市在《中国旅游统计年鉴》中被称作"主要旅游城市"。60 个城市 2005 年的旅游外汇收入达到 173.51 亿美元，占当年全年旅游外汇总收入的 67.41%。从其地位和比例关系上看，以这些城市为样本对旅游效率和全要素生产率的时空格局和变化特征进行研究，基本可以反映中国城市旅游发展的实际水平和发育状况。

考虑到数据可得性以及数据包络分析计算要求数据必须为非零值和非负

值等约束条件，60个城市中，延边和拉萨的统计数据不完全，本研究最终将对象选定在除这两个城市以外的其他58个城市。这58个城市占2006年中国设市城市总数的8.77%，分布在全国除西藏以外的30个省、市、自治区（不包括香港、澳门和台湾）。按照区域研究中将中国大陆分为东部、中部、西部和东北四大区域的通常做法，对58个城市的区域分布进行分组可见，对应于这些区域分布城市个数分别为30、10、13和5个，城市个数分别占样本城市总数的51.72%、17.24%、22.41%和8.62%[①]。2002年，中国663个设市城市在四个不同经济区域的分布比例为36.96%、25.34%、24.13%和13.57%。按照这样的分布比例比较，58个城市中，东部和中部地区城市个数比例高于城市总体分布的比例，西部地区基本持平，东北地区城市个数比例略低于总比例。但总体上看，样本城市的空间分布与四大经济区城市的整体分布比例相差不大，所选城市在空间分布上也基本符合中国城市的实际特征。用于旅游效率和全要素生产率评价的城市名称及其空间分布如图3-7所示。

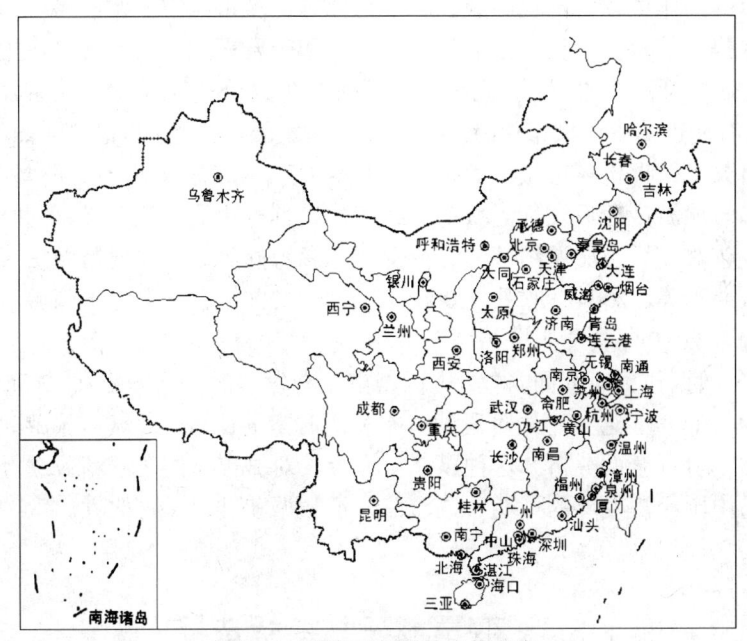

图 3-7 研究对象及其空间分布

[①] 区域划分方法不一致，如王放在2002年5月号《人口研究》的文章《中国城市规模结构的省际差异及未来的发展》一文中，认为中部地区包括晋、豫、湘、鄂、徽、赣、黑、琼八省。本书根据政府工作报告，将中部地区限定在晋、豫、湘、鄂、徽、赣六省，东北地区包括黑、吉、辽三省，并以此为边界，将中国大陆的其他省市自治区归属为东部10省和西部12省（不包括港、澳、台地区）。

3.3.2 数据来源

由于本文对城市旅游研究分为宏观的统计研究和案例研究两个部分，因此数据的来源也主要来自于两个方面：

一方面是用于旅游效率和全要素生产率计算的数据，除注明出处与来源外，这些数据来源于各年份国家统计局城市社会经济调查总队编制并由中国统计出版社出版的《中国城市统计年鉴》，由中国国家旅游局编制并由旅游出版社出版的《中国旅游统计年鉴》和《中国旅游年鉴》，以及中国国家旅游局官方网站（http://www.cnta.gov.cn/）上所提供的数据并经过整理所得，此外，还有部分数据来源于中国资讯行数据库（http://www.bjinfobank.com/）。

另一方面，案例研究部分所采用的数据和实证材料主要来自于作者对案例地的调查、规划材料、政府文件分析，以及通过与各城市旅游局相关人员座谈所得到的访谈信息，此外，还有部分信息来源于互联网，并经整理所得。

以 1995 年创建中国优秀旅游城市为标志，城市旅游开始成为城市经济增长和形象提升的重要途径。本书对旅游效率和全要素生产率的评价也始于这个时期；受数据可得性约束，研究将截止时间放在 2005 年。从城市旅游发展实践上看，该时期也是中国城市旅游从发生到迅速发展，演变过程最为激烈的时期。在这种背景下，评价城市旅游效率和全要素生产率，总结其形成规律和影响因素，对指导旅游产业后发优势城市的经济建设具有明显政策含义。同时，为了全面反映该时期城市旅游绩效的演变特征，参考同类研究的通常做法（薛莹，2003；保继刚等，2004；张平，2005；高春亮，2006），本书将中国城市旅游的发展过程以 2000 年为界限分为两个阶段，在实际研究中选取 1995 年、2000 年和 2005 年数据作为研究面，构成中国城市旅游发展的 1995～2000 年和 2000～2005 年两个区间，通过不同阶段共时态和历时态的比较，对城市旅游效率和全要素生产率进行全面分析。这种以 5 年为步长对城市旅游发展绩效进行评价的作法也与中国经济发展的周期一致，保证了数据和结果的可比性。

3.4 变量框架与指标选择

3.4.1 变量框架

以城市旅游生产过程为线索，从产品供给上看，作为旅游活动的重要发生地以及承担各种旅游服务设施的载体，城市旅游发展的直接产出应包含满足游客旅行过程中的全部需求与服务（Achabal et al.，1984）。Buhalis（2000）和Murphy 等（2000）更进一步指出，由于游客需求不同，城市提供的旅游服务实际上是基于其供给潜力并存在一定差异的服务"包"，这些服务最终体现为游客旅行的满意度。城市旅游发展应以追求最大化的游客满意度为目标。

从产品需求上看，影响潜在游客出行决策的一个重要因素是游客在最小成本下获得满意度最大化的水平。可见，城市旅游的供给和需求核心均为旅行满意度。作为旅游产品供给方，尽管以旅游产业为代表的服务性产业达到一个较高的客户满意度并非易事，但为了吸引更多游客，城市旅游发展过程中的所有资源投入均应围绕增强游客的满意度最大化而展开，并以此为目标。因此，判断城市旅游发展过程中各投入要素是否有效率，要以这些要素是否提高游客的满意度为标准。

经济学意义上最基本的生产要素包括土地、劳动和资本（Say，1963）。城市作为旅游产业的生产单元，其生产能力并不受土地面积约束，如即使土地面积较小的承德、三亚等城市，游客也可能获得较高的旅游满意度。因此，在这三个经济学意义上的基本生产要素中，土地不能作为城市旅游发展的投入变量。而另外两个要素，劳动和资本则对游客城市旅游满意度的提高具有重要影响。从本质上分析，旅游产业是典型的服务性劳动密集型产业，吃、住、行、游、娱、购等功能均需要大量服务性人员加以实现，这些服务人员的态度和水平等"软要素"是影响游客整个旅游过程满意度的最直接因素；与此对应，资本则可以被称做影响游客旅游过程中满意度提高的"硬要素"，因为城市为了给游客提供一个满意的旅游环境，需要进行项目建设、基础设施完善、旅游环境营造等，而这些工程的实施都需要大量的资本投入。此外，在城市旅游发展过程中，影响游客满意度的最重要因素是城市本身对游客的吸引力，只有城市拥有足够的旅游吸引力才能够实现游客的满意，这个投入要素也是城市旅游生产过程区别于其他经济生产的本质特征。

基于以上城市旅游投入产出要素的分析，可以搭建一个基于投入要素和产出要素的城市旅游发展过程和效率评价变量框架（图3-8）。当然由于该框架中的变量只是一种基于属性特征的描述，并不能真正用于城市旅游发展的效率评价，为了实现城市旅游效率评价，需要选择可被 DEA 模型计算所接受的量化指标对以上变量进行代替。

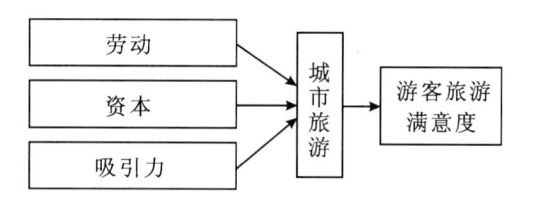

图 3-8 城市旅游生产的投入产出变量框架

3.4.2 指标的选择

3.4.2.1 指标选择的依据

现有采用 DEA 方法对城市绩效进行研究的文献中，李郇等（2005）利用物质资本、人力资本、土地和人口作为投入指标，国内生产总值作为产出指标对中国城市效率进行计算；高春亮（2006）利用资本存量、人力资本存量及劳动力等作为投入指标对我国城市技术效率与规模效率进行计算。在旅游效率研究文献中，以研究对象、研究方法和投入产出变量为分类标准，有学者对世界范围内 1995 年以来主要刊物公开发表的有关旅游效率和全要素生产率的文章进行了系统分类，在其所分析的 21 篇文章中，即使研究对象同时为旅游酒店、旅行社或其他旅游企业，但几乎没有一个学者使用了完全一致的变量和指标（表3-2）[①]。

表 3-2 旅游效率和全要素生产率研究中的指标选择

作者（年份）	分析对象和方法	投入指标	产出指标
Bell and Morey (1995)	31 家旅行社 DEA	旅行成本 其他成本 环境因素 工资	提供的服务水平 利用优质与一般表征
Morey and Ditman (1995)	54 家美国酒店 DEA	服务工资 其他服务费用 经营和运作费用	住宿收入 顾客满意度 市场份额 增长率
Johns, Howcroft and Drake (1997)	15 家英国酒店 DEA	客房数目 工作时间 宾馆成本 其他成本	过夜人数 服务内容 宾馆收入（酒水）

---

① 资料来源于 *Tourism Management* 的匿名送审文章 *Different approaches to the evaluation of performance in tourism*，由于无法联系原作者，所以引用时未得到原作者的书面同意，特此致歉，并感谢原作者。

续表

作者（年份）	分析对象和方法	投入指标	产出指标
Anderson, Lewis and Parker (1999)	31家旅行社 DEA and SFA	服务花费 工资，工时 赋税 技术成本 建筑租赁费	旅行人数
Anderson, Fish, Xia and Michello (1999)	48家酒店 随机前沿	员工数目 客房数目 娱乐活动费用 旅馆成本 其他成本	经营收入
Coelli, Perelman and Scott (1999)	32条航线 随机前沿	员工数目 资本	营运里程
Anderson, Fork and Scott (2000)	48家酒店 DEA	员工数目 客房数目 娱乐活动费用 其他花费	经营收入 其他收入
Tsaur (2000)	53家台湾酒店 DEA	经营成本 员工数目 客房数目 宾馆入住率 宾馆成本	经营收入 客房销售数目 日均占有率 员工平均生产率
Brown and Ragsdale (2002)	46家美国连锁酒店 DEA	平均价格 问题 服务水平 酒店数目 客房数目	顾客满意度（100分） 价值度（5分）
Hwang and Chang (2003)	45家台湾酒店 DEA 和 Malmquist	员工数目 客房数目 宾馆入住率 经营花费	住宿收入 宾馆收入（餐饮酒水） 其他收入
Reynolds (2003)	38家宾馆 DEA	工作时间 工资 竞争数目 宾馆承载力	经营收入 顾客满意度
Barros (2004)	43家葡萄牙酒店 Cobb-Douglas SFA	经营成本	销售额 过夜人数

续表

作者（年份）	分析对象和方法	投入指标	产出指标
Barros and Alves (2004)	42家葡萄牙酒店 DEA 和 Malmquist	员工数目 工资 财富数 经营成本 其他外部成本	经营收入 顾客量 过夜人数
Chiang, Tsai and Wang (2004)	25家台北酒店 DEA	客房数目 食品费用 酒水费用 员工数目 总成本	产出指数 食品收入 酒水收入 其他收入
Barros (2005a)	42家葡萄牙酒店 DEA-Malmquist 和 Tobit	员工数目 工资 财富数 经营成本 其他成本	经营收入 顾客量 过夜人数
Barros (2005b)	42家葡萄牙酒店 DEA	员工数目 工资 客房数目 财富数 经营成本 其他成本	经营收入 顾客量 过夜人数
Barros and Matias (2006)	25家葡萄牙旅行社 Cobb-Douglas SFA	经营成本 员工数目 工资 资本	经营收入
Barros and Santos (2006)	15家葡萄牙酒店 DEA	员工数目 资本	经营收入 增加值 利润
Weng and Wang (2006)	52家台湾酒店 随机前沿	工资 资本 材料 其他成本	住宿收入 宾馆收入（餐饮酒水） 其他服务
Koksal and Aksu (××××)	24家土耳其旅行社 DEA	员工数目 全部花费 代理的潜力	服务顾客量
Chen (××××)	25家台湾酒店 Cobb-Douglas SFA	经营收入 占有率 增加值	全部成本

由表 3-2 可见，受研究目的和数据可得性约束，旅游效率和全要素生产率评价中，研究者往往根据具体研究目的采用不同指标，对相应的投入产出关系进行表征，即允许存在变量和指标的多元化选择。如 Morey 等利用员工工资、经营成本和其他成本作为投入指标，住宿收入、顾客满意度、市场份额和增长率作为产出指标对美国酒店效率的研究；Anderson 等将服务成本、工资、时间、纳税额、技术成本和建筑物租金等作为投入指标，旅游人数作为产出指标对旅行社的效率测算；Coelli 等将投入指标和产出指标分别确定为员工人数、资本和营运里程对航空公司效率的测算。即使相同的学者，面对相同的研究对象，也可能选择不同的指标，如 Barros 对葡萄牙酒店旅游效率的研究。但到目前为止，尚没有关于变量和指标有效性评价的文献，也没有相关研究证明哪种变量和指标是最有效、最合理的。变量和指标选取的多元化也充分反映了旅游产业的综合性特征，不同学者对城市旅游生产过程的理解存在差异。但总体上看，这些研究的投入指标都包括 DMU 从事生产的劳动成本和货币资本，而其他投入指标则根据研究对象不同而表现出一定的差异性，产出指标则一般选取经济收益指标，如营业收入、经营收入、过夜人数等，这些研究也为城市旅游效率研究变量和指标的选择提供了参考。

由于旅游产业和城市发展本身涉及的投入、产出要素较多，所以用于城市旅游效率和全要素生产率测量的指标选择相较于其他单一产业部门，如酒店、旅行社等具有更大难度。为了增强旅游绩效评估结果的准确性和操作的易实现性，参考 Barros 等 DEA 计算时投入产出指标的遴选原则，可以确定对城市旅游效率进行评价时指标选取的以下原则：

（1）可得性：采用的投入产出指标必须具有实际档案数据可以查找，且这些数据必须可以进行量化。否则，即使在理论上有更好的数据，但是这些数据在实际操作中不可能获得，或者即使可以得到也不可以进行量化，则这些指标不能用作 DEA 的城市旅游效率评价。

（2）实用性：采用的投入和产出指标必须与城市旅游发展之间具有一定的逻辑关系，即这些指标能够对城市旅游投入和产出的过程与结果的变量进行表达；同时，投入与产出指标之间也必须存在事实上的因果关系，即投入能够在一定程度上导致产出。

（3）有效性：从城市旅游发展和管理角度看，这些指标应该具有专业性质，即与城市的旅游发展实际状况保持一致。同时，需要保证指标科学研究的有效性，即通过文献的回顾和总结，这些指标应该曾经出现在类似研究中，以确保指标应用的恰当性和可靠性。

3.4.2.2 指标的选择

用于 DEA 计算的替换变量的指标需要以确切的数字形式体现，而这些数字必须能够通过统计年鉴得到反映。因此，需要对我国现行的统计方式和旅游产业的内涵进行分析。在目前我国统计工作执行的《国民经济行业分类》（GB/T4754-2002）中，与旅游相关的产业活动仅在住宿和餐饮业、娱乐业中包含的旅游饭店、旅行社和其他娱乐活动。这种分类实际把许多旅游服务业的内容排除在外，如统计在交通运输、仓储和邮政业中的交通运输业等。

根据国家统计局国民经济行业分类说明，一个行业（或产业）是指从事相同性质经济活动的所有单位的集合；当一个单位对外从事两种以上经济活动时，主要是指占其单位增加值份额最大的一种活动；单位行业归属的确定原则是按主要活动确定单位的行业：第一，一个单位从事一种经济活动，即按照该活动确定单位的行业；第二，一个单位从事两种以上的经济活动，则按照主要活动确定单位的行业；第三，如果无法用增加值确定该单位的主要活动，那么可依据销售收入、营业收入或从业人员确定主要活动。

基于以上说明，旅游行业和单位确定的主要困难在于某些单位虽然主要从事一种经济活动，但是经济活动的对象既包括旅游者，又包括当地居民，而且经济活动比重不易确定。对旅游地来说，几乎没有一个行业的收入完全源于旅游者，也几乎没有一个行业的收入根本与旅游者完全无关。统计制度中判断行业分类的出发点是生产/供给，而旅游业内判断旅游业的出发点是需求/消费，两者并不完全契合。所以，在实际操作中存在较大的困难，也出现了一些矛盾（张广瑞等，2003）。根据《国民经济行业分类代码》中所确定的行业，张广瑞等（2003）将与旅游活动相关的行业以及相关程度进行了分析，认为根据相关性可以将与旅游活动相关的行业分为直接相关、较大相关和间接相关三种（如表 3-3）。

表 3-3 与旅游活动相关的行业

相关程度	行 业
直接相关 （与旅游活动相关的业务占绝对比重）	旅游业（包括经营旅游业务的各类旅行社和旅游公司等部门的活动，不包括接待旅游活动的饭店、公园等） 旅馆业（包括宾馆、旅馆及招待所等） 公共设施服务业（包括市内公共交通业、园林绿化业、自然保护区管理业、风景名胜区管理业、环境卫生业、市政工程管理业及其他公共服务业）

续表

相关程度	行　　业
直接相关 （与旅游活动相关的业务占绝对比重）	旅游业（包括经营旅游业务的各类旅行社和旅游公司等部门的活动，不包括接待旅游活动的饭店、公园等） 旅馆业（包括宾馆、旅馆及招待所等） 公共设施服务业（包括市内公共交通业、园林绿化业、自然保护区管理业、风景名胜区管理业、环境卫生业、市政工程管理业及其他公共服务业）
较大相关 （与旅游活动相关的业务占较大比重）	铁路运输业 公路运输业 水上运输业 航空运输业 其他交通运输业 零售业 餐饮业 娱乐服务业（包括卡拉OK歌舞厅、电子游戏厅、游乐园、夜总会等）
间接相关 （与旅游活动的业务占较小比重）	农业 林业 畜牧业 渔业 食品加工业 食品制造业 饮料制造业 纺织业 服装及其他纤维制品制造业 木材加工及竹藤棕草制品业 印刷业、记录媒介的复制 文教体育用品制造业 日用金属制品业 汽车制造业 其他制造业 土木工程建筑业 线路、管道和设备安装业 装修装饰业 邮电通信业 食品、饮料、烟草和家庭日用品批发业 其他批发业 金融业

续表

相关程度	行业
间接相关 （与旅游活动的业务占较小比重）	保险业 房地产开发与经营业 房地产管理业 信息、资讯服务 租赁服务业 教育 文化艺术业 广播电影电视业 环境保护 工程设计业 国家机关 社会团体

可见，旅游业不是单一产业，而是由众多行业组成的产业群。在与旅游活动相关的行业中，有些行业完全依赖旅游活动而存在，如旅行社业、旅馆业、旅游景点业等；有些则是没有旅游活动仍可继续存在，但企业规模会缩小，如交通、通信、商业饮食、文化娱乐、金融保险等。除此之外，几乎没有任何其他消费活动会将综合性或混和性表现得如此多样和广泛。一般的商品消费活动只是针对相关生产和商业销售这两类行业，一般的服务消费只是针对一、两类直接提供服务的行业，而旅游消费所针对的至少是吃、住、行、游、娱、购六类行业，而且是跨地域的。

因此旅游最大的价值在于既有其行业涉及面上的乘数，又有消费支出上的乘数，并且是跨地区的流动性消费。所以说，旅游是一个"多赢"活动，可以形成一个多门类的行业群，这是旅游消费与其他消费活动最大的区别（张广瑞等，2003）。因此，在进行 DEA 计算的投入指标选择的时候，必须考虑到旅游产业的综合性以及对经济发展的乘数效应，如果脱离这个实际情况选择单一的指标对要素投入规模进行确定，则明显不符合旅游活动的实际。可见，城市旅游生产过程涉及许多投入产出指标，且指标之间的单位无法统一，这种特征特别适合应用 DEA 方法对其效率和全要素生产率进行评价。

根据城市旅游发展过程和效率评价的变量框架，并根据指标确定的依据和旅游产业的属性，投入指标的选择应充分考虑旅游产业的综合性特征，以及现阶段我国城市旅游发展的特点，即在旅游项目投资和建设中需负担较大一部分基础设施建设的任务，因此，宜选择外延更加广泛的指标。基于此，本研究最终选择城市第三产业从业人数（反映劳动投入）、城市固定资产投资（反映资本投入）、城市资源吸引力（反映旅游资源对游客的吸引力）和当年实际使用外资金额（反映商务活动对游客的吸引力）作为投入指标，选择城市星级饭店旅游收入作为产出指标，对中国主要城市的旅游效率及其全要素生产率进行评价。

3.4.3 指标的解释与说明

3.4.3.1 城市第三产业从业人数

根据《国民经济行业分类》（GB/T4754-2002）的三次产业划分标准，第三产业包括交通运输、仓储和邮政业，信息传输、计算机服务和软件业，批发和零售业，住宿和餐饮业，金融业，房地产业，租赁和商务服务业，科学研究、技术服务和地质勘查业，水利、环境和公共设施管理业，居民服务和其他服务业，教育，卫生、社会保障和社会福利业，文化、体育和娱乐业，公共管理和社会组织，国际组织等。在2003年以后的《城市统计年鉴》中有"按照三次产业划分的从业人员"统计项目，因此对该年份以后的数据可直接采用。但2003年以前的年鉴中没有相应的统计项，考虑到2003年的三次产业划分中第一产业包括"农林牧渔"四项产业内容，这些项目在城市统计年鉴中"按行业分组人口（一）"中有统计，同时，历年年鉴中均有三次产业从业人数的百分比结构，因此，2003年以前第三产业从业人数按照相应年度的三次产业就业人数比例关系加以确定。因此，第三产业从业人数就是在《国民经济行业分类》中属于第三产业的部门中从事生产的人数。

旅游产业在本质上属于劳动密集型服务产业，其发展过程需要各种高级管理人员和基层服务人员。根据旅游产业的特点，旅游就业概念分为三个层次：（1）旅游核心产业就业（目前我国旅游统计中公布的直接就业人数，包括旅游住宿设施、旅行社、旅游景区点和旅游车船公司等）；（2）旅游特征产业就业，与世界旅游组织界定的旅游特征产业对接，包括直接为游客服务的13个行业；（3）旅游经济就业，指通过旅游经济活动所拉动的直接、间接的就业人数，包括50多个行业。因此，从性质和内容上看，几乎第三产业的所有产业类型都直接或间接与旅游业发生相互作用，而在城市旅游发展过程中，这些从事第三产业的劳动人员也都直接或间接服务于旅游业，从而成为旅游发展的劳动投入。因此，以这个层次为划分标准，将各产业部门中旅游企业的从业人数按照不同权重求值，作为劳动投入指标用于城市旅游效率和生产率的测量最为理想和直接。但有两个因素会制约到这种指标使用的有效性。第一，旅游特征产业就业人数和旅游经济就业人数的投入到底有多大比例与旅游发展相关缺乏统一的标准，以此为指标需要人为确定63个行业各自的人数占旅游生产比例的权重，增加了投入数据的主观性,导致计算结果的不客观;第二,从数据可得性角度考虑,对 58 个城市 63 个行业不同年份数据收集的可能性,也存在较大的不确定因素。因此,本研究放弃了对这个指标选取的努力。

如果忽略与旅游产业发展不直接相关的旅游特征产业就业人数和旅游经济就业人数,则从数据可得性角度考虑,旅游核心产业就业可以被认为是一个相对理想的指标,这个指标实际上也就是目前我国相关旅游统计中公布的旅游直接就业人数。但通过笔者对国家图书馆、中国科学院地理科学与资源研究所资料室、中山大学图书馆等研究机构以及中国资讯行等相关统计年鉴和数据库城市旅游从业人数检索的结果表明,只有少量城市对这项数据进行了统计,数据严重不全。且不同城市统计年份不一样,指标统计口径也存在较大差异,城市之间数据缺乏可比性。(从产业发展的实践层面来看,各城市对旅游直接就业人数统计不全,数据缺乏可比性的主要原因在于:旅游业作为满足人们消费需求、拉动国民经济增长的产业聚合体,其地位和作用已远远超出了传统的服务产业,其涉及的供给要素已从传统旅游业的"六要素"扩大到城镇、农业、工业、文化、体育、会展、商务、咨询、房地产及环境等诸多方面;且即使在相对标准化的住宿设施、旅行社、旅游景区点和旅游车船公司的从业人数统计中,究竟哪些项目应被纳入旅游项目的统计,在学术界和产业界仍存在较大争议。因此,旅游产业的综合性是导致这种统计不完善的根本原因。)基于此,本研究最终也舍弃了旅游从业人数对"劳动"变量进行替代的选择。

考虑到以上指标选择中难以克服的问题,本研究最终选择了城市第三产业从业人数这个较为宏观和笼统的指标。以此为指标具有较强的数据可得性,避免了其他指标需要人为确定权重的不客观性以及计算过程的复杂性。且从旅游产业综合性的本质看,这个指标中所列的数据几乎涵盖了所有与旅游产业相关的直接就业和间接就业人数,充分反映了旅游产业的综合性特征,且与旅游产业从业人数之间具有逻辑上的相关性。但需要说明的是,尽管旅游产业的关联性较强,但旅游从业人数毕竟远小于第三产业的实际从业人数,因此,这个指标虽然避免了劳动投入规模的缩小,但又从一定程度上放大了实际要素的投入规模。但从本研究 DEA 计算的要素强处置性上分析,由于要素的"强处理"即使存在某项冗余资源,系统也认为可以通过要素间替代而得到充分处理,因此从技术上以第三产业从业人数作为投入要素具有可行性。

为了判定第三产业从业人数与实际旅游业从业人数之间的关系,本研究选择《中国城市统计年鉴 2005》中的"第三产业从业人数"与《广东经济普查年鉴 2004》中的数据项"住宿和餐饮业从业人数"作为变量,以广东省内 21 个城市作为对象,对二者的相关性进行小样本分析。计算结果表明:住宿和餐饮业从业人数与第三产业从业人数之间具有较强的正相关关系,二者的相关系数高达 0.699,满足在 0.01 自由度水平下的显著正相关(原始数据和相关系数如附录 3 所示)。以广东省内各城市第三产业从业人数与住宿、餐饮业从业人数相关关系的研究显示了两个数据之间的相关性,以城市第三产业从业人数代表住宿、餐饮业从业人数具有很强的适用性。考虑到这种相关性研究的非排他性,以广东省内城市为单元的探索性研究结果在理论上可以放大到全国范围内的其他城市。可见,选择第三产业从业人数相较于旅游从业人数对城市旅游投入的"劳动"变量进行表征更具可能性和很强的适用性。

3.4.3.2 城市固定资产投资

城市固定资产投资是以货币表现的在一定时期内建造、购置固定资产的工作量以及与此有关的费用总称。它是反映固定资产投资规模、结构和发展速度的综合性指标,又是观察工程进度和考核投资效果的重要依据。从资金来源看,这部分资金包括国有单位基本建设投资、更新改造设施投资、其他固定资产投资,城镇集体单位固定资产投资以及城镇个人固定资产投资。按照国家统计局根据管理渠道制定的分类标准,城市固定资产投资总额分为基本建设、更新改造、房地产开发投资和其他固定资产投资四个部分。

对城市旅游发展"资本"变量进行量化较为理想的指标是城市直接用于旅游投资建设的资金,但采用这个指标也存在两个问题:第一,城市的旅游开发不同于风景区,它要求把旅游开发作为城市建设的一个组成部分去考虑;城市旅游开发不仅是几个点状要素的建设,而且是城市整体的系统工程;城市旅游吸引力的培育不仅是旅游点引力的培育,而且是城市综合引力的培育(彭华等,1999)。尤其在目前我国城市旅游发展阶段特征下,各旅游项目都背负了大量基础设施建设,把需要政府做的事情转移到旅游项目上来,开发景区之前一系列设施从投资角度来说,很多东西都属于社会环境因素,是社会基础设施的建设(魏小安等,2003)。同时,尽管城市内部房地产建设、城市基础设施建设等投资不直接应用于旅游项目,但这些投资也在很大程度上间接影响城市整体旅游环境,从而影响城市的旅游收入和游客满意度。可见,城市旅游项目建设与其他产业项目建设对城市旅游的产出影响难以单独剥离。从数据可得性角度分析,与"劳动"指标一致,目前的统计中缺乏对城市直接旅游投资的项目。因此,本研究放弃了城市旅游直接投资指标对城市旅游"资本"变量进行替代的努力,同时考虑到城市旅游业与其他产业类型的高度相关性,最终选择了城市固定资产投资这个较为宏观和笼统的指标作为资本的投入,用于 DEA 城市旅游效率的评价。

从资金流向看,城市固定资产投资几乎应用于城市建设的各个行业和领域。而从城市旅游环境改善和投资直接用于游客体验改善的角度分析，尽管在城市固定资产投资指标体系中，只有用于城市基本建设和更新改造的部分与旅游业发展表现出强烈的因果关系，但随着旅游业内涵的扩大，以旅游地产为代表的城市房地产开发投资和其他固定资产投资均对城市旅游整体吸引力提升和城市旅游发展具有重要作用，不同投资对城市旅游环境改善的影响难以有效剥离。因此，在考虑旅游业第三产业龙头地位的基础上，本研究将城市旅游发展放大到产业水平，忽略城市固定资产投资在不同类型城市中的用途差异，并忽略直接用于旅游投资所占整个投资的比重差异，认为无论城市基础设施建设、更新改造、房地产开发投资还是其他类型的固定资产投资均对城市旅游环境改善、形象提升以及为外来游客提供更好的服务质量，增加城市旅游整体吸引力具有重要意义。可见，以城市固定资产投资作为"资本"指标具有两个优点：第一，增强了数据的可得性；第二，忽略投资的详细流向对旅游产出贡献差异的影响，实现了指标的可操作性。但第二个优点也是该指标的最大缺点，即某些项目投资可能对旅游产业的带动作用很小，如石化项目等，但将这个指标的全部投资作为旅游发展的要素投入则必然从数值上放大了投入的实际规模。同理于第三产业从业人数，考虑到 DEA 计算的要素强处置性，这些"多余"的资源投入可以被城市旅游系统所消化。可见，从数据可得性、城市旅游综合性和关联性角度分析，选择城市固定资产投资远较其他指标对"资本"变量进行表征具有更强的可能性和适用性。而这个指标也被李郇（2005）用于对城市效率评价的研究中。

为了验证以城市固定资产投资为"资本"指标的效果，以 2004 年湖南省内各市、州为例，将各城市固定资产投资中基本建设投资总额与可获得的与旅游业直接相关的住宿和餐饮业基本建设投资做相关性分析可见，二者的相关系数达到 0.967，满足在 0.01 自由度水平下的显著性检验（原始数据和相关系数如附录 4 所示）。以湖南省为小样本的测试结果表明，尽管纯粹用于城市旅游发展的投资（如住宿和餐饮）占固定资产投资的比例较小，但二者具有显著的正相关关系。城市固定资产投资规模越大，用于旅游产业发展的投资规模也越大。考虑到旅游产业的综合性特征，住宿和餐饮业投资仅为严格意义上旅游产业投资的一小部分，在缺乏直接数据可用的条件下，采用城市固定资产投资替代旅游投资具有很强的适用性。以湖南省各城市为样本的测试结果可以推广到全国城市旅游效率测量的投入指标选择中，即城市固定资产投资额可以替代城市旅游的资金投入进行 DEA 计算。由于城市的旅游效率只具有相对意义，因此这个放大的指标并不影响效率结果的城市间比较。

3.4.3.3 城市旅游资源吸引力

旅游资源是一类特殊的资源实体，其涵盖范围相当广泛，受多样性、综合性和不确定性特征的影响，很难将其像土地资源、矿产资源那样进行定量化评估。从属性上可将城市型旅游目的地笼统地划分为以资源为主和以商务为主两类，前者如桂林、黄山，后者如广州、深圳。

对于资源型城市而言，从旅游产品开发角度看，很多学者试图构建反映区域旅游资源差别和竞争力的指标体系，如刘再兴（1993）构建了以全国重点风景名胜区、国家级自然保护区、国家级森林公园、国家历史文化名城、全国重点文物保护单位等五项资源为核心的指标体系。杨新军等（2004）构建了一批国家文物保护单位、国家历史文化名城、国家优秀旅游城市、国家自然保护区、国家地质公园、国家森林公园、国家旅游度假区、世界生物圈保护区或登录《国际重要湿地公约》的中国部分或世界纪念性建筑遗产、世界自然遗产或世界文化遗产或世界自然文化双遗产等更多旅游吸引物为指标的评价体系。

这些评价体系的共同特点是将每个品牌称号作为一种资源，通过人为赋予权重对旅游资源竞争力进行评价。但从游客需求角度分析，某些资源可能具有很高的文物保护价值或自然保护价值，但未必具有很高的旅游观赏价值，甚至由于这些资源的保护意义，对旅游开发形成限制。如我国很多自然保护区对旅游开发的限制等。且当同一旅游资源共享多种称号和品牌时，如何赋予各称号和品牌价值的权重也是一个难以回避的问题。从这个意义上讲，多指标未必比单指标对资源吸引力进行评估更加客观，当应用到城市旅游吸引力评价中时，这种指标体系也不能全面反映城市旅游资源和吸引力的真实水平。

考虑到受旅游时间和最大信息收集量原则的影响，国际旅游者大尺度旅游空间决策行为主要倾向于选择有级别较高旅游点的地方作为旅游目的地；同时，国内旅游者也大都流向中心城市、国家级风景名胜区或历史文化名城，而更多级别较低的旅游点对他们吸引力不大（陈健昌等，1988）。且从城市旅游经济发展角度分析，由于低级别旅游景区吸引大尺度游客的能力较弱，带动城市旅游消费能力不强，对城市旅游经济贡献有限。从服务对象看，这些资源的主要服务对象为本地居民的休闲行为，因此，基于这些资源导致的过夜游客数量有限，以此为指标的投入与本研究最终确定的产出指标（星级饭店营业收入）之间的因果关系不明显。因此，本研究统一使用各城市经国家旅游局审定的高级别3A、4A 和 5A 级旅游区（点）来反映它们旅游资源的综合吸引力，这些景点基本代表了目前我国城市旅游发展的最高水平，对游客具有强烈的旅游吸引力。

根据《旅游景区质量等级评定管理办法》（国家旅游局局令第 23 号）和《旅游景区质量等级的划分与评定》国家标准（GB/T17775-2003）的相关规定，旅游景区等级评定的细则分为服务质量与环境质量评分细则、景观质量评分细则和游客意见评分细则三个部分（表 3-4）。

表 3-4 景区级别确定所需要的分值

景区级别	细则一	细则二	细则三
5A	950 分	90 分	90 分
4A	850 分	85 分	80 分
3A	750 分	75 分	70 分

考虑到游客出行决策更多受城市旅游资源吸引力影响的实际，本研究以细则二中 5A、4A 和 3A 级旅游景区需具备的最低分值作为相应级别景区对游客的吸引力，并认为相同级别的旅游景区（点）对游客具有相同的吸引力，对应的各级景区点的分值分别为 90、85 和 75，并将城市中所有 3A、4A 和 5A 级旅游区/点的分值加总求和，作为城市总体旅游资源吸引力引入 DEA 计算[①]。各城市旅游资源吸引力计算的过程和结果如附录 2 所示。可见，由于本研究依据国家旅游局评定的 A 级景点作为评价对象，并采用国家旅游局的景区分值评定标准作为权重，相较于其他学者构造的较为复杂的指标体系，该指标更为客观和实用。同时，以此为指标对城市旅游效率和生产率进行评价，也体现了本研究区别于其他研究的重要创新和旅游研究的特点。

从实际应用效果看，以城市旅游资源吸引力和各年鉴中可获得的国内旅游收入或旅游总收入以及国际旅游外汇收入作为变量，对投入指标和产出指标的相关性进行分析[②]。分析结果表明：不同时期，各城市旅游资源吸引力与城市国内旅游收入或旅游总收入之间均具有较强的相关性，2005 年、2000 年和 1995 年的皮尔逊（Pearson）相关系数分别达到 0.677、0.593 和 0.747，均满足在 0.01 自由度水平下的显著性检验；同时与各城市国际旅游收入之间也具有较强的相关性，各年份的相关系数分别为 0.561、0.591 和 0.626，也均满足 0.01 水平下的显著性检验（表 3-5），原始数据如附录 5 所示。可见，以 A 级景区个数计算得到的城市旅游资源吸引力与城市旅游收入水平之间具有明显的正相关关系，城市旅游资源吸引力越大，城市旅游收入水平越高。定量分析结果强化了定性分析的正确性，以该指标作为城市旅游发展的资源"吸引力"具有较强的适用性。

---

① 作为城市旅游发展的投入要素，3A、4A、5A 级旅游景区具有一定的品牌符号价值，级别高低从一定程度上反映了创建和维护品牌所需支付的成本，因此本研究将资源吸引力作为一种投入要素。

② 相关年鉴中对旅游收入的统计不一致，有些城市只统计国内旅游收入，有些城市只统计旅游总收入，考虑到国际旅游收入仅占旅游总收入的很小份额，在回归分析中，本研究忽略各城市旅游总收入与国内旅游收入的差别。这种做法也被相关学者应用于我国区域旅游发展差异的比较中（马晓龙等，2008）。

表 3-5 城市旅游吸引力与旅游收入的相关性

年份	国内旅游收入（或旅游总收入）		国际旅游收入	
	相关系数	变量个数	相关系数	变量个数
2005 年	0.677	18	0.561	58
2000 年	0.593	44	0.591	58
1995 年	0.747	28	0.626	58

3.4.3.4 当年实际使用外资金额

对于商务型旅游城市的旅游吸引力而言，目前学术界尚未出现对这种类型城市吸引力大小评价的相关研究。在本书写作过程中，笔者最先考虑到的是利用周一星等（2003）对中国城市中心性进行衡量的代表空间信息联系强度的长话流和信件流对城市"商务旅游吸引力"进行表达，但最终受数据可得性约束和作为城市旅游投入与产出指标之间缺乏强因果联系而最终放弃。接着，也试图采用航空和铁路运流等作为指标，但有些城市，尤其是集中分布的城市，几个城市之间往往共用机场。因此，尽管不具备航空和铁路条件或这种条件较差，但其商务旅游吸引力仍旧很强，如深圳等。说明以此为指标不符合中国城市旅游生产投入产出的逻辑关系。随后，作者又试图选用城市举办的会展数目，但该指标也面临以下问题：第一，会展规模难以界定，不同城市对会展的理解存在分歧，不能回答什么样的"会展"才是严格意义上"会展"的问题；第二，不同规模会展对城市旅游产出的影响力不同。因此，绝对意义上的城市会展个数并不能反映城市旅游生产的商务旅游资源投入。

经过以上遴选过程，笔者最终选择城市当年实际使用外资金额作为指标替代城市商务旅游"吸引力"，并认为城市实际使用外资金额越高，城市商务旅游的吸引力越强。该指标是客商根据投资协议合同实际执行的投资额，分为对外借款、直接投资和其他三种类型，反映了城市对外交往规模和对外经济联系强度，引进和利用外资的多少也反映了城市潜在的、综合的经济实力对外商的吸引力。

从应用效果看，城市作为区域经济发展的中心，对各种不同形式的人流、物流、资金流和信息流等都具有重要的吸引力，而这些要素也往往构成了城市作为旅游目的地吸引力的重要因素。实践表明，实际利用外资金额高的城市往往成为重要的商业中心城市和重要跨国企业的所在地，这里更容易产生各种类型的对外交流，以及各种商务、会展、会议、节事和娱乐等活动，这些活动则进一步提高了城市的经济活力和城市旅游的对外吸引力。为了对这个感知经验进行验证，同城市旅游资源吸引力的研究，本书仍以可获得的各城市国内旅游收入或旅游总收入及国际旅游收入与城市实际使用外资金额做相关分析,分析结果如表3-6所示,原始数据如附录5所示。

表3-6 城市当年实际使用外资金额与旅游收入的相关性

年份	国内旅游收入（或旅游总收入）		国际旅游收入	
	相关系数	变量个数	相关系数	变量个数
2005年	0.752	18	0.710	58
2000年	0.776	44	0.730	58
1995年	0.281	28	0.546	58

可见,在城市当年实际使用外资金额与各年份国内旅游收入(或旅游总收入)的相关性评价中,相关系数分别为0.752、0.776和0.281,两个指标只有1995年相关性不能通过0.01自由度水平下的相关性检验(1995年两种数据相关性较低的可能原因在于城市对外资金额用于旅游生产的滞后效应,在城市旅游发展初期,外资投入对旅游资源的带动作用尚没有得到即时的充分发挥),其他时期二者都具有显著的正相关性。相关分析表明,城市实际利用外资金额越大,其对外活动和交流越广泛,城市活力越强,作为商务活动的旅游目的地的吸引力越大;反之,则吸引力越小。此外,城市实际利用外资金额不但与城市旅游生产的产出之间存在较强的因果联系,而且容易获取,具有较强的适用性和可操作性。

需要说明的是,尽管城市资金投入所带来的产出并不一定在当年得到回报,但考虑到历年投入和产出滞后效应的同时性,以及当年投入必然影响当年产出大部分的实际情况,本研究也忽略这种滞后效应对计算结果的影响。此外,本书主要数据来源于《中国城市统计年鉴》,由于研究中所采用数据的年份跨度较大,各年鉴前后统计口径存在一定差别,为了保持数据统计口径的可比性和前后一致性,本研究也对数据进行了必要调整,相关解释请参阅附录1。

3.4.3.5 城市星级饭店营业收入

基于上文构建的变量选取原则,考虑到游客满意度受个体感知差异影响难以进行标准量化和横向比较的实际,在对旅游产出进行衡量的时候,多数旅游效率和生产率研究文献均选择旅游收入或旅游接待人次这些可供直接比较的指标替代旅游满意度对评价单元的产出进行表征(Anderson et al., 1999, 2000; Tsaur, 1999; Barros, 2005a, 2005b)。在中国旅游经济收入核算体系中,城市旅游收入(接待人次)包括国内旅游收入(人数)和国际旅游收入(人数)两个部分,由于DEA计算允许同时存在多投入多产出的情况,因此,将二者同时作为产出变量或直接选取城市旅游总收入（总人次）作为产出变量最理想。但现有旅游统计缺乏对城市旅游收入和以旅游为手段对城市经济发展拉动作用的全面度量。除《城市旅游统计年鉴》中有对不同城市国际旅游收入（人次）的统计外，大部分中国城市都缺乏国内旅游收入和旅游总收入的统计，且不同城市不同年份的统计口径存在较大差异，数据之间可比性较差。而之所以不单独选择国际旅游收入作为产出指标，主要原因在于大尺度游客对旅游目的地的选择主要集中于少数几个具有符号意义的中国旅游城市，如北京、西安、桂林、杭州等，因此，以此作为产出指标将提高这些城市的旅游效率水平，导致城市之间旅游效率缺乏可比性。基于数据可得性和避免误差的考虑，笔者最终放弃了选择国内旅游收入（人次）、国际旅游收入（人次）或旅游总收入（人次）作为产出指标的考虑，而选用星级饭店旅游收入这一内涵较小的指标。

星级饭店是指城市内设施设备服务符合《旅游饭店星级的划分与评定》（中华人民共和国国家标准），通过相关旅游管理部门评定，并取得星级饭店称号的饭店。星级饭店营业收入是指企业所经营的各项经营业务收入，包括客房收入、餐饮收入、娱乐收入、商务服务收入、超市经营收入以及其他收入等。从旅游产业要素内容上分析，以星级饭店旅游收入作为产出变量的替代指标时，城市的旅游产出仅包含星级饭店中吃、住、娱、购等部分内容，明显缩小了城市的实际旅游产出及其联动作用导致的其他城市旅游产出，并会对最终的城市旅游效率评价结果产生两个方面的不利影响：一方面，由于在一定程度上减少了全部城市的旅游产出水平，因此可能会导致城市旅游效率总体水平偏低的结果；另一方面，由于星级饭店接待的游客中国际游客比例较大，根据这部分游客的消费特点，具有中国旅游符号意义的城市，如北京、上海、广州、西安、桂林、杭州等类似城市的旅游效率水平会相对偏高。

从实际应用效果看，本研究分别以 1995 年、2000 年和 2005 年可获得的城市国内旅游收入（或旅游总收入）和国际旅游收入分别与城市星级饭店营业收入进行相关性分析，各年份的相关系数分别达到 0.857、0.773、0.983 和 0.981、0.894、0.934，均满足在 0.01 水平下双尾检验的显著正相关，相关系数计算结果如表 3-7 所示，原始数据参见附录 5。

表 3-7　各年份星级饭店营业收入与国内旅游收入之间的相关性

年份	国内旅游收入（或旅游总收入）		国际旅游收入	
	相关系数	变量个数	相关系数	变量个数
2005 年	0.983	18	0.934	58
2000 年	0.773	44	0.894	58
1995 年	0.857	28	0.981	58

可见，虽然以城市星级饭店营业收入作为产出指标有两个不利影响，但该指标与城市国内旅游收入（或旅游总收入）和国际旅游收入，特别是国际旅游收入之间具有特别强的相关性。考虑到该指标的统计数字较为准确，同时 DEA 计算最终得到的效率结果只具有相对意义，当所有城市均采用这个缩小后的指标作为产出变量时，并不影响决策单元结果的相互比较。在考虑数据可得性的基础上，本书最终选择星级饭店营业收入作为替代游客满意度的城市旅游产出指标。

在投入产出变量框架基础上，根据指标选择结果，可以建立城市旅游生产的投入产出指标框架体系（图 3-9）。其逻辑关系为：在城市旅游发展不同阶段的资源要素投入过程中，城市不断对各要素进行消化、处置和利用，从而实现城市旅游环境和吸引力的改善与提高（当然，这种改善与提高有时是直接行为，有时是间接行为。前者如城市绿化、旅游景区建设等，后者如城市基础设施改善、房地产投资等），并最终实现游客数量的增长和星级饭店旅游收入的增加，从而完成本研究的城市旅游投入—产出的生产过程。58 个城市 1995 年、2000 年和 2005 年投入产出的原始数据如附录 1 所示。

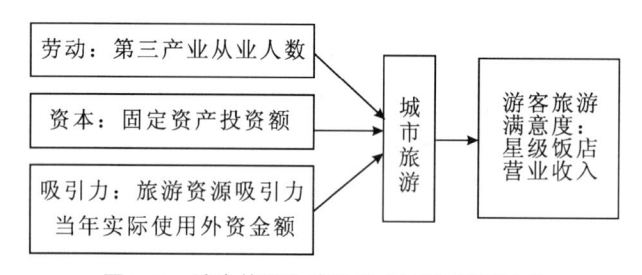

图 3-9　城市旅游生产的投入产出指标框架

3.4.4　关于变量和指标的两个重要讨论

3.4.4.1　现有变量体系是否可以反映城市的旅游发展过程？

输入数据是指决策单元在某种活动中需要耗费的某些量，例如投入的资金总额，投入的总劳力数，占地面积等等；输出数据是指决策单元经过一定的输入之后，产生的表明该活动成效的某些信息量，例如不同类型的产品数量、产品质量、经济效益等（魏权龄，1988）。尽管理论上决策单元在生产过程中使用的任何资源都应作为投入变量，而任何基于投入的产品或服务都可以作为产出变量，但 DEA 模型投入和产出变量个数越多，线性规划解空间维度越高，效率结果所能说明决策单元效率问题的能力越差（Jenkins et al.，2003）。Golany 等（1989）认为，多个投入和产出变量可以解释大部分决策单元之间的差异，因此会导致相当多的有效决策单元的出现。因此，使用 DEA 模型既要尽可能使用所需的多个变量，又要尽可能减少变量个数以提高结果的解释能力。根据以上原理，按照"尽量少用变量，尽量多表示城市旅游投入产出信息量"的原则，本研究最终选择了三个投入变量（其中吸引力分解为两个指标）和一个产出变量对城市的旅游生产过程进行表达。

从经济功能看，城市是一个介于微观经济细胞、企业和宏观经济整体、国民经济之间的一个"集合概念"和一个具有不同属性的企业集群。城市由许许多多不同属性的企业所组成，因而城市竞争力是通过该城市内企业竞争力体现出来，而企业竞争力又是通过企业所生产的产品或提供的竞争力表现出来。企业竞争力构成城市竞争力的微观基础（姜杰等，2003）。与企业竞争力和城市竞争力之间的关系一致，单一的城市旅游产业部门竞争力，如旅行社、旅游酒店的竞争力构成了旅游产业发展的总体竞争力。因此，判断现有变量体系是否可以反映城市的旅游发展过程，需要判断这些变量对城市旅游生产中各个系统建设资源投入产出要素的涵盖能力。

作为旅游目的地的城市旅游建设，大体上分为吸引、服务、交通、标志、质量、支持、保险等 7 个系统，一个终极旅游目的地的城市至少应该建立这 7 个系统，这样才能够比较充分地体现城市的旅游发展（魏小安，2001）。通过文献分析的结果可知，大多数旅行社、旅游酒店等旅游企业效率评价的相关研究都选择了劳动、资本及其对应数据作为效率评价的投入变量，而把游客旅行满意度作为产出变量，而其他变量则依赖于研究目的。本研究的目的在于对城市的旅游效率进行评价，而城市旅游吸引力对游客满意度具有重要影响，自然需要成为必需的投入变量。可见，以资本、劳动、吸引力作为投入变量，城市星级饭店营业收入作为产出变量，基本涵盖了城市旅游建设的 7 个系统，能够较为全面地反映城市的旅游发展全过程。

3.4.4.2　现有投入产出指标是否最理想的指标？

使用 DEA 方法测量企业效率结果的正确性很大程度上依赖于测评过程中所使用的投入和产出指标（Wagner et al., 2007）。在本书建构的城市旅游生产指标体系中，第三产业从业人数、固定资产投资额和星级饭店营业收入存在一定的不合理性，即投入指标放大了城市旅游生产的资源投入规模，而产出指标则缩小了城市旅游生产的产出规模。当以放大的投入指标和缩小的产出指标进行 DEA 计算的时候，效率评价的最终结果必将小于城市旅游生产效率的实际水平。但考虑到本研究的主要目的在于分析影响效率差异的空间因素、对城市旅游效率值进行区域间比较，因此即使计算出来的效率值可能会比城市旅游发展的实际效率值低，也不会影响城市之间的旅游效率比较。

从研究方法上看，DEA 对要素投入的处理方式有两种：强处理（strong disposability）和弱处理（weak disposibility）。所谓处理就是可处置性，是那些经营过程中的闲置过剩或利用率低下的生产要素资源，对生产经营活动及其产出效益的阻碍和制约程度的度量。要素强处理是指投入要素具有可处置性，即生产相同产品，所需投入要素的组合可以改变，比如减少资本，增加劳动力；而弱处理是指投入要素不具有可处置性，生产相同产品，所需的投入要素组合不可以改变。在城市旅游效率和全要素生产率评价中，DEA 计算部分对投入要素属于强处理，即当城市旅游生产投入要素的组合中有一种资源出现过剩时，系统认为这种过剩的资源可以被减少而转化为另一种相对短缺的资源，从而实现投入资源的充分利用。因此，在本研究中，尽管应用了诸如第三产业从业人数、城市固定资产投资等放大旅游产业实际规模的投入指标，但从方法本身对资源处理方式来看，这些放大的指标并不影响 DEA 计算的有效性，具有较强的适用性。

可见，现有城市旅游效率和全要素生产率评价的指标不是最理想的，但是在目前可获得的数据指标中最具可操作性和适用性。但必须说明的是，关于旅游发展投入产出指标的选择构成了本书最具争议的问题。而这个问题产生的根本原因在于我国学术界和产业界对旅游产业边界认识的模糊性。反映到旅游统计上，难以对旅游投入和产出数据进行精确表征。考虑到 DEA 城市旅游效率计算中数据的可得性和 DEA 计算要素强处理的特征，本研究最终采用上文所构造的投入产出指标体系对城市的旅游效率进行评价。理想与现实之间的差距构成了不同研究者对指标选取理解的差异，而相关争论也在所难免，从这个意义上讲，本书的方法论意义将更加明显。从指标选取的争论上也可以说明，加强基础理论研究、明确旅游产业边界、建立国家级旅游卫星账户（Tourism Satallite Account，TSA）等工作对推动旅游研究深入发展有重要意义。

3.5 本章的基本结论

基于以上分析，可以得出以下结论：

（1）DEA 是效率评价中最有效的方法之一，与其他方法相比，这种方法具有一定的优越性，适合于对城市旅游这种综合性产业部门的效率评价。

（2）尽管本研究最终确定的对城市旅游生产过程进行表达的变量和指标框架体系并不一定最理想，但仍可以基本完整地反映和涵盖城市旅游生产的全过程。相较于其他变量和指标，从数据可得性、可操作性、以及 DEA 方法本身的适用性上分析，这些指标都具有很大的优点，可以应用于对中国城市旅游效率和全要素生产率的评价。

本章参考文献

Achabal, D. D., Heineke, J. M, & McIntyre, S. H. Issues and perspectives on retail productivity. Journal of Retailing, 1984,60(3):107~127.

Anderson, R. I., Fok, R., & Scott, J. Hotel industry efficiency: an advanced linear programming examination. American Business Review, 2000,18(1):40~48.

Anderson, R. I., Lewis, D., & Parker, M. E. Another look at the efficiency of corporate travel management departments. Journal of Travel Research, 1999, 37(3): 267~272.

Andrews, K. R. Executive Training by the Case Method. Harvard Business Review, 1951(9):58~70.

Banker, R. D., Charnes, A., & Cooper, W. Models for estimation of technical and scale inefficiencies in Data Envelopment Analysis. Management Science, 1984, 30: 1078~1092.

Barros, C. P. Evaluating the efficiency of a small hotel chain with a Malmquist productivity index. International Journal of Tourism Research, 2005a,7(3):173~184.

Barros, C. P. Measuring efficiency in the hotel sector. Annals of Tourism Research, 2005b,32(2): 456~477.

Barros, C. P., & Matias, A.. Assessing the efficiency of travel agencies with a stochastic cost frontier: a Portuguese case study. International Journal of Tourism Research, 2006b,8(5):367~379.

Berger, A. N., & Mester, L. J. Inside the black box: What xxplains differences with efficiency of financial institutions? Journal of Banking and Finance, 1997a(21): 895~947.

Berger, A. N., & Mester, L. J. Efficiency and productivity change in the US commercial banking industry: a comparison of the 1980s and 1990s. Paper presented at the Conference on Service Sector Productivity and Productivity

Paradox, 1997b.

Buhalis, D. Marketing the competitive destination of the future. Tourism Management, 2000,21(1): 97~116.

Caves, D. W., Christensen, L. R., & Diewert, W. E. Multilateral comparisons of output, input and productivity using superlative index numbers. Economic Journal, 1982,92:73~86.

Charnes, A., Cooper, W. W., & Rhodes, E. Measuring the efficiency of DMU. European Journal of Operational Research, 1978,2(6):429~444.

Charnes, A., Cooper, W. W., & Li, S. X. Using data envelopment analysis to evaluate efficiecy in the economic performance of Chinese cities. Socio-Economic Planning Science, 1989,23(6):325~344.

Coelli, T. J. A guide to FRONTIER Version 4.1: A computer program for frontier production function estimation. CEPA working paper 96/07, Department of Econome trics, University of New England, Arm idale, 1996.

Coelli, T., Perelman, S. & Romano, E. Accounting for environmental influences in stochastic frontier models: with application to international airlines. Journal of Productivity Analysis, 1999,11(3): 251~273.

Fare, R., Grosskopf, S., & Lovell, C. A. K. Productivity change in Swedish pharmacies 1980-1989: a nonparametric Malmquist approach. Journal of Productivity Analysis, 1992(3):85~101.

Fare, R., Grosskopf, S., & Norris, M. Productivity growth, technical progress, and efficiency change in industrialized countries: reply. American Economic Review, 1997,87:1040~1043.

Fare, R., & Lovell, C. A. K. Measuring the technical efficiency of production. Journal of Economic Theory, 1978,19:150~162.

Fare, R., Grosskopf, S., & Lovell, C. A. K. Production frontiers. Cambridge: Cambridge University Press, 1994.

Farrell, M. J. The measurement of productive efficiency. Journal of the Royal Statistical Society Series A, General, 120, Part 1997(3):253~281.

Fisher, I.. The making of index numbers. Houghton-Mifflin, Boston, 1922.

Golany, B., & Roll, Y. An application procedure for DEA. Omega, 1989, 17(3): 237~250.

Jenkins, L., & Anderson, M. A multivariate statistical approach to. reducing the number of variables in DEA. European Journal of Operational Research, 2003,

147(1): 51~61.

Koopmans, T.C. Analysis of production as an efficient combination of activities. In: Koopmans TC (ed) Activity analysis of production and allocation. Wiley, New York London, 1951: 33~97.

Lau, L. J., & P. A. Yotopoulos. A test for relative efficiency and application to Indian agriculture. American Economic Review, 1971,61(1):94~109.

Leibenstein, H. Allocative efficiency Vs. X efficiency. American Economic Review, 1966,56(3):392~415.

Murphy, P., Pritchard, M. P., & Smith, B. The destination product and its impact on traveller perceptions. Tourism Management, 2000,21(3): 43~52.

R. 基钦，N. J. 泰特. 人文地理学研究方法. 北京：商务印书馆，2006.

Ray, S. C., & Desli, E. Productivity growth, technical progress, and efficiency change in industrialized countries: comment. American Economic Review, 1997, 87: 1033~1039.

Rolf, F., & Shawna, G. Reference guide to OnFront 1998-2000. Econamic Measurement and Quality Corporation.

Say, J. Conspectus of political economics (1803). Beijing: Commercial Press, 1963.

Stavarek, D. Banking efficiency in visegrad countries before joining the European Union. Finance, 2003, Econ WPA.

Tsaur, S. H., Chiang, C. I., & Chang, T. Y. Evaluating the operating efficiency of international tourist hotels using the modified DEA model. Asia Pacific Journal of Tourism Research, 1999,14(1):73~78.

Vicker, J. Concepts of competition. Oxford Economic Papers, 1995,47:1~23.

Wagner, J. M., & Shimshak, D. G. Stepwise selection of variables in data envelopment analysis: Procedures and managerial perspectives. European Journal of Operational Research, 2007, 180(1): 57~67

Wang, F. C., Huang, W. T., & Shang, J. K. Measuring pure managerial efficiency of international tourist hotels in Taiwan. The Service Industries Journal, 2006, 26(1):59~71.

Yotopoulos, P. A., & L. J. Lau. A test for relative economic efficiency: some further results. American Economic Review, 1973,63(1):214~223.

保继刚，甘萌雨. 改革开放以来中国城市旅游目的地地位变化及因素分析. 地理科学，2004，24(3)：365~370.

陈健昌，保继刚．旅游者行为研究及其实践意义．地理研究，1988，7(3)：44~51．

陈万淇．个案研究法．台北：华泰书局，1995．

高春亮．1998~2003：我国城市技术效率与规模效率实证研究．上海经济研究，2006(6)：36~42．

李郇，徐现祥，陈浩辉．20世纪90年代中国城市效率的时空变化．地理学报，2005，60(4)：615~625．

刘国新，尹卫兵．我国东中西部区域经济发展差异和对策．科技与管理，2003(6)：1~3．

刘威伟．基于DEA方法的中国商业银行效率问题研究．中南大学硕士学位论文，2006．

刘再兴．中国区域经济：数量分析与对比研究．北京：中国物价出版社，1993．

马晓龙，保继刚．"塌陷"背景下中部旅游发展的地理学透视．人文地理，2008，23(1)：80~87．

马占新．数据包络分析方法的研究进展．系统工程与电子技术，2002，24(3)：42~46．

彭华，钟韵．创建优秀旅游城市的思考：旅游开发与城市建设一体化．旅游学刊，1999，14(2)：21~25．

魏权龄．评价相对有效性的DEA方法——运筹学的新领域．北京：中国人民大学出版社，1988．

魏小安．旅游城市与城市旅游——另一种眼光看城市．旅游学刊，2001，16(6)：8~12．

魏小安，韩健民．旅游强国之路．北京：中国旅游出版社，2003．

薛莹．20世纪80年代以来我国区域旅游合作研究综述．人文地理，2003，18(1)：29~34．

杨效忠，张捷．旅游地合作研究综述及展望．地理与地理信息科学，2006，22(6)：108~112．

杨新军，张祖群，赵荣，刘晓．我国西部省（区）旅游资源组合态势及其开发对策．西北农林科技大学学报（社会科学版）．2005，(5)：115~120．

叶重新．教育研究法．台北：心理出版社，2001．

曾珍香，顾培亮．DEA方法在可持续发展评价中的应用．系统工程理论与实践，2000，20(8)：114~118．

章锦河，张捷，刘泽华．基于旅游场理论的区域旅游空间竞争研究．地理科学,2005,25(2):248～256.

张广瑞,魏小安.中国旅游业:"非典"影响与全面振兴.北京:社会科学文献出版社,2003.

张平.中国区域产业结构演进与优化.武汉:武汉大学出版社,2005.

周国华,彭鹏,唐承丽,周海燕.二十世纪九十年代我国区域经济发展不平衡性的测度及评价.中国软科学,2002(10):87～92.

周一星,张莉.改革开放条件下的中国城市经济区.地理学报,2003,58(2):271～284.

第四章 基于效率的城市旅游竞争力比较（2005）

本章主要基于城市旅游发展的投入产出数据,利用DEA的相关模型对2005年58个中国主要旅游城市的旅游效率进行评价和特征分析,包括:城市旅游效率的发展阶段判定、不同分解效率对城市旅游总效率的影响,以及城市旅游效率空间特征和区域对比特征,基于这些特征提出该时期城市旅游效率的四个规律,并对四个规律之间的逻辑关系进行梳理和解释。

4.1 原始数据的描述

对2005年中国主要旅游城市的旅游发展投入和产出要素分析可见,受城市规模和性质影响,不同城市各项投入和产出要素水平之间存在较大差距,统计信息如表4-1所示。

表4-1 中国主要城市的旅游投入产出原始数据统计描述（2005年）

项　目	属　性	最小值	最大值	平均值	标准差
第三产业从业人数（万）	投入变量	4.37	584.71	50.02	81.55
城市固定资产投资（亿人民币）	投入变量	49.16	3 542.55	766.12	692.85
城市实际利用外资（万美元）	投入变量	1 064.0	684 965.0	109 077.24	138 558.21
城市旅游资源吸引力	投入变量	85.00	4 940.00	841.90	787.42
星级饭店旅游收入（亿人民币）	产出变量	0.25	170.84	16.95	30.64

在各城市第三产业从业人数中,三亚市最低,仅为4.37万;上海市最高,

达到584.71万。第三产业就业人数最高值是最低值的134倍，各城市第三产业从业人员的平均值则为50.02万人。

各城市固定资产投资与第三产业从业人数类似，三亚市的投资规模为49.16亿元人民币，而上海的投资规模则达到3 542.55亿元人民币，最高值是最低值的369倍，各城市固定资产投资的平均规模为766.12亿元人民币。

在各城市实际利用外资金额中，实际利用外资金额最小的大同市利用外资为1 064.00万美元；而当年利用外资最多的城市是上海市，达到68.5亿美元，是大同市的644倍，58个城市的平均值则为10.91亿美元。

此外，尽管某些缺少旅游风景资源的城市可能通过建设主题公园等旅游产品的方式改变不同时期城市的旅游资源吸引力，但考虑到本书选取的研究对象为"中国主要旅游城市"，这些城市之所以能够被纳入到旅游统计中，一般都具有作为目的地的独特吸引力，而个别项目的建设一般不会影响其总体吸引力，所以，本研究忽略这种由于个别项目建设对城市旅游吸引力造成的变化，认为城市旅游资源吸引力在不同年份不会发生变化。并根据不同城市2005年年底各3A、4A和5A景区个数得分的加和计算结果来对吸引力进行表征，该变量的变化范围介于85到4 940之间，平均值为841.90，其中北京市旅游资源吸引力的分值最高，而中山市最低。

作为产出的各城市星级饭店旅游收入中，漳州市星级饭店营业收入最低，为0.25亿元人民币，仅是当年收入最高城市上海170.84亿元人民币的0.15%，58个城市星级饭店旅游收入的平均值为16.95亿元人民币。

可见，在城市旅游生产的各投入产出要素中，不同城市的资源投入产出规模存在较大差异，这种差异性构成了本研究所需要解决的效率问题。

4.2 中国主要城市的旅游效率计算结果

基于2005年各项投入产出要素的原始数据，利用DEA的规模收益不变模型（CRS）、规模收益可变模型（VRS）和规模收益非增（NIRS）等不同模型，对中国2005年主要旅游城市总效率（Overall Efficiency，OE）和规模收益非增条件下的效率（Non-increasing Efficiency，NIE），以及总效率的分解效率——规模效率（Scale Efficiency，SE）、技术效率（Technical Efficiency，TE）和利用效率（Congestion Efficiency，CE）进行计算①，计算结果如表 4-2 所示。

可见，无论总效率还是分解效率，不同城市间的水平均存在较大差距。58 个城市中，总效率有效的城市为 5 个，占参与计算的城市总数的 8.62%，其他 53 个城市总效率无效，占城市总数的 91.38%。该年份城市的旅游总效率最小值仅为 0.02，是有效城市效率值的 2%。城市的旅游总效率平均值为 0.44，标准差为 0.25，说明城市之间总效率值的差距较大，分布不太均匀。其中，26 个城市的旅游总效率高于该平均值，占城市总数的 44.83%，其他 32 个城市的旅游总效率低于该平均值，占城市总数的 55.17%。

计算结果表明，该时期仅有少数城市在给定旅游发展资源投入条件下获得的实际产出位于生产的最佳前沿面上，即达到了产出最大化，但大部分城市在给定旅游发展资源投入水平条件下，所获得的实际产出与最佳前沿面之间尚存在一定距离，甚至有些城市旅游生产的边界与最佳前沿面之间的距离较大。

表 4-2　中国主要城市的旅游效率计算结果（2005 年）

城市	OE	NIE	SE	TE	CE	城市	OE	NIE	SE	TE	CE
北京	0.83	1	0.83	1	1	九江	0.12	0.12	0.23	0.54	1
天津	0.23	0.23	0.97	0.24	1	济南	0.47	0.47	0.89	0.67	0.78
石家庄	0.27	0.27	0.8	0.41	0.83	青岛	0.47	0.52	0.9	0.69	0.75
秦皇岛	0.22	0.22	0.57	0.42	0.93	烟台	0.19	0.19	0.91	0.42	0.5
承德	0.09	0.09	0.22	0.46	0.93	威海	0.44	0.44	0.8	1	0.55
太原	1	1	1	1	1	郑州	0.49	0.49	0.92	1	0.53
大同	0.53	0.53	0.53	1	1	洛阳	0.14	0.14	0.52	0.38	0.71
呼和浩特	0.21	0.21	0.36	0.63	0.94	武汉	0.32	0.32	0.86	0.37	1
沈阳	0.35	0.35	0.98	0.45	0.8	长沙	0.38	0.38	0.91	0.51	0.8
大连	0.44	0.44	0.99	1	0.45	广州	0.72	0.73	0.99	0.75	0.97
长春	0.31	0.31	0.7	1	0.45	深圳	1	1	1	1	1
吉林	0.24	0.24	0.3	1	0.8	珠海	0.89	0.89	0.89	1	1
哈尔滨	0.25	0.25	0.8	0.31	1	汕头	0.45	0.45	0.51	0.89	1
上海	1	1	1	1	1	湛江	0.14	0.14	0.21	0.67	1
南京	0.6	0.6	1	1	0.6	中山	0.8	0.8	0.8	1	1
无锡	0.42	0.49	0.85	1	0.49	南宁	0.38	0.38	0.68	0.56	1

---

① 在相关文献中，一些学者将效率评价称做技术效率（Technical Efficiency）评价，而将其分解称作规模效率（Scale Efficiency）、纯技术效率（Pure Technical Efficiency）和拥塞（Congestion Efficiency）。为了行文方便，从本章开始，被评价对象的总体技术效率称做总效率（Overall Efficiency），而将纯技术效率称做技术效率、拥塞被称做利用效率。

续表

城市	OE	NIE	SE	TE	CE	城市	OE	NIE	SE	TE	CE
苏州	0.46	0.72	0.64	1	0.72	桂林	0.5	0.5	0.74	1	0.68
南通	0.3	0.3	0.82	0.39	0.95	北海	0.37	0.37	0.37	1	1
连云港	0.13	0.13	0.32	0.49	0.82	海口	0.67	0.67	0.68	1	0.99
杭州	0.56	0.68	0.83	1	0.68	三亚	1	1	1	1	1
宁波	0.56	0.65	0.85	1	0.65	重庆	0.27	0.43	0.63	1	0.43
温州	0.38	0.38	0.87	0.5	0.86	成都	0.47	0.47	0.88	1	0.53
合肥	0.42	0.42	0.59	0.81	0.89	贵阳	0.43	0.43	0.7	0.64	0.97
黄山	0.53	0.53	0.56	1	0.96	昆明	0.69	0.69	0.99	1	0.69
福州	0.54	0.54	0.75	0.78	0.92	西安	0.2	0.2	0.82	0.25	0.96
厦门	0.15	0.15	0.39	0.4	0.95	兰州	0.4	0.4	0.57	1	0.7
泉州	0.4	0.4	0.83	0.56	0.88	西宁	0.18	0.18	0.25	0.74	0.97
漳州	0.02	0.02	0.03	1	0.63	银川	0.38	0.38	0.41	1	0.93
南昌	0.27	0.27	0.46	0.68	0.87	乌鲁木齐	1	1	1	1	1

从平均水平上看，在这些城市对旅游生产投入资源的利用中，仅有44%获得了有效率，而其他56%则处于利用的无效率状态。即使减少现有投入资源规模的56%，城市仍可以通过加强利用能力，获得相等的产出。说明该时期我国城市旅游生产过程中对资源利用的水平较低，资源存在较大浪费和不经济性。相关统计信息如表4-3所示。

表4-3 中国主要城市的旅游效率统计描述（2005年）

效率类型	有效城市个数	有效城市比例（%）	最小值	平均值	标准差
总效率（OE）	5	8.62	0.02	0.44	0.25
规模效率（SE）	6	10.34	0.03	0.71	0.26
技术效率（TE）	29	50.00	0.24	0.77	0.26
利用效率（CE）	17	29.31	0.43	0.84	0.18

在各城市的旅游总效率分解效率中，共有6个城市达到规模效率有效，占全部58城市总数的10.34%，其他52个城市的旅游规模效率无效，占城市总数的89.66%。该年度规模效率的最低值为0.03，为有效城市旅游效率值的3%。城市旅游规模效率的平均值为0.71，高于或等于该平均值的城市个数为33个，占城市总数的56.90%，其他25个城市的旅游规模效率低于该平均值，占城市总数的43.10%。可见，该时期大多数城市在旅游生产过程中的资源投入没有从

规模上满足城市旅游对资源的需求。甚至有些城市,如漳州市旅游生产的资源投入规模仅发挥了该城市对资源利用能力 3% 的水平,规模投入与最佳前沿之间存在较大差异和较大提升空间。对于该时期 89.66% 的中国主要城市而言,通过增加资源的投入规模,可以获得更高的旅游效率水平。从平均水平看,即使减少现有资源投入规模的 29%,城市的旅游生产仍可以得到与现在水平等量的产出,说明该时期城市旅游生产在资源的规模投入上存在不经济和浪费现象。

2005 年中国城市的旅游技术效率有效与无效城市均为 29 个,各占城市总数的 50%。城市旅游达到技术效率有效的城市个数在总效率和各分解效率中个数最多,说明该时期城市旅游生产对现有技术的利用能力最强。旅游技术效率的最小值为 0.24,平均值为 0.77,高于该平均值的城市个数达到 32 个,占城市总数的 55.17%;其他 26 个城市的旅游技术效率低于该平均值,占城市总数的 44.83%。规模效率和技术效率的标准差均为 0.26,说明规模效率和技术效率的分布不均匀、差距较大。计算结果表明:该时期城市旅游发展对现有技术水平的利用能力较强,而城市通过对旅游生产中技术水平的充分发挥获得了较高的效率水平。但总体来看,尽管 50% 的城市实现了旅游技术利用有效率,但不同城市之间仍存在一定差别。如天津市的旅游技术效率值仅为 0.24,说明天津城市旅游发展对现有技术水平的发挥程度尚有 76% 的提升空间。从平均水平看,每个城市对现有技术的利用能力尚有 23% 的提升空间,通过进一步提升城市旅游生产过程中对现有技术的利用,这些低技术利用的城市可以获得更高的旅游效率水平。

此外,该时期旅游利用效率有效的城市为 17 个,占城市总数的 29.31%;利用效率无效的城市达 41 个,占城市总数的 70.69%。利用效率的最小值为 0.43,占有效城市利用效率值的 43%。58 个城市的旅游利用效率平均值为 0.84,高于该平均值的城市个数达到 34 个,占城市总数的 58.62%;其他 24 个城市旅游的利用效率低于该平均值,占城市总数的 41.38%。该时期利用效率的标准差为 0.18,说明城市之间利用效率相较于总效率和各分解效率的分布更均匀。从平均上看,该时期城市对资源的利用水平也较高,平均每个城市仅造成资源投入 16% 的拥塞,通过进一步改善资源投入的利用渠道和比例关系仍可以从一定程度上提高城市对旅游资源的利用。

4.3 中国主要城市的旅游效率特征

4.3.1 分组分布特征

为了对 2005 年中国城市的旅游效率及其分解效率实际发育状况进行分析，本书以 0.2 的效率值作为步长对其在不同区间的分布进行描述，分组统计特征如表 4-4 所示。由表 4-4 可见，城市的旅游总效率及其分解效率在不同区间存在显著差异，从效率分解的原理可知，这种差异也是不同分解对总效率造成影响的根本原因。

表 4-4 中国主要城市的旅游效率分组统计描述（2005 年）

比较项 效率步长	总效率 个数	总效率 比例(%)	规模效率 个数	规模效率 比例(%)	技术效率 个数	技术效率 比例(%)	利用效率 个数	利用效率 比例(%)
0~0.19	9	15.52	1	1.72	0	0.00	0	0.00
0.2~0.39	18	31.03	9	15.52	6	10.34	0	0.00
0.4~0.59	19	32.76	9	15.52	12	20.69	8	13.79
0.6~0.79	4	6.90	8	13.79	9	15.52	11	18.97
0.8~0.99	3	5.17	25	43.10	2	3.45	22	37.93
1	5	8.62	6	10.34	29	50.00	17	29.31

4.3.1.1 总效率的分组特征

在总效率的分组中，效率值介于 0~0.19 这一区间的城市共有 9 个，占城市总数的 15.52%；介于 0.2~0.39 这一区间的城市总数达到 18 个，占全部 58 个城市的比例达到 31.03%；介于 0.4~0.59 区间的城市个数最多，达到 19 个，占城市总数的比例高达 32.76%；随后，介于 0.6~0.79 和 0.8~0.99 的城市个数分别为 4 个和 3 个，占城市总数的 6.90%和 5.17%。总体上看，分布在 0.2~0.59 这个总效率区间的城市达到 37 个，占总数的 63.79%，说明在这个范围内形成了该时期城市旅游总效率的高发区，并基于这个高发区构成了城市的旅游总效率"单峰"分布结构特征，受"单峰"分布属于低值区间特征影响，2005 年中国城市的旅游总效率总体处于较低水平，如图 4-1(a)所示。

基于对我国城市旅游发展阶段和特征的分析，可以对 2005 年大部分中国城市的旅游总效率较低的原因进行解释：由于我国城市整体经济发展的不平衡性，城市旅游生产的投入产出存在较大差别，大部分城市的旅游生产过程中仍需要背负很多基础设施建设，旅游开发整体上处于"高投入、低产出"或"中投入、中产出"阶段，城市对旅游生产投入资源的利用效率较为低下；但与此相反，由于少数经济发达地区城市已经基本完善了城市的基础设施建设，在旅游项目投入中不需要承担社会职能，总体上，这些城市已经进入旅游开发的"低投入、高产出"阶段，对旅游生产投入资源的利用效率较高。而最佳前沿面的确定恰恰依赖于这少数几个进入旅游开发"低投入、高产出"阶段的城市，因此，该最佳前沿面的水平较高，大部分城市对旅游资源的利用能力与前沿面之间具有较大的差距，并最终导致旅游整体效率偏低的局面。可见，大部分中国城市旅游发展对资源的处理能力尚处于大众化发展阶段，对资源利用的低效率成为该时期中国城市旅游发展的主要特征。

4.3.1.2 规模效率的分组特征

在总效率的各分解效率中，2005年规模效率值介于0~0.19这一区间的城市仅为1个，占城市总数的1.72%；介于0.2~0.39和0.4~0.59这两个区间的城市总数各为9个，分别占城市总数的15.52%；而随后介于0.6~0.79的城市个数为8个，占城市总数的13.79%；与城市旅游总效率峰值区间的分布不同，规模效率值分布在0.8~0.99这一区间的城市个数最多，达到25个，占城市总数的43.10%。忽略介于0~0.19这一区间的1个城市。从总体上看，该时期城市规模效率的分布呈现"一峰二谷"的整体结构特征，即处于规模效率偏高的城市个数较多，而处于两端的城市个数较少，受此影响，该时期中国城市旅游规模效率水平较高，如图4-1(b)所示。

这个结构特征说明该时期只有少数中国城市资源投入达到规模的有效率，大多数城市在资源投入规模上处于中等偏上水平。从我国城市旅游发展的阶段和特征上分析，随着各城市经济实力的不断提升，城市旅游的重要性日益突出，城市用于旅游生产的资源投入规模也逐步加大。从资源开发视角上看，在全国范围内，城市旅游表现出遍地开花的局面，但受我国区域经济发展不平衡性的影响，不同区域城市在旅游开发的资源投入能力上仍存在较大差别，这种差别导致了城市满足旅游生产资源需求的能力不同，东部地区城市经济发达，用于旅游生产的资源投入相对充足，但中西部地区城市经济实力有限，用于旅游生产的资源投入有限。但从总体上看，大多数城市经济的实力尚不足以完全满足城市的旅游生产对资源的诉求，但与理想要素需求的差别不大，目前正处于对资源发展需求的瓶颈期，进一步增加资源投入有可能实现更大数量城市旅游发展的规模有效率。

4.3.1.3 技术效率的分组特征

对技术效率进行分组的结果表明：58个城市中不存在效率值介于0~0.19区间的城市；介于0.2~0.39效率值区间的城市个数为6个，占城市总数的10.34%；随着效率值增加到0.4~0.59这一区间，城市个数增加到12个，占城市总数的20.69%；随后，城市个数出现下降，效率值介于0.6~0.79区间的城市为9个，占城市总数的15.52%；随着效率区间进一步增长到0.8~0.99，城市个数则继续减少到2个，占城市总数的3.45%。从总体上看，该时期各城市旅游技术效率值的分布呈现"双峰双谷"的特征，即效率有效和效率值中等的城市个数多，效率值较低和效率值中等偏上的城市个数少。并受此影响，58个城市的平均旅游技术效率水平仅为0.77这一中等偏上水平，如图4-1(c)所示。

这个结构特征同时说明：目前大多数中国城市旅游生产的技术水平分异明显，大部分城市对旅游生产现有技术的利用能力较强，但也有相当份额城市旅游生产的技术利用能力较差。这种状况产生的原因也与中国城市旅游所处的阶段特征密切相关。一方面，我国大部分城市的旅游发展处于重点开发阶段，但仍有相当一部分处于普遍开发阶段，各城市对旅游发展技术的应用能力存在较大差别。另一方面，城市旅游生产本身的技术含量相对较低，对于旅游技术利用适当的城市，往往能够很容易实现技术效率的有效；而对于旅游技术利用能力不适当的城市，其技术效率的水平则较低。以规划技术的应用为例，即使国家旅游局对旅游规划编制进行了资质分级，即使同级别的规划机构，其旅游规划编制水平也参差不齐。当处于不同发展阶段的城市在对这些规划进行反馈和利用的时候，其产出结果必然存在一定差异，最终导致效率水平的二元差异。可见，我国现阶段城市旅游发展的不平衡是导致旅游技术效率水平呈现二元结构的根本原因。

4.3.1.4 利用效率的分组特征

对利用效率进行分组的结果表明：利用效率值介于0~0.19和0.20~0.39这两个低效率区间的城市个数为0；介于0.4~0.59区间的城市共有8个，占城市总数的13.79%；随着效率值区间的增加，城市个数也逐渐增加，介于0.6~0.79这一区间的城市个数增加到11个，占城市总数的18.79%；而介于0.8~0.99这一区间的城市个数则增加到22个，占城市总数的37.93%，构成了利用效率城市个数的峰值。总体上看，该时期中国城市旅游利用效率呈现"单峰双谷"的结构特征，即在效率值偏高和较高区间的城市个数较多，而在效率有效和效率值较低和偏低区间的城市个数较少，所以该时期城市旅游利用效率的总体水平较高。

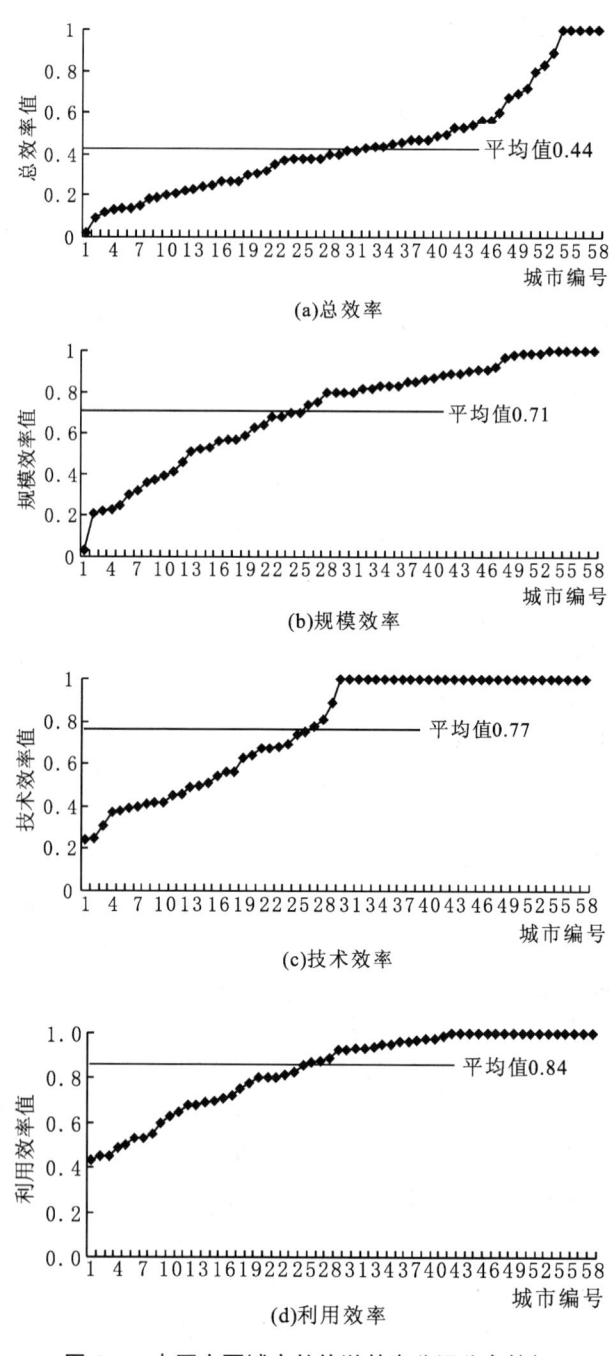

图 4-1 中国主要城市的旅游效率分组分布特征

这种结构特征表明：该时期中国城市在旅游发展过程中对投入资源实现顺畅利用的搭配组合能力较强，拥塞程度较弱，并因此而导致城市对资源的配置能力差距较小，旅游发展的资源利用途径较为一致。产生这种现象的原因与中国城市旅游现阶段的发展特征一致，即由于大部分中国城市的旅游发展尚处于普遍开发和重点开发阶段，所以城市旅游发展的资源投入与资源需求之间存在较大缺口。在此情况下，几乎所有类型的资源投入都可以被城市迅速予以消化，并应用到城市旅游发展的各种领域中，因此城市之间资源搭配组合能力的差距较小，冗余程度较低，并最终导致旅游利用效率总体水平较高的结果。可见，城市发展阶段特征是导致城市旅游效率特征的根本原因。分布特征如图 4-1(d)所示。

对总效率、规模效率、技术效率和利用效率的分布进行具体分析的结果表明：随着区间值的不断上升，各效率的比例也逐渐减小，如在 0～0.19 这个区间，四种效率城市个数分别为 9、1、0 和 0。但在效率值有效区间点，各效率有效城市分别为 5、6、29 和 17 个，说明在各效率的分布上，总效率值较低的城市个数多；而在各分解效率中，效率值较高的城市个数在不同的区间存在不同的结构特征，如总效率城市个数的峰值出现在效率值较低的区间，而其分解效率的峰值则大多出现在高峰值区间，如规模效率和利用效率出现在 0.8～0.99 区间，而技术效率的峰值则出现在效率有效的区间（图 4-2）。根据这种分布特征，结合效率分解的意义可知，影响不同城市旅游总效率的主要因素存在差异，而根据这种差异和不同类型效率值的区间分布特征，对于针对性地采取管理措施实现城市的旅游效率提高具有明显的政策含义。

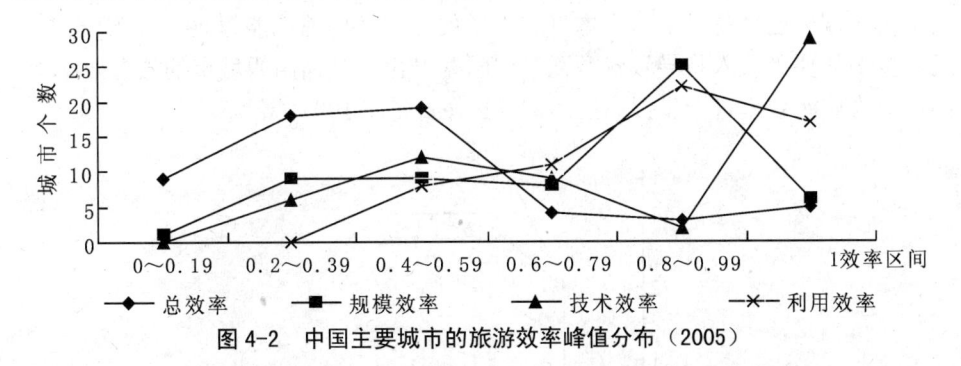

图 4-2 中国主要城市的旅游效率峰值分布（2005）

基于分组评价的结果分析，可以得到 2005 年中国城市旅游效率的第一个特征：该时期城市的旅游总效率水平较低，其效率值的峰值出现在低值区间；各分解效率水平相对较高，且旅游分解效率之间的差距不明显，效率峰值均出现在较高的区间。

4.3.2 发展阶段特征

4.3.2.1 基本原理

规模收益是指当所有投入同比例增加时，总产量的反应程度，并根据这种反应的结果存在规模收益不变、规模收益可变和规模收益非增等几种情况。其中，规模收益不变（Constant Returns to Scale，CRS）是指产出的等比例变化需要投入的等比例变化；与此对应的概念是规模收益可变（Variable Returns to Scale，VRS），是指产出的等比例变化并不需要投入的等比例变化；规模收益非增（Non-increasing Returns to Scale，NIRS）是指产出的等比例变化，需要投入的更大比例变化。由经济学理论可知，在规模收益不变情况下，尽管收入包含了所有成本（包括机会成本），但组织或企业的利润为 0。规模收益不变、规模收益可变和规模收益非增模型可以通过图 4-3 表示。图中 x 代表要素投入，y 代表产出。则通过 a 点的射线 Oa 表示规模收益不变；线段 Oa、Ob 和通过 b 点平行 x 轴的射线组成的部分表示规模收益非增；线段 ca、ab 和通过 b 点平行 x 轴的射线组成的部分表示规模收益可变。

根据 DEA 的工作原理，通过城市旅游规模收益不变条件下效率和规模收益非增条件下效率的比较可以判定城市旅游生产的阶段。当规模收益非增条件下效率等于规模收益不变条件下效率时，城市旅游生产处于规模收益递增阶段，说明要素投入尚没有达到最优规模，通过进一步增加投入要素，城市仍可以得到更高的产出，从而实现效率的进一步增长；如果规模收益非增条件下效率大于规模收益不变条件下效率，则城市的旅游生产处于规模收益递减阶段，说明要素投入规模已经超过了城市本身旅游发展对资源的消化能力，在这种情况下，进一步增加要素投入将导致资源冗余，阻塞产出，从而阻碍城市的旅游效率提高，成为旅游效率进一步提高的障碍（Färe et al.，1994）。

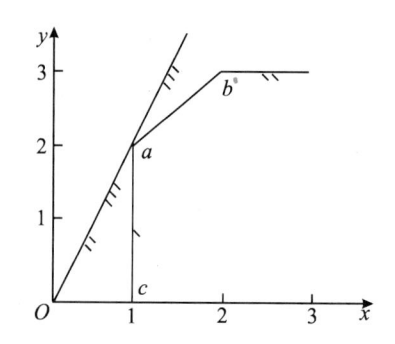

图 4-3 规模收益不变、可变和非增图示（引自：Freetal，1998～2002）

4.3.2.2 评价结果

比较旅游规模收益不变条件下效率和规模收益非增条件下效率,可以发现:2005 年,北京、杭州、广州、青岛、苏州、宁波、无锡和重庆等 8 个城市实现了规模收益非增条件下效率大于规模收益不变条件下的效率,占 58 个城市总数的 13.79%。说明这 8 个城市的旅游发展已经进入规模收益的递减阶段,城市旅游发展过程中的要素投入已经超过了城市本身对这些要素的消化能力,资源和要素投入存在不同程度冗余,且这些冗余已经从规模上阻碍了城市效率水平的进一步提高,处于该阶段的城市必须通过减少要素投入、提高资源利用水平的方式在节约资源的同时实现旅游发展效率的提高[①]。而同期其他 50 个城市旅游规模收益非增条件下效率小于规模收益不变条件下的效率,占 58 个城市总数的 86.21%,说明这些城市的旅游发展处于规模收益递增阶段,旅游生产过程中的资源投入尚不足以实现收益最大化,这些城市仍可以通过扩大城市旅游发展的资源投入规模取得更高的旅游效率。显示在图 4-4 中,除了表征这几个城市规模收益非增条件下效率的散点位置高于代表相应城市总效率的散点位置外,其他大多数城市的两个散点均重合在一起。

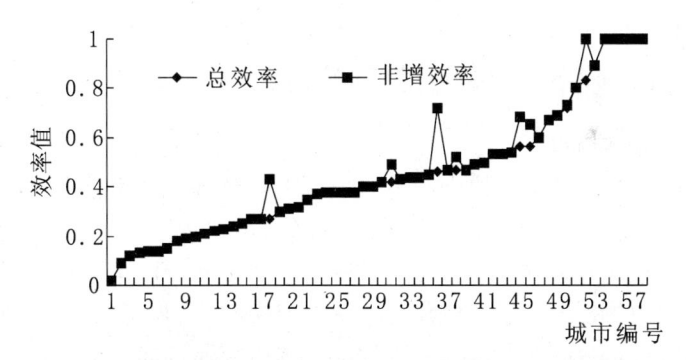

图 4-4 中国主要城市的旅游总效率和非增效率比较(2005)

从处于旅游规模收益递减阶段城市的空间分布和城市特征上看,除重庆属于中央直辖市外,其他 7 个城市均分布在经济较发达的沿海地区。可见,城市旅游发展阶段与城市所处的空间区位和经济发展水平具有较强的相关性,位于经济不发达内陆地区的城市更可能处于旅游发展的规模收益递增阶段。这种现象产生的原因在本质上仍可以归结为现阶段我国城市旅游发展的特征,即属于

---

① 需要说明的是,在对这个结论进行应用的时候需要特别注意本研究指标选择对评价结果的影响,根据第三章的分析,效率评价指标中投入要素在规模上放大了城市旅游的实际资本和劳动规模,而缩小了产出规模,所以尽管本研究得到了 8 个城市旅游发展已经从规模收益递增阶段开始转入规模收益的递减阶段,但根据指标选择的实际情况,理论上这个数值可能会比 8 个少。

中央直辖市的重庆市和经济发达地区的沿海城市往往具有更多的用于旅游发展的投入要素，而这种相对更多的投入则导致城市旅游生产的资源冗余和拥塞，使城市更容易进入旅游规模收益的递减阶段，阻碍和制约城市旅游效率的进一步提高。

从研究结果看，该时期中国城市旅游发展的阶段特征与李郇等（2005）关于我国城市效率研究和黄丽英（2006）关于我国星级酒店业效率研究的结论一致，即所评价的决策单元大多数均处于其生产的规模收益递增阶段，且整体效率水平较低。三角检测的结果表明：一方面，基于本研究构建的城市旅游效率评价指标体系所得到的结果与中国整个城市和单一旅游产业部门的实际发展情况和研究所获得的结论一致，证明了该指标体系用于城市旅游这个综合性产业部门效率评价的适用性；另一方面，也证明了中国城市旅游的生产特征与城市和城市内单一产业部门的发展特征保持一致，效率评价结果具有明显的稳健性和可靠性。

根据以上分析，并参考改革开放以来中国经济发展遵循从沿海到内地的推进策略，可以得到基于城市旅游发展阶段和其效率的第二个特征：经济发达地区的旅游城市更容易进入旅游发展的规模收益递减阶段。

4.3.3 分解效率对总效率的贡献分析

4.3.3.1 基本原理

根据 DEA 的效率评价原理，总效率可以被分解为规模效率、技术效率和利用效率，且在数值上总效率等于三个分解效率的乘积。因此，在物理关系上，总效率必然与其各分解效率相互影响和制约，并据此可以判别各分解效率对总效率的影响和制约程度，以及解释这种影响产生的原因。为了实现判别城市旅游各分解效率对总效率的影响和制约程度，本研究通过建立基于各城市旅游的总效率与规模效率、总效率与技术效率、总效率与利用效率的二维有序坐标对散点图，通过散点图内散点的位置判断各分解效率与总效率之间的关系。在散点图中，横坐标为城市的旅游总效率，纵坐标分别为对应城市总效率的分解效率。根据总效率与其分解效率之间的关系可知：散点图中的散点越接近于 45 度对角线，说明该分解效率对总效率的影响和制约强度越强；反之，越远离 45 度对角线，该分解效率对总效率的影响和制约强度越弱。对于任何城市的旅游生产而言，无论其总效率还是总效率的分解效率，在数值上均不大于 1。因此，所有城市的旅游总效率均不大于任何一个其对应的分解效率，所以散点图中的散点均不会位于 45 度对角线的下方。

4.3.3.2 评价结果

基于2005年中国58个城市的旅游效率计算结果，可以建立表征这些城市旅游总效率与其分解效率之间关系的散点图，如图4-5所示。

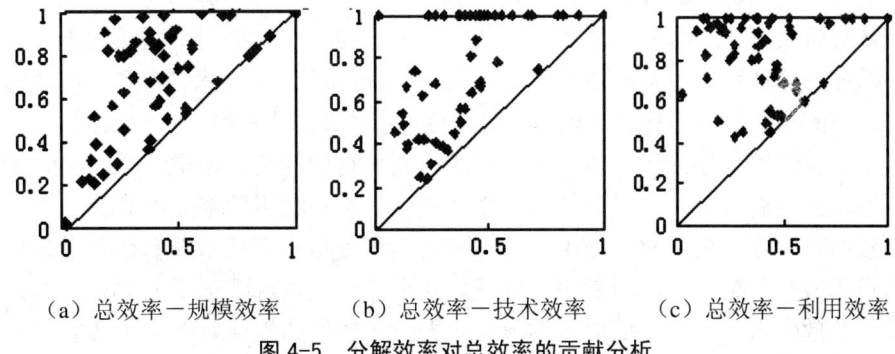

(a) 总效率－规模效率　　(b) 总效率－技术效率　　(c) 总效率－利用效率

图4-5　分解效率对总效率的贡献分析

对表征城市旅游总效率与其分解效率之间关系的散点图进行观察可以发现，三幅图内的绝大多数散点都偏离45度对角线，没有表现出围绕45度对角线集中分布的特征。说明该时期城市旅游总效率的三种分解效率均不能很强地对总效率进行解释。但就三幅图的相互比较而言，由于技术效率和利用效率有效的城市个数较多，因此，由技术效率和利用效率与总效率构成的散点图中，有更多的散点位于散点图的顶部区域，使得这些散点偏离45度对角线的程度较严重；而旅游总效率和规模效率有效的城市个数较少，因此，二者构造的散点图中散点大多位于散点图顶部区域与45度对角线之间,相较于技术效率和利用效率散点图中的点更接近于45度对角线。从散点图的意义可知，2005年中国城市旅游的效率的总效率与其规模效率关系更为密切，换言之，规模效率对总效率的制约和影响能力强于技术效率和利用效率。进一步对技术效率和利用效率对总效率影响的观察可见,技术效率的散点相较于利用效率更接近对角线，说明前者对总效率的影响又略强于后者。

三幅散点图的分布特征一方面说明城市的旅游总效率受到规模效率、技术效率和利用效率三种因素的同时作用和影响；另一方面也说明，三种效率对总效率的作用强度存在差别，规模效率对总效率的影响和制约程度要大于技术效率和利用效率，而技术效率又略大于利用效率。结合该时期中国城市旅游效率的统计特征，不同分解效率对总效率影响程度的差异进一步解释了城市旅游总体效率偏低的原因。即，平均值较低的规模效率对总效率的影响和制约大于平均值较高的利用效率和技术效率,这种差异最终导致了2005年中国城市旅游总效率水平较低的结果。

为了验证这种经验判断所得研究结论的稳健性和可靠性,本研究利用SPSS的偏相关分析功能,通过不断控制作为要素变量的规模效率、技术效率和利用效率,在消除不同分解效率相互干扰的前提下,分别对总效率与其分解效率之间的相关强度进行测量。偏相关分析的计算结果表明,该时期城市旅游总效率与其各分解效率之间均具有显著的正相关关系。在各分解效率中,规模效率与总效率的相关性最强,相关系数达到0.939 1的较高水平,而技术效率和利用效率与总效率的相关程度均略低于规模效率,相关系数分别为0.937 8和0.893 6。

定量测算的结果进一步证明了经验判断所得到的研究结果,即2005年中国城市的旅游效率同时受到规模效率、技术效率和利用效率的影响和制约,但比较而言,规模效率对总效率的影响和制约程度略强于技术效率和利用效率,而技术效率又略强于利用效率。同理,这个结论也再次强化了上文对中国城市旅游总效率水平普遍偏低原因的解释。即水平较低的规模效率对城市的旅游总效率影响强度较大,而水平较高的技术效率和利用效率对总效率的影响强度相对较弱。

通过城市旅游总效率与其分解效率关系的分析,可以得到本研究的第三个特征:即中国城市旅游总效率同时受其三个分解的影响和制约。其中,规模效率对总效率的影响和制约程度最强,其次是技术效率,利用效率最弱。且这个特征可用于对该时期中国城市旅游效率总体水平偏低原因的解释。

4.4 中国主要城市的旅游效率空间格局

4.4.1 旅游效率的区域分布

4.4.1.1 总效率的区域分布

从中国城市旅游总效率的空间格局上分析,2005年总效率有效的城市包括太原、上海、深圳、三亚和乌鲁木齐。其中,上海是长三角地区的经济中心城市,深圳是珠三角地区的经济中心城市,三亚则是处于珠三角经济区辐射范围内的重要旅游城市,而太原和乌鲁木齐分别属于中部和西部地区的内陆中心城市。在随后效率值较高的城市中,珠海、北京、中山和广州的总效率值高于0.7。从空间分布看,这些城市仍主要集中于珠三角地区(包括珠海、中山和广州)和京津唐地区,说明该时期旅游效率较高的城市大多处于经济发达、城市化水平较高的地区。随后,效率值高于0.5的城市还包括昆明、海口、南京、杭州、宁波、福州、大同、黄山和桂林等，这些城市或处于经济发达、城市化水平较高的地区，或受经济发达、城市化水平较高区域的辐射和影响，或本身属于著名的特色风景旅游城市。而效率较低城市在空间分布上大多处于中西部经济欠发达地区，一般而言，这些地区的城市化水平较低或城市本身缺乏明显特色。需要特别注意的是，除了上文总结的有效城市形成的一般性空间规律外，该时期太原、乌鲁木齐两个中西部地区城市也达到了总效率有效，这个结果与一般意义上高效率城市空间分布于经济发达地区特征的理解存在较大差异，因为无论从经济发展水平还是从城市化水平上看，这些地区城市都不具备成为有效城市的条件。关于这种现象形成的可能原因在于 DEA 方法认为随机误差不会影响经营业绩的假设，也许正是因为这两个城市的旅游投入产出数据在计算中带来了较大的随机误差，并将随机误差的影响包括到效率项的估计中，进而导致效率结果的偏差。但其实际原因是否如此，尚需要对这两个城市旅游发展过程和特征进行更为深入的案例研究，可见对这两个城市旅游效率形成的原因解释不足也是定量研究方法本身固有的一个重大缺陷。

　　从个体城市旅游发展的效率结果上看，位于不同地域空间的城市，其旅游效率水平也存在较大差异。该时期旅游效率最低的城市是位于福建省和河北省北部地区的漳州和承德，效率值分别为 0.02 和 0.09，仅为有效城市的 2% 和 9%。除这两个城市外，效率值低于 0.2 的城市还包括烟台、西宁、厦门、洛阳、湛江、连云港和九江。从城市本身属性上看，这些城市或规模较小，只属于地方性的城市，如九江、连云港；或城市缺乏明显的旅游特色，如湛江；或属于内陆城市，如西宁。从空间分布上看，这些低效率旅游城市缺乏明显一致的规律性特征，说明影响这些城市总效率水平较低的原因可能存在较大差异性，需要进行更多的案例研究对此进行解释。但总体上看，经济不发达、城市化水平低、特色不鲜明是这些低旅游效率城市的普遍性特征。

　　从标准差上看，该时期 58 个旅游城市的旅游效率标准差达到 0.25，说明各城市旅游效率水平之间的差距较大，反映到图 4-6 中，代表不同城市效率值大小的圆点在空间上的分布较不均匀。但总体上判断，旅游总效率较高的城市大多集中在经济发达、城市化水平和城市个数较高的沿海地区，特别是在珠三角、长三角和京津唐地区。

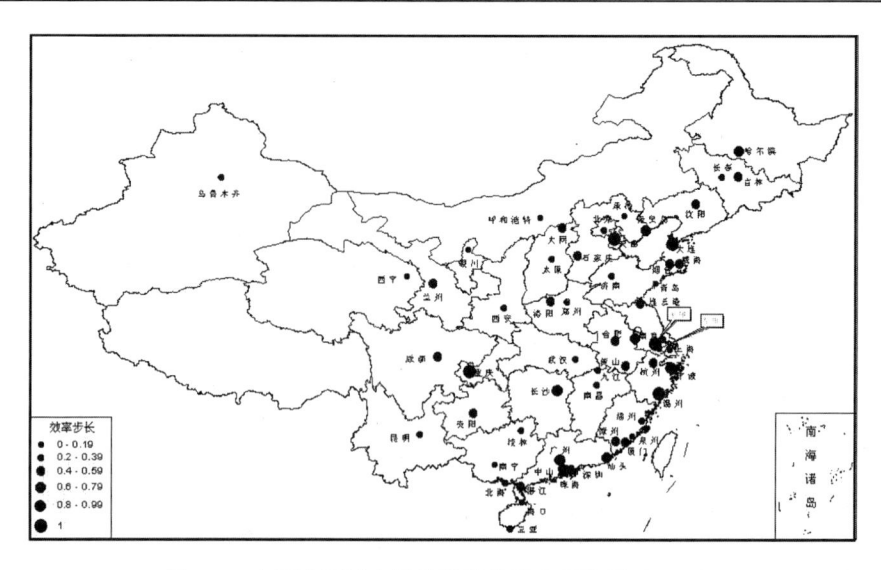

图 4-6　中国主要城市的旅游总效率空间格局（2005）

4.4.1.2　规模效率的区域分布

在各分解效率中，2005 年，旅游规模效率有效的城市包括乌鲁木齐、太原、上海、深圳、三亚和南京。旅游发展规模有效率城市在空间分布上沿袭了该时期旅游总效率的特征，即除乌鲁木齐和太原外，有效率城市均分布在珠三角地区和长三角地区。此外，规模效率大于 0.90 的高效率城市还包括昆明、大连、广州、沈阳、天津、郑州、长沙、烟台和青岛，在这些城市中，除广州位于珠三角地区，天津位于京津唐地区外，高旅游效率城市密集的地区还扩展到辽宁省和山东省。显然，从特征上看，这两个省份也是目前中国经济发达、城市化水平高和城市数目多的省份。其他效率较高的城市则多为区域性中心城市，如昆明、郑州和长沙，而围绕这些区域性中心城市，也往往在该区域或者省份内形成区域性的城市群，如长（沙）株（洲）（湘）潭和郑（州）洛（阳）城市群。从旅游规模效率较低城市的空间分布上看，旅游规模效率最低的城市是漳州，效率值仅为 0.03，位于福建省境内，旅游规模效率值较低的城市（效率值低于 0.3）还包括西宁、九江、承德和湛江。从大区域的分布上看，这些低效率城市也没有表现出明显的空间规律性，但从城市属性上看，这些城市的规模都偏小、均不属于区域性的旅游中心城市、在空间分布上也没有位于大城市群范围内。

总体上看，旅游规模效率较高的城市占该时期中国旅游城市的较大部分，反映到图 4-7 中，代表不同城市旅游规模效率值大小的圆点在规模上普遍较大，说明多数城市旅游规模效率之间的差距相较于总效率有所减弱。从空间分布上看，旅游规模效率值较高的城市大多集中在经济发达的长三角、珠三角和京津唐等经济发达、城市个数较多和城市化水平较高的地区；而旅游规模效率值较低的城市一般都偏小，难以形成区域性的旅游中心城市，且缺少可供依赖的城市集群。

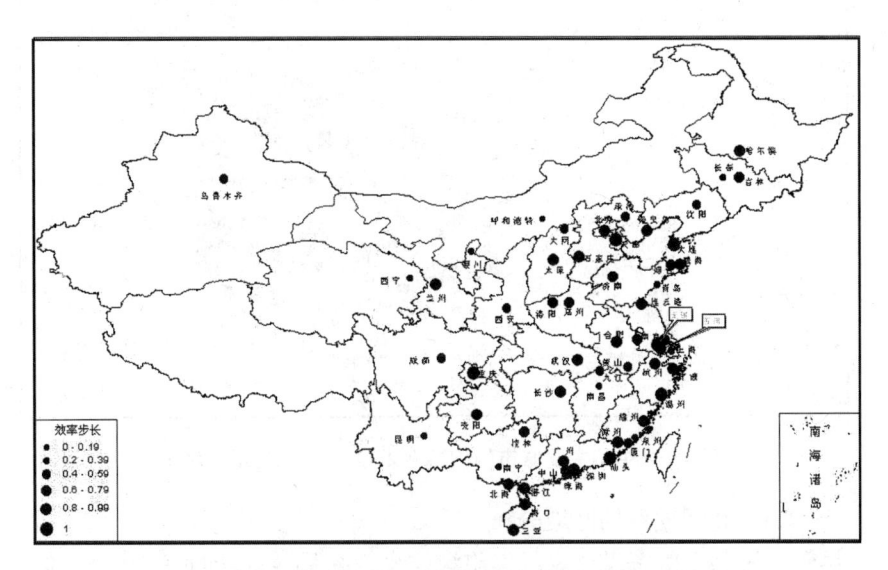

图 4-7　中国主要城市的旅游规模效率空间格局（2005）

4.4.1.3　技术效率的区域分布

由于该时期有一半城市的旅游发展达到技术效率有效，且城市旅游技术效率从总体上已经达到了一个相对较高的水平，因此，城市之间技术效率的差距较小，所以这些具有高旅游技术效率的城市已经从区位上涵盖了全国的大部分省区，很难从空间上辨识它们的分布规律，但从图 4-8 仍可以发现，位于经济发达、城市化水平较高的长三角、珠三角和京津唐地区的多数城市均达到旅游技术效率有效或者具有较高的旅游技术效率值。从旅游技术效率值相对较低的城市的空间分布上看，这些城市包括南通、洛阳、武汉、哈尔滨、西安和天津。从区位上看，这些城市既包括东部城市，如天津、南通，也包括中部城市、西部城市和东北地区的城市，如洛阳、武汉、西安和哈尔滨；从属性上看，这些城市中既有规模较大的区域性中心城市，也有小城市，所以该时期城市旅游技术效率的分布缺乏明显的规律性特征。但总体来看，代表不同城市效率值大小的圆点在空间分布上更为均匀，说明旅游技术效率之间的差距较小，这种特征也再次说明了旅游发展技术含量相对较低的实际，即由于旅游产业本身的技术含量较低，所以各城市在旅游发展过程中对现有技术利用能力的差距较小，效率值在空间分布上较为一致。

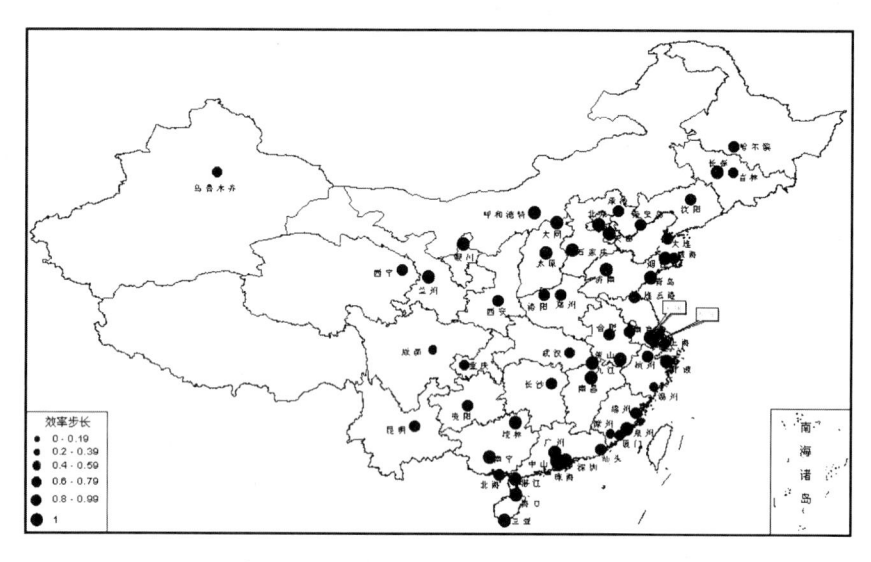

图 4-8　中国主要城市的旅游技术效率空间格局（2005）

4.4.1.4　利用效率的区域分布

尽管旅游利用效率没有表现出旅游技术效率那样较高的有效水平，但 2005 年仍有 17 个城市实现了旅游利用效率有效。同理于旅游技术效率的空间分布，由于旅游利用效率有效的城市个数较多，所以很难总结它们的空间分布规律和属性特征，但总体上看，位于长三角地区的主要城市上海，位于珠三角地区的主要城市深圳、珠海、中山、汕头、湛江，以及位于京津唐地区的主要城市北京、天津均达到了利用效率有效，而其他地区和省份旅游利用效率有效的城市也有零散分布。这种情况表明：一方面，2005 年主要经济发达地区城市在旅游发展过程中对资源投入的分配组合能力均达到了相对较高的水平；另一方面，经济发达地区和经济不发达地区城市旅游技术效率的差距特征也不像城市旅游规模效率的区域分布那样明显。

受利用效率总体水平较高的影响，在图 4-9 中，已经很难从空间上辨识和总结旅游利用效率的区域差异和分布规律。从旅游利用效率值相对较低的城市分布上看（低于 0.5），这些城市既包括东部城市，如无锡；东北地区城市，如长春、大连；也包括西部地区城市，如重庆。因此，从总体上看，该时期中国城市的旅游利用效率没有表现出明显的空间差异，但相对而言，传统的长三角、珠三角和京津唐地区仍然是旅游利用效率较高城市的重要分布区域，说明这些区域内的城市对旅游投入要素顺畅使用和减少冗余配置的能力高于其他地区城市。

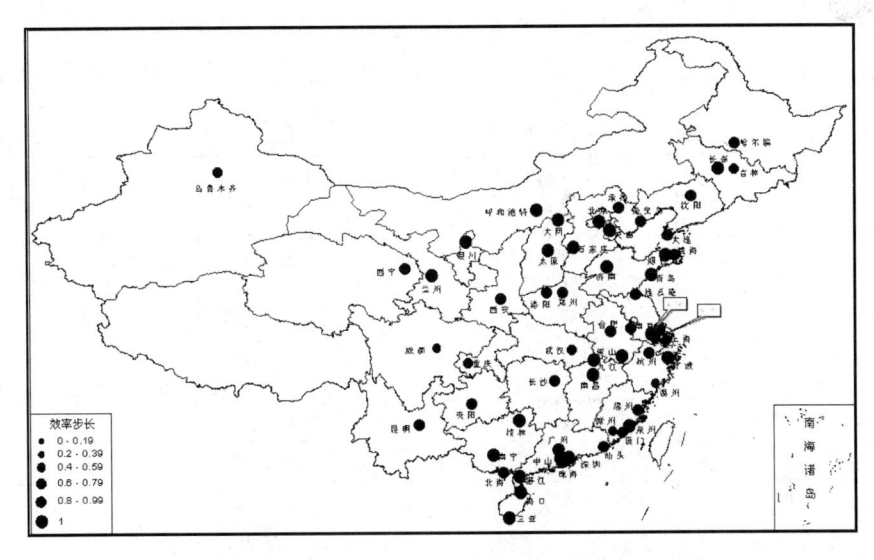

图 4-9 中国主要城市的旅游利用效率空间格局（2005）

4.4.2 中国主要城市的旅游效率区域比较

4.4.2.1 区域分布格局的比较

为了对城市旅游效率的空间格局进行更为深入的描述，本研究以个体城市为对象，从区域角度对总效率及其分解效率的特征进行分析，如表 4-5 所示。58 个城市中有 36 个城市在总效率的三个分解效率中至少一项达到了有效，而能够实现各分解效率中两种效率有效的城市则减少到 11 个，分别是乌鲁木齐、太原、上海、深圳、三亚、珠海、北京、中山、大同、北海和南京。考察这 11 个城市的空间特征，深圳、中山、珠海 3 个城市位于珠三角地区，上海、南京 2 个城市位于长三角地区，北京位于京津唐地区。可见，位于三大经济区内的城市个数达到 6 个，占 11 个两种效率有效城市的一半以上。而能够在规模效率、技术效率和利用效率中三项均保持有效，即总效率有效的城市则有乌鲁木齐、太原、上海、深圳和三亚 5 个城市。5 个城市中，上海和深圳分别位于长三角和珠三角城市群的经济发达区域内，根据我国城市旅游现阶段发展特征，当城市旅游发展总体处于规模收益递增阶段的时候，经济发达地区城市更有条件进行旅游资源的大规模投入，所以达到效率有效的几率更大；三亚是著名的风景旅游度假城市，从产出指标为星级饭店的特性上分析，这种著名的风景旅游城市旅游资源具有排他性，其作为旅游产出指标的星级饭店营业收入将相对较高；对于乌鲁木齐和太原而言，如果影响其效率有效的因素不是受 DEA 方法固有的计算残差影响,那么从外部因素上分析,也应该从一定程度上受到二者分别是西北地区的重要口岸和区域性中心城市、晋中地区门户性城市等因素的影响。

表 4-5　中国主要城市旅游效率的空间格局(2005)

城市	OE	SE	TE	CE	城市	OE	SE	TE	CE	城市	OE	SE	TE	CE
乌鲁木齐	√	√	√	√	湛江	×	×	×	√	杭州	×	×	√	×
太原	√	√	√	√	南宁	×	×	×	√	威海	×	×	√	×
上海	√	√	√	√	九江	×	×	×	√	桂林	×	×	√	×
深圳	√	√	√	√	武汉	×	×	√	×	长春	×	×	√	×
三亚	√	√	√	√	天津	×	×	√	×	海口	×	×	√	×
哈尔滨	×	×	×	√	南京	×	√	√	×	苏州	×	×	√	×
珠海	×	×	√	√	昆明	×	×	√	×	重庆	×	×	√	×
北京	×	×	√	√	大连	×	×	√	×	兰州	×	×	√	×
中山	×	×	√	√	郑州	×	×	√	×	黄山	×	×	√	×
大同	×	×	√	√	成都	×	×	√	×	银川	×	×	√	×
北海	×	×	√	√	宁波	×	×	√	×	吉林	×	×	√	×
汕头	×	×	×	√	无锡	×	×	√	×	漳州	×	×	√	×

国家统计局的数据表明,2006年,我国地级及以上城市(不包括市辖县)地区生产总值超过2 000亿元的依次为上海、北京、深圳、广州、天津、佛山、杭州、东莞、南京、重庆、沈阳和武汉[①]。这12个城市中,除排名靠后的重庆、沈阳和武汉三个作为区域经济中心的特大城市外,该时期中国经济发展水平较高的城市主要均集中在长三角、珠三角和京津唐地区。与此对应,2005年中国城市的旅游效率水平最高的12座城市分别是太原、上海、深圳、三亚、乌鲁木齐、珠海、北京、广州、昆明、海口、杭州和宁波,这些城市中除太原、乌鲁木齐、昆明、三亚和海口外,其他城市也主要集中在长三角、珠三角和京津唐地区,且昆明、三亚和海口也同时受到珠三角区域影响,位于"泛珠"范围内。且以两个指标分类的12座城市中,有上海、深圳、北京、广州、杭州等5座城市出现重合。从总体趋势上看,中国旅游效率较高城市的分布与经济发达城市的分布存在明显的空间耦合特征,位于经济发达、城市较为密集的东部地区城市往往具有较高的旅游效率水平。

---

① 资料来源:http://business.sohu.com/20071005/n252481083.shtml。
国家统计局:上海成为我国城市化水平最高的城市,检索日期:2008-03-21。

4.4.2.2 经济区格局的对比

按照东部、中部、西部和东北四个经济区的划分方法，可以对区域间城市的旅游总效率及其分解效率总体水平进行比较。在四个区域中，东部地区城市的旅游平均总效率值最高，达到0.48，其后是中部和西部，这两个区域城市的旅游效率平均值均为0.42，东北地区城市的旅游效率平均值最低，仅为0.32。不同经济区内城市旅游效率水平的差异反映出中国东部地区城市在旅游生产过程中对各种投入要素的使用最有效率，而东北地区城市对投入要素的利用能力最差，效率水平最低，中部城市和西部城市的利用能力介于二者之间（图4-10）。

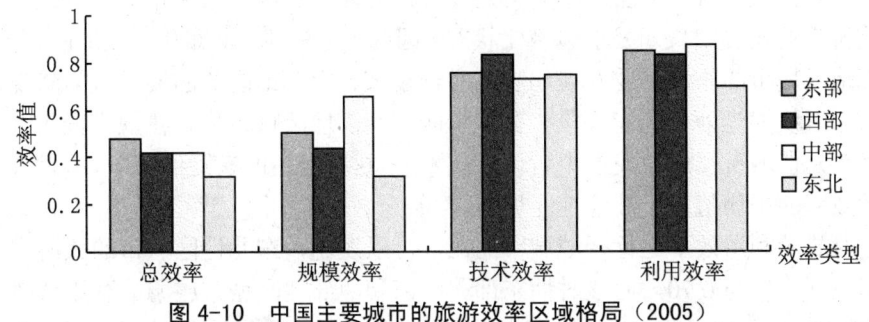

图4-10　中国主要城市的旅游效率区域格局（2005）

从图4-10可见，中国城市旅游总效率的空间分布基本呈现出与区域经济发展水平一致的特征，即发达的东部地区城市旅游总效率水平较高，而中西部和东北等经济不发达地区的城市旅游效率较低。该时期中国城市旅游总效率的区域分布差异验证了本研究第一个假设的前半部分，即城市旅游效率随着区域经济的发展水平存在不平衡性，东部地区城市的旅游效率水平较高。

与旅游总效率的区域差异完全呈现沿东、中、西、东北区域递减的趋势不同，总效率的分解效率在不同区域表现出不同的比较优势。其中，中部地区城市的旅游平均规模效率达到0.66，明显高于东部、西部和东北地区城市。造成这种现象的可能原因在于"中部崛起"战略的实施。2004年12月召开的中央经济工作会议和2005年的总理政府工作报告相继提出实施旨在缩小区域经济发展水平差异的"中部崛起"战略（人民日报，2004；温家宝，2005）。受这一国家宏观政策的影响，2005年，中部地区城市旅游发展的资源投入规模得到明显增加，最明显表现为城市固定资产投资规模这一旅游效率评价投入指标的迅速增长。根据我国城市旅游发展的阶段特征来看，目前，中国大部分中部地区城市的旅游发展处于早期阶段，城市对旅游资源投入规模具有较高的需求，旅游生产处于规模收益递增阶段的时候，增加旅游生产投入要素的规模将导致规模的效率提高，因此在各区域城市的旅游规模效率比较中，中部地区城市明显高于其他地区城市。随后是东部地区城市、西部地区城市和东北地区城市，但区域城市间旅游规模效率的差异并不明显。

在旅游技术效率的区域城市比较中，西部地区城市的旅游技术效率平均值最高，达到 0.83。东、中、东北三个区域城市的旅游技术效率值与西部地区城市的差距不大，分别为 0.76、0.73 和 0.75，说明西部地区城市在旅游发展过程中从实际投入到产出的转换能力略高于其他三个区域城市。从西部地区城市旅游发展的过程上分析，与中国经济发展呈现东、中、西梯度推移的特征类似，旅游产业的发展则遵循从点到线再到面的过程；旅游吸引力强、旅游基础设施完善的东部地区城市的旅游率先得到发展，而西部地区城市无论其经济发展还是旅游产业发展则长期处于边缘化状态。因此，与东部、中部和东北地区相比，西部地区城市的旅游产业发展起步相对于东部、中部地区等的发展时间略晚，城市旅游发展尚处于起步阶段。在该阶段，西部地区城市尽管在规模投入上缺乏优势，但城市在旅游发展中对现有技术的重视程度和依赖性较高，所以旅游技术效率的平均值高于其他地区城市。

对旅游利用效率进行区域城市的比较可以发现，东北地区城市的旅游利用效率最低，仅为 0.70，而该时期东部、中部和西部地区城市旅游的利用效率分别达到 0.85、0.88 和 0.83 的较高水平。东北地区城市旅游利用效率水平较低的原因可以从东北地区产业发展特征上进行分析，长期以来，东北地区城市发展以重工业生产为主导产业类型。由于生产过度侧重于重工业，当以城市固定资产投资作为资源投入指标用于城市的旅游效率评价时，将有很大一部分投入被用于非旅游业的生产，从而导致旅游发展资源投入的不成比例，从而导致利用效率较低的结果。但总体上看，东北地区城市无论是资源投入规模、现有技术的利用能力和以最优成本进行旅游发展要素投入最佳分配组合的能力均与其他区域城市存在一定差距，旅游总效率也远低于其他区域城市。

总体上看，城市的旅游总效率平均值分布表现为东部、中部、西部和东北区域递减的特征。在总效率的各分解效率中，各区域城市旅游规模效率的差异较大，东北地区城市的水平较低；但区域间城市的旅游技术效率和利用效率差距不明显。这种特征反映了影响不同区域城市的旅游总效率的因素存在一定差异，并基于这种差异可以从区域视角为城市的旅游效率进一步提高提供决策依据。基于以上分析，可以得到 2005 年中国主要城市旅游效率及其区域分布的如下特征（特征四）：东部地区城市相对于中西部和东北地区城市有更高的旅游效率水平。

4.5 中国主要城市旅游效率特征的理论解释

基于以上分析，结合旅游产业的本质属性以及现阶段城市旅游的发展特征，可以对 2005 年中国主要城市的旅游效率计算结果和空间格局的四个特征进行逻辑梳理和理论解释。

旅游产业是一种以服务为主，并涉及众多企业和行业的经济活动（罗明义，1997）。旅游产业本质上属于技术含量相对较低的服务性产业，这类产业具有附加值低、对设备等固定资产投入要求不高，且有限技术容易被同类企业模仿和复制的特点。对现有资源使用技术没有能够达到充分利用的产业单元（在城市的旅游发展中表现为城市）而言，用于追求对现有技术实现充分利用的同类产业单元的技术水平所需要支付的成本较低，且在短时间内可以通过不断尝试和模仿等方式实现对资源更为有效而合理的利用，从而获得与对现有技术具有较高利用能力的同类产业单元相同的技术水平，实现更合理的配置与处理资源，最终提高产业发展所需的技术含量和资源利用能力。从现阶段我国城市旅游发展的特征看，尽管以电子商务、标准化建设和产品创新为代表的旅游技术含量在总体上有所提高，但这些技术并没有较强的排他性和专有性，城市可以通过旅游合作、人才流动等方式以相对较小的成本获得，同时，这些技术实现过程中对人员和设备的要求也不高，很容易实现合理利用。因此，该时期中国城市旅游的技术效率总体水平较高，且城市之间的差距也不明显。

从区域经济发展的实际情况看，长期以来的不平衡发展战略很大程度上导致了我国区域之间经济发展的不平衡性，而经济发展的不平衡又影响到城市旅游发展的不平衡。东部沿海地区经济发达，城市可用于旅游发展的资源投入相对于内地城市较高。经过十余年的快速建设和发展，东部地区少数城市的旅游发展已经进入"低投入，高产出"阶段，旅游项目的投资和建设已经不需要再背负城市基础设施建设等附加投资。与此相反，由于我国内陆中西部地区城市的经济实力有限，城市基础设施建设尚处于发展阶段，旅游项目的投资建设往往成为城市吸引外来资金进行城市环境和城市基础设施建设的手段，因此其旅游发展投入和产出的效果较差。DEA 进行城市旅游生产最佳前沿面构建以最有效率的城市为基础，因此前沿面城市大多属于东部发达地区城市。因此，从效率水平上看，城市旅游发展所处的阶段存在较大差异，对于东部地区少数城市而言，其旅游发展已经进入规模收益递减阶段，但对于大多数中西部地区城市或者大多数中国城市而言，其旅游发展仍处于规模收益递增阶段，大部分城市旅游发展对资源尚有较大需求。就利用效率而言，当城市旅游发展对资源需求尚存在较大缺口的时候，任何类型的资源投入都可以被城市旅游生产所消化，投入资源的类型与方向并不影响城市旅游对资源的消化，最终表现为城市旅游生产利用效率总体水平较高，且城市之间差距不大的结果。

但对城市生产的旅游规模效率而言，受区域经济发展不平衡的影响，城市旅游发展的资源投入规模存在较大差异。经济发展水平较高的城市往往具有较大规模的旅游发展要素投入，如北京、上海、广州等城市，无论在劳动、资本和城市吸引力上均有大规模的投入；而经济发展水平较低的城市旅游发展要素投入规模则较小，如吉林、漳州等。可见，我国区域经济发展呈现东部较高、中西部和东北地区较低的不平衡性，这种不平衡性导致了城市旅游发展要素投入规模的差异，并基于这种差异形成了大多数中国城市旅游的规模效率水平偏低、城市间旅游规模效率差异较大的结果。

由以上分析可见，旅游服务行业的本质属性决定了城市旅游发展的低技术特征。而基于区域经济发展水平的城市旅游发展要素投入规模差异，导致了城市旅游生产所处阶段的差异，并进而影响到各城市对旅游生产要素投入的需求能力和反馈能力，最终表现为该时期中国城市旅游生产的技术效率、利用效率水平较高且差异不大；但规模效率水平较低，且差距较大的结果。在此基础上，形成了2005年中国主要城市的旅游发展效率特征一：该时期城市的旅游总效率水平较低，其效率值的峰值出现在低值区间；特征二：各分解效率水平相对较高，且旅游分解效率之间的差距不明显，效率峰值均出现在较高的区间；特征三：中国城市旅游总效率同时受其三个分解的影响和制约。其中，规模效率对总效率的影响和制约程度最强，其次是技术效率，而利用效率对总效率的影响和制约程度最弱。

根据特征三的结论"规模效率对总效率的影响高于技术效率和利用效率"，可见，具有较高规模效率的城市往往能够获得较高的城市旅游总效率。根据规模效率的物理意义，能够获得更多物质要素投入的城市才可能取得更高的城市旅游总效率，所以经济发达地区的旅游城市更容易取得较高的规模效率。其主要原因可以从以下几个方面进行分析：第一，从经济发达地区的空间分布可知，中国沿海的珠三角、长三角和京津唐地区改革开放时间较早，长期以来受区域经济发展政策的倾斜，经济最为发达，积累了雄厚的物质资本，可用于城市建设和城市旅游发展的投入要素规模相对于其他区域较高；第二，这些城市均具有良好的地理区位、交通优势和投资环境，相对于内陆城市，这些地区城市化水平较高，城市之间为了更好地参与市场竞争、吸引外来投资，开辟了更为广泛的旅游发展投融资渠道；第三，这些城市往往在区域经济发展中占有特殊地位，城市本身对城市旅游形象重要性的认识程度较为深刻，对良好城市环境的诉求和动力较为强烈，使得城市能够享受到更多的旅游发展优惠政策，从而得到相对于其他区域城市更多的资源。所以经济发达地区城市能够获得较高的规模效率，进而取得更高的城市旅游总效率。在空间上，由于这些城市主要分布在东部沿海地区，所以形成了中国城市旅游效率的第四个特征：东部地区城市相对于中西部和东北地区城市有更高的旅游效率水平。

在这样的背景下，为了追求更多的产出，东部经济发达地区城市往往能够依托自己的内外部优势条件对城市旅游发展投入更多的物质要素。但随着资源投入的不断增加，城市旅游发展对这些资源的有效消化能力开始下降，资源冗余问题也开始最早在这些地区出现，从而导致了资源利用的不经济状态，单位投入的产出效率下降。城市旅游发展资源投入的非增效率开始大于总效率，城市进入了旅游生产的规模收益递减阶段。相反，远离沿海开放地区、经济发展水平薄弱、较少受到政策优惠的城市，一方面受城市本身经济实力有限或城市本身对旅游发展重要性认识不足的影响，城市旅游发展的资源投入有限；另一方面，受区位和交通等条件影响，参与外来投资竞争的能力不足，难以满足城市旅游发展对资源投入规模的需求。因此，这些区域的城市往往处于旅游生产的规模收益递增阶段。而从空间上看，这些城市往往分布在中国内陆经济不发达的区域和省份。受此影响，形成了中国城市旅游效率的第二个特征：经济发达地区的旅游城市更容易进入城市旅游发展的规模收益递减阶段。

可见，城市旅游产业的本质特征和现阶段我国城市旅游所处的阶段特征是影响我国城市旅游效率四个特征的根本原因。

4.6 本章的基本结论

基于以上分析，可以得到 2005 年中国主要城市旅游效率评价研究的以下结论：

（1）中国主要城市的旅游效率总体上处于相对较低的水平，大部分城市的旅游生产处于无效率状态。在各分解效率中，技术效率和利用效率水平较高，规模效率较低；各分解效率的平均值存在一定差异，规模效率最低，利用效率最高，技术效率介于二者之间；基于效率值分组的城市个数的峰值区间不同，技术效率、利用效率和规模效率处在高值区间，而总效率处于低值区间。

（2）该时期只有少数城市的旅游发展处于规模收益递减阶段，且从空间分布看，这些城市主要分布在东部地区。说明对于大多数中国城市而言，仍可以通过扩大旅游发展投入要素的规模得到更高的旅游效率。在各分解效率对总效率的影响中，规模效率对总效率的影响程度最强，技术效率和利用效率对总效率的影响弱于规模效率。因此，尽管技术效率和利用效率的水平较高，但受规模效率水平较低的影响，该时期中国城市的旅游总效率水平仍较低。

（3）从空间分布和区域对比的结果看，旅游总效率和规模效率较高的城市大多分布在珠三角、长三角和京津唐等经济发达、城市密集的地区，而中西部地区城市个数较少。此外，由于技术效率和利用效率的总体水平较高，因此，这两种效率的空间分异特征不明显。

（4）目前，大多数中国城市的旅游发展尚处于规模收益递增阶段，要素投入没有满足效率增长的需求，所以城市旅游总效率的整体水平不高。因此，要素投入规模成为决定城市旅游发展效率的主要原因，只有获得更多资源要素投入的城市，其旅游效率水平才可能提高。由于我国东部沿海地区城市经济发达，这些地区城市具备不断扩大旅游发展资源投入的条件，因此，这些城市往往能够获得相较于其他地区城市更高的旅游效率。

（5）以城市旅游产业的本质和现阶段我国城市旅游所处的阶段特征为依据，可以对 2005 年中国城市旅游效率的规律性特征进行解释。

本章参考文献

Färe, R., Grosskopf, S., & Lovel, C. A. K.. Production frontier. New York: Cambridge University Press, 1994.

Färe, R., & Grosskopf, S. Reference guide to On-Front. Economic Measurement and Quality Cooperation, (1998～2000).

黄丽英. 基于 DEA 方法的我国高星级酒店效率研究. 中山大学硕士学位论文, 2007.

李郇, 徐现祥, 陈浩辉. 20 世纪 90 年代中国城市效率的时空变化. 地理学报, 2005, 60(4)：615～625.

罗明义. 旅游经济学. 北京：高等教育出版社, 1997.

温家宝. 政府工作报告——二○○五年三月五日在第十届全国人民代表大会第三次会议上. 人民日报, 2005 年 3 月 15 日第一版.

中央经济工作会议 12 月 3 日至 5 日在北京召开. 人民日报, 2004 年 12 月 6 日第一版.

第五章 城市旅游竞争力的历时态比较（1995年与2000年）

本章主要利用 1995 年、2000 年的截面数据，采用与第四章研究相同的模型、方法和研究对象，分别对两个时期 58 个中国主要城市的旅游效率进行计算，并以 2005 年的城市旅游效率结果作为参照，对三个时期城市旅游效率的属性特征进行纵向比较，从而对中国主要城市旅游效率属性特征的变化进行历时性刻画和描述。

5.1 原始数据的描述

对 1995 年中国城市旅游发展投入和产出要素的分析可见：当年各城市第三产业从业人数从三亚市的 7.04 万到上海的 283.53 万变化不等，各城市第三产业从业人员的平均值达到 81.43 万；城市固定资产投资的变动范围则从银川市的 10.54 亿元人民币到上海市的 982.20 亿元人民币，平均值为 99.86 亿元人民币；此外，城市实际利用外资金额、城市资源吸引力等投入要素也存在分布不均匀的情况，变化范围分别从最小值 680 万美元到最大值 324 996 万美元，以及吸引力从 85 到 4 940 之间变动，平均值则分别达到 8 218.92 万美元和 841.90。在产出要素中，星级饭店旅游收入的差距更为明显，变动范围从大同市的 0.24 亿元人民币到北京市的 140.95 亿元人民币，平均值则为 9.38 亿元人民币，最高值是最低值的 587 倍。可见，1995 年中国各城市用于旅游发展的各项投入与产出之间存在较大差距，而这种差异性必然影响到城市的旅游效率和全要素生产率。

对 2000 年中国城市的旅游发展投入和产出要素分析可见：当年各城市第三产业从业人数从中山市的 6.96 万到上海市的 344.02 万变化不等，各城市第三产业从业人员的平均值相较于 1995 年 81.43 万人下降到 48.36 万[①]；城市固定资产投资的变动范围则从三亚市的 13.25 亿元人民币到上海市的 1 869.67 亿元人民币，平均值达到 196.48 亿元人民币，接近 1995 年平均值 99.86 亿元人民币的两倍，说明各城市发展过程中的固定资产投资均实现了显著的增长；此外，随着改革开放政策的进一步深入，各城市实际利用外资金额也实现了明显增长，从最小值黄山市的 399.00 万美元变化到上海市的 31.60 亿美元，而平均值则达到 5.53 亿美元，比 1995 年 4.56 亿美元增加 0.97 亿美元；作为产出要素的各城市星级饭店旅游收入的差距更为明显，从西宁市的 0.19 亿元到北京市的 159.15 亿元人民币，平均值达到 12.47 亿元人民币，是 1995 年收入 9.38 亿元人民币的 1.33 倍。由于本研究认为城市旅游资源潜力在不同时期具有持续性，因此城市资源吸引力作为投入要素在不同时期具有相对恒定的特征，因此其变化范围仍旧介于 85 到 4 940 之间，平均值为 841.90。

从原始数据的统计信息可见，相对于 1995 年，除第三产业从业人数受统计口径变化影响使其平均值有一定程度下降而旅游资源潜力保持不变外，其他各项投入和产出要素的平均值均有不同程度的增长，这种增长一方面反映了随着时间的变化中国城市经济发展更具活力，另一方面也反映了城市间用于旅游业发展的资源投入和相应产出存在较大差异，而对这种差异性的测量恰恰构成了效率和生产率研究的意义。

1995 年和 2000 年中国主要城市旅游生产投入产出要素的原始数据特征如表 5-1 所示。

表 5-1　原始数据的统计描述（1995 年与 2000 年）

项目（1995 年）	属性	最小值	最大值	平均值	标准差
第三产业从业人数（万）	投入变量	7.04	283.53	81.43	56.61
城市固定资产投资（亿人民币）	投入变量	10.54	982.20	99.86	142.32
城市实际利用外资（万美元）	投入变量	680.00	324 996.00	45 591.81	62 593.41
城市旅游资源引力	投入变量	85.00	4 940.00	841.90	787.42
星级饭店旅游收入（亿人民币）	产出变量	0.24	140.95	9.38	22.29
项目（2000 年）	属性	最小值	最大值	平均值	标准差
第三产业从业人数（万）	投入变量	6.96	344.02	48.36	60.64
城市固定资产投资（亿人民币）	投入变量	13.25	1 869.67	196.48	272.59

---

① 该平均值下降可能的主要原因在于该项数据统计口径的机械性变化，但是由于不同时期效率值的前沿面不同，不具有历时性比较的意义，而同一时期各城市采用相同口径的统计数据，因此统计口径的变化不影响同一时期各城市间效率值的比较。但这种数据的变化会在一定程度上影响到全要素生产率的水平。

续表

项目（2000年）	属性	最小值	最大值	平均值	标准差
城市实际利用外资（万美元）	投入变量	399.00	316 029.00	55 328.83	80 993.46
城市旅游资源引力	投入变量	85.00	4 940.00	841.90	787.42
星级饭店旅游收入（亿人民币）	产出变量	0.19	159.15	12.47	27.99

5.2 中国主要城市的旅游效率特征

基于1995年和2000年中国58个主要旅游城市的旅游发展投入产出要素的原始数据，利用DEA的规模收益不变、规模收益可变、规模收益非增等不同模型，对两个时期中国主要城市的旅游总效率（OE）和非增效率（NIE），以及总效率的分解效率——规模效率（SE）、技术效率（TE）和利用效率（CE）进行计算，结果如表5-2所示。

表5-2 中国主要城市的旅游效率计算结果（1995年与2000年）

城市(1995年)	OE	NIE	SE	TE	CE	城市(2000年)	OE	NIE	SE	TE	CE
北京	1.00	1.00	1.00	1.00	1.00	北京	0.89	0.97	0.92	1.00	0.97
天津	0.15	0.15	0.73	0.2	1.00	天津	0.09	0.09	0.48	0.18	1.00
石家庄	0.15	0.15	0.58	0.26	1.00	石家庄	0.28	0.28	0.70	0.41	0.98
秦皇岛	0.10	0.10	0.22	0.52	0.85	秦皇岛	0.20	0.20	0.34	0.59	1.00
承德	0.25	0.25	0.29	1.00	0.86	承德	0.12	0.12	0.19	0.67	1.00
太原	0.45	0.45	0.45	1.00	1.00	太原	0.56	0.56	0.56	1.00	1.00
大同	0.27	0.27	0.27	1.00	1.00	大同	0.37	0.37	0.37	1.00	1.00
呼和浩特	0.49	0.49	0.49	1.00	1.00	呼和浩特	0.34	0.34	0.40	0.85	0.98
沈阳	0.16	0.16	0.64	0.26	0.96	沈阳	0.26	0.26	0.80	0.32	1.00
大连	0.25	0.25	0.75	0.34	0.97	大连	0.41	0.41	0.95	0.58	0.76
长春	0.20	0.20	0.44	1.00	1.00	长春	0.23	0.23	0.50	0.49	0.96
吉林	0.32	0.32	0.40	1.00	0.78	吉林	0.09	0.09	0.10	1.00	0.91
哈尔滨	0.21	0.21	0.66	0.33	0.97	哈尔滨	0.30	0.30	0.89	0.34	1.00
上海	0.58	0.70	0.83	1.00	0.70	上海	0.48	0.48	1.00	1.00	0.48
南京	0.39	0.39	0.77	0.53	0.96	南京	0.44	0.44	0.91	0.48	1.00

续表

城市 (1995年)	OE	NIE	SE	TE	CE	城市 (2000年)	OE	NIE	SE	TE	CE
无锡	0.18	0.18	0.66	0.27	1.00	无锡	0.31	0.31	0.81	0.45	0.87
苏州	0.14	0.14	0.64	0.34	0.65	苏州	0.28	0.28	0.81	1.00	0.35
南通	0.09	0.09	0.22	0.40	1.00	南通	0.25	0.25	0.40	0.62	1.00
连云港	0.06	0.06	0.14	0.45	0.98	连云港	0.15	0.15	0.22	0.77	0.91
杭州	0.57	0.57	0.92	0.69	0.90	杭州	0.85	0.94	0.90	1.00	0.94
宁波	0.22	0.22	0.69	0.31	1.00	宁波	0.25	0.25	0.60	0.58	0.71
温州	0.25	0.25	0.57	1.00	0.43	温州	0.51	0.51	0.74	1.00	0.69
合肥	0.13	0.13	0.22	0.65	0.95	合肥	0.05	0.05	0.06	0.83	0.95
黄山	0.76	0.76	0.76	1.00	1.00	黄山	0.29	0.29	0.29	1.00	1.00
福州	0.27	0.27	0.65	0.43	0.98	福州	0.23	0.23	0.39	0.60	1.00
厦门	0.37	0.37	0.55	1.00	0.66	厦门	0.09	0.09	0.17	0.58	0.97
泉州	0.08	0.08	0.21	0.37	1.00	泉州	0.12	0.12	0.22	0.57	1.00
漳州	0.11	0.11	0.20	1.00	0.52	漳州	0.11	0.11	0.15	0.72	1.00
南昌	0.36	0.36	0.38	0.96	1.00	南昌	0.83	0.83	0.83	1.00	1.00
九江	0.11	0.11	0.21	0.54	1.00	九江	0.19	0.19	0.22	0.85	1.00
济南	0.14	0.14	0.38	0.37	1.00	济南	0.26	0.26	0.59	0.45	0.98
青岛	0.28	0.28	0.83	0.34	1.00	青岛	0.17	0.17	0.57	0.30	1.00
烟台	0.14	0.14	0.56	0.25	1.00	烟台	0.19	0.19	0.52	0.37	0.97
威海	0.27	0.27	0.40	0.68	0.99	威海	0.23	0.23	0.28	0.86	0.98
郑州	0.11	0.11	0.33	0.38	0.87	郑州	0.41	0.41	0.81	0.50	1.00
洛阳	0.07	0.07	0.23	0.33	0.91	洛阳	0.28	0.28	0.56	0.50	1.00
武汉	0.24	0.24	0.72	0.44	0.77	武汉	0.18	0.18	0.62	0.34	0.85
长沙	0.20	0.20	0.59	0.40	0.85	长沙	0.36	0.36	0.74	0.52	0.92
广州	0.89	1.00	0.89	1.00	1.00	广州	1.00	1.00	1.00	1.00	1.00
深圳	1.00	1.00	1.00	1.00	1.00	深圳	1.00	1.00	1.00	1.00	1.00
珠海	0.68	0.68	0.68	1.00	1.00	珠海	0.64	0.64	0.64	1.00	1.00
汕头	0.25	0.25	0.48	0.55	0.95	汕头	0.58	0.58	0.70	1.00	0.83
湛江	0.25	0.25	0.41	0.62	1.00	湛江	0.25	0.25	0.46	1.00	0.54
中山	1.00	1.00	1.00	1.00	1.00	中山	0.60	0.60	0.60	1.00	1.00
南宁	0.23	0.23	0.36	0.64	1.00	南宁	0.65	0.65	0.78	0.83	1.00
桂林	0.71	0.71	0.71	1.00	1.00	桂林	0.60	0.60	0.87	1.00	0.70
北海	0.18	0.18	0.22	0.86	0.95	北海	0.43	0.43	0.43	1.00	1.00

续表

城市 (1995年)	OE	NIE	SE	TE	CE	城市 (2000年)	OE	NIE	SE	TE	CE
海口	0.70	0.70	0.72	0.98	1.00	海口	0.31	0.31	0.39	0.78	1.00
三亚	0.70	0.70	0.70	1.00	1.00	三亚	1.00	1.00	1.00	1.00	1.00
重庆	0.19	0.19	0.75	0.33	0.76	重庆	0.27	0.27	0.98	1.00	0.27
成都	0.31	0.31	0.72	1.00	0.43	成都	0.53	0.53	0.97	1.00	0.55
贵阳	0.59	0.59	0.70	0.93	0.89	贵阳	0.30	0.30	0.41	0.79	0.92
昆明	0.28	0.28	0.59	0.53	0.89	昆明	0.59	0.59	0.95	1.00	0.62
西安	0.27	0.27	0.78	0.36	0.94	西安	0.10	0.10	0.40	0.25	1.00
兰州	0.17	0.17	0.29	0.58	1.00	兰州	0.37	0.37	0.48	1.00	0.76
西宁	0.20	0.20	0.22	0.95	0.93	西宁	0.05	0.05	0.05	1.00	1.00
银川	0.17	0.17	0.17	1.00	1.00	银川	0.52	0.52	0.52	1.00	1.00
乌鲁木齐	0.54	0.54	0.70	1.00	0.78	乌鲁木齐	1.00	1.00	1.00	1.00	1.00

1995年，中国主要城市的旅游总效率、规模效率、技术效率和利用效率对应的最小值分别为0.06、0.14、0.20和0.43，平均值分别为0.34、0.55、0.67和0.91。可见，该时期中国主要城市的旅游总效率处于较低水平，而各分解效率的差异较大，除利用效率较高外，规模效率和技术效率水平也较低。从平均水平看，该时期各城市在旅游发展过程中对投入资源的使用仅存在9%的冗余程度，但资源投入的规模中仅有55%得到充分的利用，对现有技术的利用也仅发挥了67%的水平。

总效率及其分解效率的标准差反映了该时期城市在旅游发展过程中对资源投入规模、技术利用能力和资源分配组合能力的差距。该时期各城市旅游总效率与其各分解效率的标准差存在较大差距，其中总效率的标准差为0.25，反映了各城市的旅游总效率差距较大。以连云港为例，2005年，连云港市旅游总效率值为0.06，是有效率城市效率值的6%。说明在当前技术条件下，连云港市可通过减少现有资源投入的94%而获得等量的产出，该市旅游资源利用存在较大的不经济性。此外，在各分解效率中，利用效率的标准差最小，为0.14；技术效率的标准差最大，为0.30。说明该时期中国城市对资源投入的分配组合能力差距不大，但对现有生产技术的利用能力差距较大。

各分解效率标准差的差异反映了该时期城市的旅游发展特征，即在城市旅游发展早期，各城市面对旅游发展这一全新的课题，在没有任何发展经验可供借鉴的情况下，为了实现旅游资源从投入到产出的转换过程，对当时旅游发展的可用技术存在明显依赖，但不同城市对技术的利用能力存在较大差别，因此，城市旅游生产的技术效率差距较大。同时，由于该时期城市间用于旅游发展的资源投入规模普遍相对较低，故因资源投入的搭配组合而导致对旅游效率提高的冗余程度相对较低，因此，城市旅游生产的利用效率差异很小。

2000 年，58 个城市的旅游总效率平均值为 0.37，说明该时期中国主要城市的旅游效率总体水平仍较低，0.26 的标准差说明城市之间旅游总效率存在较大差距。其中，西宁的效率值最低，仅为 0.05，说明在现有技术水平和投入要素规模下，西宁市仅发挥了其旅游生产能力的 5%，保持现有资源投入规模不变，其旅游发展产出可以增加现有水平的95%。在各分解效率中，规模效率的平均值为 0.59，说明以现有产出量为标准，该时期每个城市的旅游资源投入规模上有41%的浪费。58 个城市旅游规模效率的标准差高达 0.28，从规模效率的物理意义上看，城市旅游生产过程中的资源投入规模较不均匀。

此外，该时期城市旅游技术效率和利用效率的平均值分别为 0.75 和 0.90，说明城市对现有技术能力的 25%和资源投入搭配组合能力的 10%没有得到发挥。技术效率和利用效率的标准差分别为 0.26 和 0.17，说明该时期城市旅游生产对现有技术的利用能力存在较大差距，但生产过程中对资源进行组合的能力差距较小。这种差距表明，随着城市经济和旅游产业的进一步发展，城市间技术应用水平的差距已经开始减小，而用于旅游发展的资源投入规模开始出现较大分化，并最终影响到城市旅游规模效率分异程度加大的结果。这个结论与周国华等（2002）和刘国新等（2003）对我国区域经济发展水平的研究结果一致，说明城市旅游效率的差异确实与中国经济发展水平之间具有密切的联系，强化了研究结果的稳健性和可靠性。

1995 年和 2000 年中国主要城市的旅游效率及其分解效率统计描述信息如表 5-3 所示。

表 5-3　中国主要城市的旅游效率统计描述（1995 年与 2000 年）

\multicolumn{4}{c	}{1995 年城市旅游效率的特征}	\multicolumn{4}{c}{2000 年城市旅游效率的特征}
效率	最小值	平均值	标准差	效率	最小值	平均值	标准差
总效率	0.06	0.34	0.25	总效率	0.05	0.39	0.26
规模效率	0.14	0.55	0.24	规模效率	0.05	0.59	0.28
技术效率	0.20	0.67	0.30	技术效率	0.18	0.75	0.26
利用效率	0.43	0.91	0.14	利用效率	0.27	0.90	0.17

总体上看，中国主要城市的旅游总效率和规模效率在 1995 年和 2000 年两

个时期的发育水平较低，但技术效率和利用效率均处于相对较高水平。结合2005年的计算结果，考察不同时期中国城市旅游效率及其分解效率之间的关系可以发现：在1995年，城市旅游总效率与规模效率、技术效率和利用效率的比值为34:55:67:91；至2000年这个比例达到39:59:75:90；而到2005年，则进一步缩小到44:71:77:84。从比例关系的变化上看，各城市之间旅游总效率及其分解效率之间的差距存在逐渐缩小的趋势[①]。基于此，可以得到中国城市旅游效率及其分解效率之间关系的演变特征：城市旅游效率与其分解效率之间的相对差距随着时间的推移呈现逐渐缩小的特征。

5.2.1 统计特征

5.2.1.1 1995年的旅游效率统计特征

以1995年城市旅游投入产出数据构建的效率前沿面为基础，总效率有效的城市仅有北京、中山和深圳3个，说明这3个城市在当年的资源利用和产出上有效，有效城市占参与计算城市总数的5.17%，其他55个城市旅游效率无效，所占比例为94.83%，全部城市旅游总效率的平均值为0.34，说明该时期城市的旅游总效率水平仍较低。在总效率的分解效率中，规模效率有效的城市有北京、中山和深圳3个，占参与计算城市总数的5.17%，其他94.83%的城市旅游规模效率无效，全部城市旅游规模效率的平均值为0.55；与总效率和规模效率有效的城市个数较少不同，旅游技术效率有效的城市达到20个，占58个城市总数的34.48%；技术效率无效的城市为38个，占城市总数的65.52%，全部城市的旅游技术效率平均值为0.67；旅游利用效率有效和无效的城市分别为28个和30个，占城市总数的48.28%和51.72%，全部城市的旅游利用效率平均为0.91。统计结果如表5-4所示。

表5-4 中国主要城市的旅游效率统计特征（1995年）

项目	总效率	规模效率	技术效率	利用效率
有效城市个数	3	3	20	28
有效城市比（%）	5.17	5.17	34.48	48.28
平均值	0.34	0.55	0.67	0.91

---

① 需要说明的是，由于不同时期城市旅游发展中构建的效率最佳前沿面不同，所以不能对不同时间段城市的旅游效率值进行直接比较。因此，为从历时性角度判定1995~2005年期间中国城市的旅游效率增长或下降的演变特征，以及城市旅游效率与其分解效率之间的相对差距随时间的推移呈现逐渐降低的特征到底是总效率和规模效率有所提高，还是技术效率和利用效率有所降低的影响，需要通过"全要素生产率"的结果进行表达，详细研究过程及其计算结果将在第六章介绍。

5.2.1.2 2000 年的旅游效率统计特征

在 2000 年，旅游总效率有效城市为广州、深圳、三亚和乌鲁木齐 4 个，说明这些城市的旅游发展位于效率最佳前沿面上，而其他 54 个城市无效，有效与无效城市分别占城市总数的 7.41%和 92.59%，全部城市的旅游总效率平均值为 0.39，说明该年份城市旅游效率的总体水平仍较低。在分解效率中，旅游规模有效的城市达到 5 个，分别是广州、深圳、三亚、乌鲁木齐和上海，占 58 个城市总数的 8.62%，其他 53 个城市的旅游规模无效，占城市总数的 91.38%，参与计算的城市的旅游规模效率平均值为 0.59。旅游技术效率有效的城市达到 26 个，占城市总数的 44.83%；技术效率无效的城市为 32 个，略高于技术效率有效的城市个数，占总数的 55.17%，城市的旅游技术效率平均值为 0.75。旅游利用效率有效的城市为 30 个，而利用效率无效的城市为 28 个，分别占城市总数的 51.72%和 48.28%，当年城市旅游利用效率的平均值则达到 0.90。统计结果如表 5-5 所示。

表 5-5　中国主要城市的旅游效率统计特征（2000 年）

项　　目	总效率	规模效率	技术效率	利用效率
有效城市个数	4	5	26	30
有效城市比（%）	7.41	8.62	44.83	51.72
平均值	0.39	0.59	0.75	0.9

以 1995 年和 2000 年中国 58 个主要城市旅游投入产出数据构建的效率最佳前沿面为基础，参考 2005 年的中国城市旅游效率统计特征（表 5-6），对不同时期城市旅游各分解效率之间的比例关系分析可见，三个时期城市旅游规模效率、技术效率和利用效率平均值的比值分别从 1995 年的 0.55:0.67:0.91 逐渐增加到 2000 年的 0.59:0.75:0.90，并最终在 2005 年进一步增加到 0.71:0.77:0.84。基于此，可以得到中国的城市旅游效率统计特征演变规律：即 1995 年以来，中国主要城市的旅游总效率整体水平较低，在总效率的分解中，技术效率和利用效率较高，规模效率较低，且各分解效率之间呈现差距逐渐缩小、进而趋同的收敛特征。

表 5-6　中国主要城市的旅游效率统计特征（2005 年）

项　　目	总效率	规模效率	技术效率	利用效率
有效城市个数	5	6	29	17
有效城市比（%）	8.62	10.34	50.00	29.31
平均值	0.44	0.71	0.77	0.84

5.2.2 分组特征

5.2.2.1 1995年中国主要城市的旅游效率分组特征

以 0.2 为步长对 58 个城市的旅游总效率进行分组可见。1995 年，效率值介于 0~0.19 这一区间的城市共有 20 个，占城市总数的 34.48%；介于 0.2~0.39 这一区间的城市总数达到 23 个，占全部 58 个城市的比例高达 39.66%，二者合计占到 74.14%；此外，介于 0.4~0.59、0.6~0.79、0.8~0.99 的城市个数分别达到 6、5 和 1 个，分别占城市总数的 10.34%、8.62%和 1.72%。可见，该时期中国城市旅游效率的总体水平较低，且总效率的分布呈金字塔式结构，即效率高的城市个数少，效率低的城市个数多。

在各分解效率中，旅游规模效率介于 0~0.19 这一区间的城市有 2 个，占城市总数的 3.45%；介于 0.2~0.39 这一区间的城市总数为 16 个，占城市总数的 27.59%；介于 0.4~0.59 的城市个数为 13 个，占城市总数的 22.41%；介于 0.6~0.79 的城市个数最多，达到 20 个，占 58 个城市总数的 34.48%介于 0.8~0.99 的城市个数为 4 个，占城市总数的 6.90%。可见，该时期中国城市旅游发展的规模效率大多处于中间水平,其分布呈现两头低中间高的纺锤体结构特征。

对旅游技术效率进行分组可见，该时期没有一个城市的旅游技术效率值介于 0~0.19 这一区间；介于 0.2~0.39 这一区间的城市总数为 16 个，占城市总数的 27.59%；介于 0.4~0.59 的城市个数为 12 个，占城市总数的 20.69%；介于 0.6~0.79 和 0.8~0.99 的城市个数均为 5 个，占城市总数的 8.62%。可见，该时期中国城市旅游的技术效率水平相对较高，其分布呈现高－低－高的"双峰单谷"结构特征，旅游技术效率值中等偏上的城市个数较少。

对旅游利用效率分组可见，该时期也没有一个城市旅游的利用效率值介于 0~0.19 和 0.2~0.39 这两个区间；效率值介于 0.4~0.59 的城市个数为也仅为 3 个，占城市总数的 5.17%。随着区间值的增大，利用效率值较高的城市个数也逐渐增多,介于 0.6~0.79 这一区间的城市个数达到 7 个,占城市总数的 12.07%；而介于 0.8~0.99 这一区间的城市个数则达到 20 个，占总数的 34.48%。可见，该时期中国城市旅游利用效率呈现从低到高的倒置金字塔式分布结构，旅游利用效率值越高，城市个数越多；旅游利用效率值越低，城市个数越少。

5.2.2.2 2000年中国主要城市的旅游效率分组特征

在 2000 年，总效率值介于 0~0.19 这一区间的城市共有 14 个，占城市总数的 24.14%；介于 0.2~0.39 这一区间的城市总数达到 22 个，占全部 58 个城市的比例高达 37.93%，低于平均值 0.39 的城市数目达到 36 个，占城市总数的 62.07%，说明仍有超过多数城市旅游的效率低于平均水平；此外，介于 0.4~

0.59、0.6~0.79、0.8~0.99 的城市个数分别达到 11、4 和 3 个，分别占城市总数的 18.97%、6.90% 和 5.17%。从总体上看，该时期城市的旅游总效率分布与 1995 年比较差异不大，仍呈现金字塔式分布特征。

在各分解效率中，旅游规模效率值介于 0~0.19 区间的城市有 6 个，占城市总数的 10.34%；介于 0.2~0.39 区间的城市总数为 9 个，占城市总数的 15.52%；介于 0.4~0.59 区间的城市个数为 15 个，占城市总数的 25.86%；介于 0.6~0.79 区间的城市个数达到 9 个，占城市总数的 15.52%；介于 0.8~0.99 区间的城市个数为 14 个，占城市总数的 24.14%。该时期旅游规模效率的分布呈现"两峰三谷"特征，即处于规模效率偏低和偏高的城市个数较多，而处于两端和中间水平的城市个数较少。

对旅游技术效率的分组可见，效率值介于 0~0.19 区间的城市仅为 1 个，占城市总数的 1.72%；效率值介于 0.2~0.39 区间的城市增加到 6 个，占城市总数的 10.34%；在 0.4~0.59 区间，城市个数显著增加到 13 个，占城市总数的 22.41%；效率值介于 0.6~0.79 区间的城市下降为 7 个，占城市总数的 12.07%；在 0.8~0.99 区间，城市个数为 5 个，占城市总数的 8.62%；最后，26 个城市的旅游技术效率达到有效，总体上看，该时期城市旅游技术效率值也呈现"双峰单谷"的分布特征。

对旅游利用效率的分组可见，该时期也没有城市的旅游利用效率值介于 0~0.19 这一区间；而介于 0.2~0.39 和 0.4~0.59 这两个低分值区间的城市个数也仅为 2 个和 3 个，分别占城市总数的 3.45% 和 5.17%；随着区间值的增大，利用效率值较高的城市个数也逐渐增多，介于 0.6~0.79 区间的城市个数增加到 6 个，占城市总数的 10.34%；而介于 0.8~0.99 这一较高分值区间的城市个数则达到 17 个，占城市总数的 29.31%。城市的旅游利用效率分布也呈现从低到高的倒置金字塔式结构。利用效率值越高，城市个数越多；利用效率值越低，城市个数越少。

以 0.2 为步长，1995 年、2000 年和 2005 年中国城市旅游总效率及其分解效率的分组结果如表 5-7 所示。

表 5-7 中国主要城市的旅游效率分组结果

效率步长	总效率			规模效率			技术效率			利用效率		
	1995	2000	2005	1995	2000	2005	1995	2000	2005	1995	2000	2005
0~0.19	20	14	9	2	6	1	0	1	0	0	0	0
0.2~0.39	23	22	18	16	9	9	16	6	6	0	2	0
0.4~0.59	6	11	19	13	15	9	12	13	12	3	3	8

续表

效率步长	总效率			规模效率			技术效率			利用效率		
	1995	2000	2005	1995	2000	2005	1995	2000	2005	1995	2000	2005
0.6~0.79	5	4	4	20	9	8	5	7	9	7	6	11
0.8~0.99	1	3	3	4	14	25	5	5	2	20	17	22
1	3	4	5	3	5	6	20	26	29	28	30	17

5.2.2.3 三个时期旅游效率分组特征的比较

基于1995年和2000年中国主要城市旅游总效率及其分解效率的分组特征，参考2005年中国主要城市旅游效率分组特征，可以对三个时期的结果进行比较。从各时期效率峰值分布特征的历时性角度看，城市旅游的总效率存在从低效率为主体逐渐向高效率为主体过渡的趋势；尽管规模效率在2000年的峰值区间出现在0.4~0.59区间，表现出一定的复杂性和不稳定性，但总体上仍表现出从低区间城市个数多向高区间城市个数多过渡的特征；而技术效率也表现出类似的变化特征，但由于技术有效的城市个数较多，有效城市个数峰值均出现在有效区间，所以变化较为稳定；同理于技术效率，由于利用效率有效城市个数也较多，因此从总体上看，该时期利用效率的分组变化也呈现较为稳定的特征，但利用效率的分布也从一定程度上呈现出从高区间城市个数多向低区间转移的趋势。

这种分组特征也与城市旅游属性特征和中国城市旅游的阶段特征密切相关，由于城市旅游发展的技术含量较低，所以城市在旅游发展过程中，较容易实现对现有技术水平的利用，因此城市旅游整体上的技术效率水平较高，且城市之间旅游技术效率的差距较小；从城市旅游发展阶段上看，由于大规模的城市旅游始于20世纪90年代中期，因此城市旅游发展对资源投入的需求缺口较大，考虑到中国经济发展的区域不平衡性，大多数城市的旅游发展处于规模收益递增阶段，因此旅游发展的资源投入基本都可以被城市生产所消化，资源投入的组合方式不会导致城市旅游生产的冗余，因此，早期阶段大多数城市旅游的利用效率水平均较高，且城市之间的差距不大。但随着越来越多城市开始进入规模收益的递减阶段，更多的资源投入产生了冗余，阻碍了城市旅游利用效率水平的进一步提高，利用有效率的城市个数开始减少。但城市之间经济实力的差距并没有随着时间的演化而出现趋同的特征，因此，不同区域城市用于旅游产业发展的资源投入规模随着城市经济实力的变化不断发生变化，但总体上看，各城市用于旅游发展的资源投入规模均得到了提高，表现出城市旅游规模效率区间也呈现从低值向高值推进的特征，并最终形成1995~2005年中国城市旅游效率的变化特征。

不同时期城市的旅游总效率及其分解效率在各区间的分布特征如图 5-1 所示。

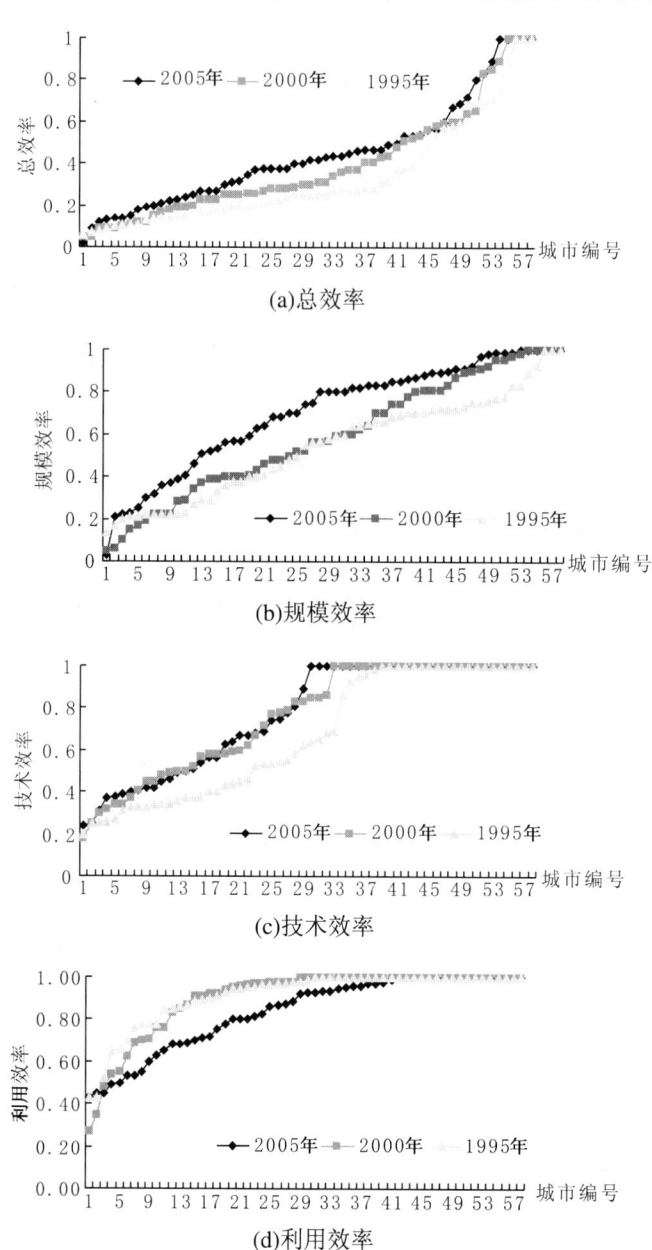

(a) 总效率

(b) 规模效率

(c) 技术效率

(d) 利用效率

图 5-1　三个时期中国主要城市的旅游效率分组特征

可见，以 1995 年、2000 年和 2005 年城市的旅游发展投入产出数据构建的前沿面为基础，随着时间的演进，城市旅游效率的分布逐渐表现出从低区间向高区间转移的趋势，并向着城市之间旅游效率差距逐渐减小、各分解效率分布更加集中而均衡的趋势演化。这种特征反映了城市旅游发展已经从早期资源利用能力差异较大，逐渐过渡到城市之间旅游发展资源利用水平较为平均的状态。据此，可以得到以下规律：尽管 1995～2005 年期间中国城市的旅游总效率水平较低，但同一时期各城市旅游效率的分解效率之间呈现差距逐渐缩小、水平接近的收敛特征。其中，技术效率、利用效率的变动和对总效率的影响较为稳定，但规模效率的变动和对总效率的影响表现出随时间变化呈现低－高－低变化的特征。

5.2.3 发展阶段特征

基于第四章相同的原理和方法，通过比较城市的旅游规模收益不变条件下效率和规模收益非增条件下效率，可以分别对 1995 年和 2000 年城市的旅游发展所处的阶段进行判定。如图 5-2 所示，1995 年，除上海和广州两个城市规模收益非增条件下的效率（分别为 0.7 和 1）大于规模收益不变条件下的效率（分别为 0.58 和 0.89）外，其他城市旅游的两种效率在数值上均相等。与此类似，在 2000 年，除北京和杭州两个城市规模收益非增条件下的效率（分别为 0.97 和 0.94）大于规模收益不变条件下的效率（分别为 0.89 和 0.85）外，其他城市的两种旅游效率在数值上也均相等。说明在 1995 年和 2000 年的 58 个中国主要城市中，仅有 3.45% 的旅游发展处于规模收益递减阶段，大多数城市旅游的发展对资源存在更大的需求。在 2005 年，规模收益非增条件下旅游效率大于规模收益不变条件下旅游效率的城市则达到 8 个，即北京、杭州、广州、青岛、苏州、宁波、无锡和重庆。可见，尽管该时期处于旅游发展规模收益递减阶段的城市个数明显增加，但仍仅为 58 个城市的 13.79%，绝大多数城市的旅游发展仍处于规模收益递增阶段，通过扩大要素投入规模，城市的旅游发展仍可取得更高的收益。但总体上看，随着时间的演化，已经有越来越多的城市开始从早期资源投入不足状态逐渐演进到资源投入的过渡状态。

从三个时期处于旅游规模收益递减阶段城市的空间分布看，无论是 1995 年的上海和广州，还是 2000 年的北京和杭州，以及 2005 年的北京、杭州、广州、青岛、苏州、宁波、无锡和重庆，除重庆这个直辖城市外，其他城市均处于中国经济最为发达的长三角、珠三角、京津唐或者山东半岛等地区，所以可以认为，本书第四章所得到的经验性结论"经济发达地区城市的旅游发展更容易进入规模收益递减阶段"及其相关解释仍适用于中国城市旅游发展的前两个时期。

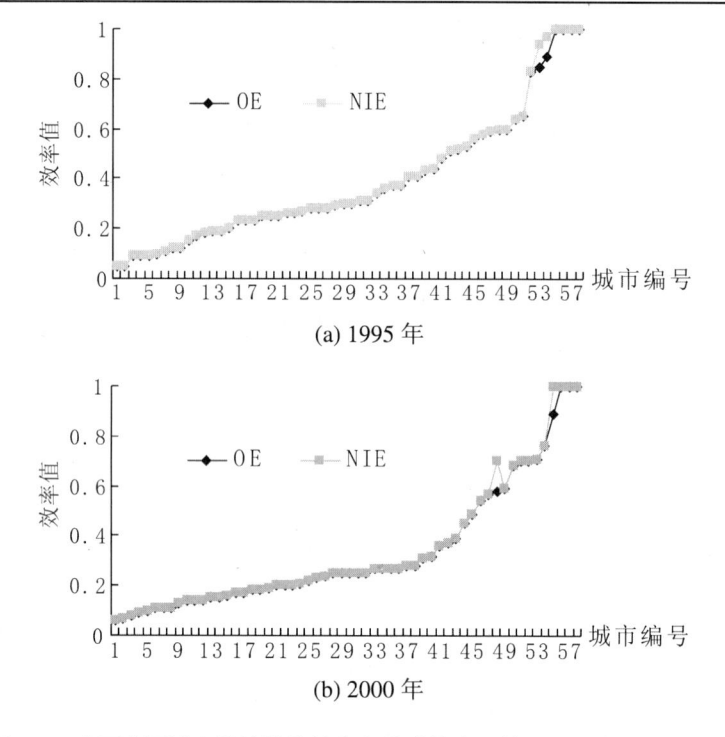

图 5-2　中国主要城市的旅游总效率和非增效率比较（1995年和2000年）

5.2.4　分解效率对总效率贡献的特征

利用与 2005 年相同的研究方法，基于二维有序坐标对建立散点图分别对 1995 年和 2000 年城市的旅游分解效率对总效率影响和制约程度进行表征。

通过对图 5-3 和图 5-4 的观察可见，与 2005 年的结果类似，两个时期各城市的旅游总效率与其分解效率所决定的散点也都没能较好地实现与 45 度对角线相匹配，说明 1995 年和 2000 年中国城市的旅游总效率也同时受到三种分解效率的共同作用。但比较而言，由于只有少数城市的旅游总效率达到有效状态，而相较于规模效率，有更多城市的旅游技术效率和利用效率达到有效状态，所以有更多的由这两种效率和总效率确定的散点位于散点图的顶端，使这些散点偏离 45 度对角线的程度较规模效率的偏离更严重。比较而言，总效率—规模效率散点图中的点更接近于 45 度对角线，说明在 1995 年和 2000 年城市旅游效率的分解中，仍然是规模效率对总效率的影响和制约能力略强于技术效率和利用效率，而技术效率又略强于利用效率。

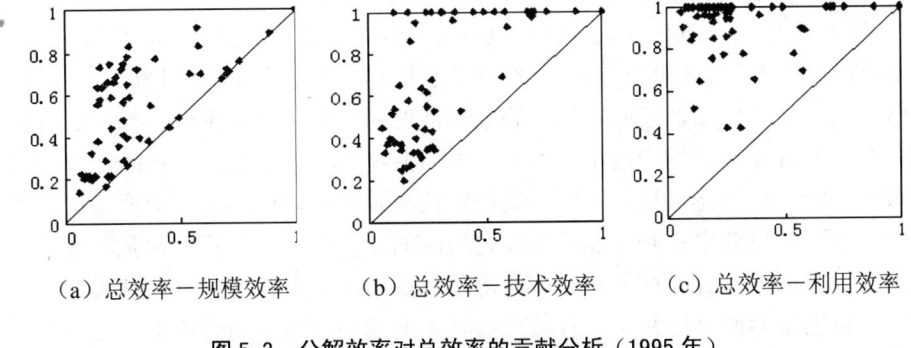

(a)总效率－规模效率　　(b)总效率－技术效率　　(c)总效率－利用效率

图 5-3　分解效率对总效率的贡献分析（1995 年）

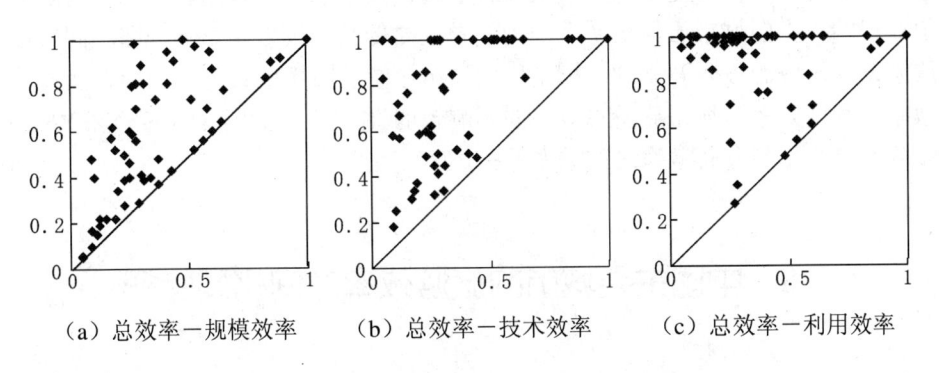

(a)总效率－规模效率　　(b)总效率－技术效率　　(c)总效率－利用效率

图 5-4　分解效率对总效率的贡献分析（2000 年）

偏相关分析的计算结果表明，1995 年城市的旅游规模效率与总效率相关性最强，相关系数为 0.930 7；技术效率与总效率的相关性较强，相关系数为 0.928 1；利用效率与总效率的相关程度最弱，相关系数为 0.759 8。2000 年规模效率与总效率的相关性为 0.963 1，而技术效率和利用效率与总效率的相关程度均弱于规模效率的影响，相关系数分别为 0.932 5 和 0.900 0。可见，本研究定量测算的结果进一步证明了经验研究所得的结论，即 1995 年和 2000 年中国城市的旅游总效率受到规模效率的影响程度大于技术效率和利用效率，而技术效率对总效率的影响大于利用效率对总效率影响。不同分解效率对总效率影响程度的差异进一步揭示了这两个时期中国城市旅游总效率水平偏低的原因，即：旅游技术效率和利用效率达到有效的城市个数较多，而大部分城市的规模效率和总效率未能达到有效，受平均值较低的规模效率对总效率的影响大于平均值较高的技术效率和利用效率对总效率影响，这两个时期城市的旅游总效率水平均较低。这个结果再次说明，尽管从 90 年代中期起，中国城市旅游发展已经有了十余年的历史，但城市之间对旅游发展的资源投入规模仍然存在较大差异，这种差异也是影响城市旅游效率空间差异形成的主要原因。

根据 1995 年、2000 年中国城市旅游总效率与其分解效率之间的关系，参照 2005 年的相关特征可以发现：三个时期中国城市旅游总效率均同时受到三种分解效率的共同作用，没有一种分解效率能够对总效率特征形成的原因进行单独而全面的解释，但均表现出规模效率对总效率的作用强度大于技术效率和利用效率的特征。可见，尽管不同时期城市旅游发展构建的最佳前沿面不同，不同分解效率对总效率影响和制约强度也随时间变化存在一定程度的强弱变化，但规模效率仍然是各时期影响城市旅游总效率的最重要原因。这个结果说明：中国城市的旅游发展过程中，各城市对技术的利用和资源组合能力差距不大，总效率的进一步提高在很大程度上依赖于规模效率水平的提高。因此，第四章中获得的"中国城市旅游效率之间的差异主要受其规模效率影响，即不同城市旅游发展对资源投入要素的规模是影响城市旅游总效率的最重要原因，而技术效率和利用效率对城市旅游总效率的影响较弱"结论也适用于对 1995 年和 2000 年旅游总效率与分解效率之间关系的描述。

5.3　中国主要城市的旅游效率空间格局特征

5.3.1　旅游总效率的空间格局

1995 年，在 58 个中国主要城市中，共有北京、深圳和中山三个城市实现了旅游总效率有效。从空间格局上看，这三个旅游总效率有效的城市均分布在经济发达的京津唐和珠三角地区，并在珠三角地区形成了一个包括深圳、中山、广州和珠海在内的旅游高效率密集城市群。其中，除效率有效的深圳和中山外，广州、珠海市的旅游总效率也分别达到 0.89 和 0.68 的高水平。此外，具有较高旅游效率水平的城市还有著名风景旅游城市黄山、桂林以及海口和三亚，这些城市的旅游总效率也分别达到 0.76、0.71、0.70 和 0.70 的较高水平。对其空间分布进行分析可见，黄山是长三角"15+1"区域旅游合作的重要核心城市之一，而桂林、海口和三亚则是"泛珠三角区域旅游合作"的重要组成城市。可见，这些高旅游效率城市均分布在经济发达地区，或受这些经济发达地区城市集群的影响。而其他城市的旅游总效率均相对较低，尤其是商务活力和资源特色均不明显的城市，如南通、泉州、洛阳和连云港等，这些城市的旅游效率均低于 0.1，从空间分布上也没有表现出明显的规律性特征。总体上看，该时期中国城市旅游效率较高的城市个数较少，反映到图 5-5 中，大多数代表不同城市旅游效率水平的圆点均较小，且高旅游效率城市和低旅游效率城市之间的分化较为明显。

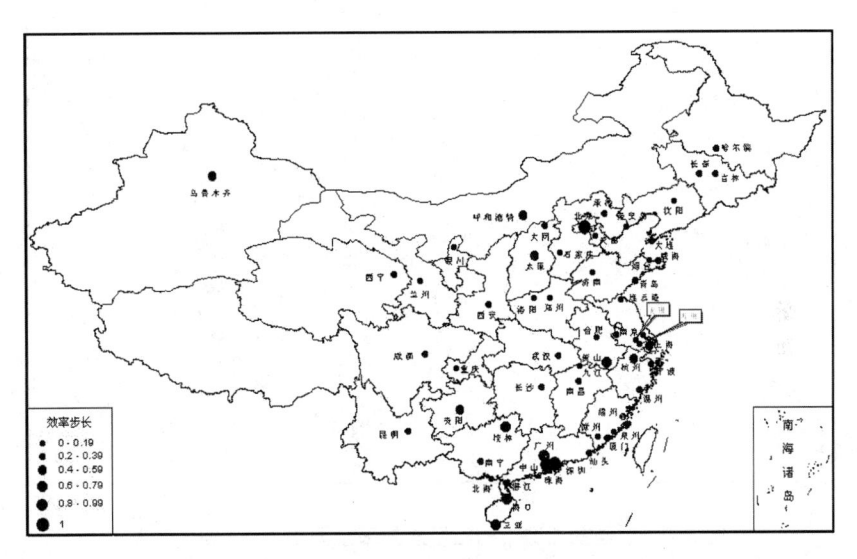

图 5-5 中国主要城市的旅游总效率空间格局（1995 年）

2000 年，总效率有效的城市包括乌鲁木齐、广州、深圳和三亚等四个，总效率值高于 0.6 的城市还包括北京、杭州、南昌、南宁、桂林、珠海和中山等。从空间格局上看，这些城市中，广州、深圳、珠海和中山位于珠三角旅游合作区，且这些城市所在的区域是中国经济最发达的区域；三亚、南昌、南宁、桂林位于泛珠旅游合作区的城市群腹地范围内，其旅游发展受到经济发达的珠三角影响；北京是首都城市，位于京津唐经济高度发达的地区；杭州是长三角地区最重要的旅游城市。可见，该时期中国城市旅游效率较高的城市大多分布在中国经济发达的地区，或者位于大型城市旅游发展的合作区范围内，受到经济发达地区城市旅游发展的带动和影响，从而提高了城市旅游发展的技术效率和利用效率水平。此外，乌鲁木齐市的旅游发展也实现了该时期的有效率，主要原因应在于其天山北麓城市群核心城市和通往西亚门户城市的地理因素，否则只能归结为 DEA 计算中残差的偶然影响，当然该判断尚需更深入的案例研究加以论证。相反，该时期中国旅游效率值低于 0.2 的城市包括秦皇岛、九江、烟台、武汉、青岛、连云港、承德、泉州、漳州、西安、天津、吉林、厦门、合肥和西宁等 15 个。这些城市在空间格局上没有表现出明显的规律性，但属性上绝大部分属于中等规模、非门户性和重要的区域性中心城市。相较于 1995

年，该时期效率较高的城市仍主要集中在以长三角、珠三角为中心的经济发达地区，但其空间范围有所扩大，各城市旅游效率的分布特征如图5-6所示。

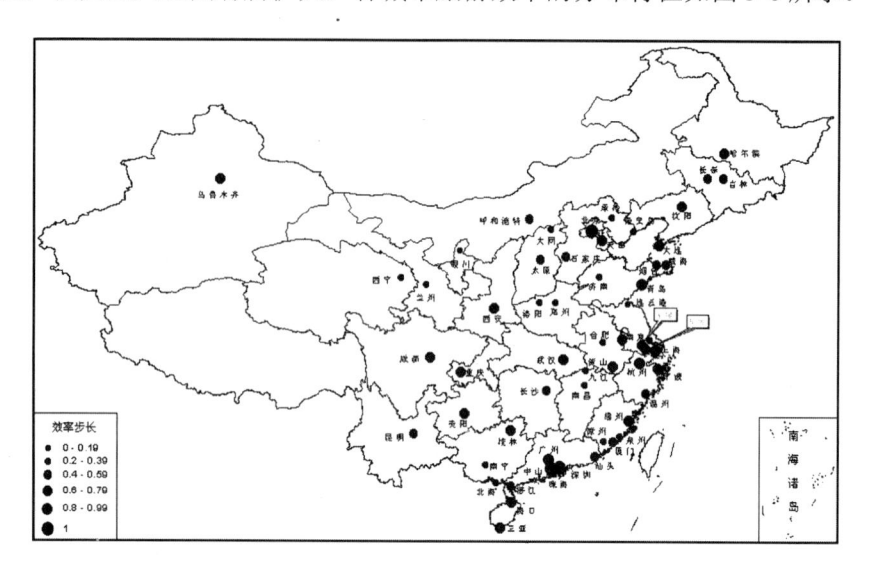

图5-6 中国主要城市的旅游总效率空间格局（2000年）

以1995年和2000年中国城市旅游总效率的空间格局为基础，通过与2005年总效率空间格局的对比可知，尽管不同时期不同区域城市的旅游效率值不断发生变化，但效率较高的城市总倾向于集中在长三角、珠三角和京津唐等地区分布，或者明显受到这些地区影响和作用的地区，以及一些少量著名的风景旅游城市和区域性经济中心城市；而区域经济发展较为落后、本身缺乏明显特色的小城市则一般表现为旅游发展的低效率。基于1995年、2000年和2005年中国城市的旅游总效率空间格局对比结果，可以得到如下结论：从20世纪90年代中期起，中国城市旅游总效率较高的城市主要集中于以东部沿海三大经济区为核心的城市密集区，但总效率较低城市的空间分布规律并不明显，且城市之间效率差异呈现逐渐减小、进而趋同收敛的特征。

5.3.2 旅游规模效率的空间格局

1995年，58个中国主要旅游城市中，旅游规模效率有效的有北京、深圳和中山三个；旅游规模效率值在0.8以上的城市有杭州、广州、上海和青岛等4个；此外，西安、大连、重庆、武汉等主要省会城市和副省级城市的旅游规模效率也维持在较高水平。从这些高规模效率城市的空间格局上看，深圳、中山和广州位于经济发达、城市化水平较高的珠三角地区；杭州、上海是长三角地区经济最为发达、区域旅游竞争与合作中地位最重要的两个城市；北京是首都城市，且是京津唐地区经济发展的最重要增长极；青岛和大连分别位于经济发达的山东半岛和辽东半岛地区，并在区域经济发展中占有重要地位；此外的西安、重庆、武汉也是区域性的经济中心城市，经济发展水平较高，并围绕这个中心城市往往形成一定规模的城市集群。从总体上看，该时期中国城市的旅游规模效率空间分布也形成了以珠三角、长三角、京津唐三大经济区为中心的城市密集区和以区域性中心城市为主要散点的布局结构。相反，该时期旅游规模效率较低，效率值均浮动在 0.2 左右的城市主要包括南通、九江、泉州、漳州、银川和连云港等，这些低旅游规模效率城市在空间结构上缺乏明显规律性，但在属性上，均表现出规模较小、特色不明显。该时期 58 个城市旅游规模效率的空间分布如图 5-7 所示。

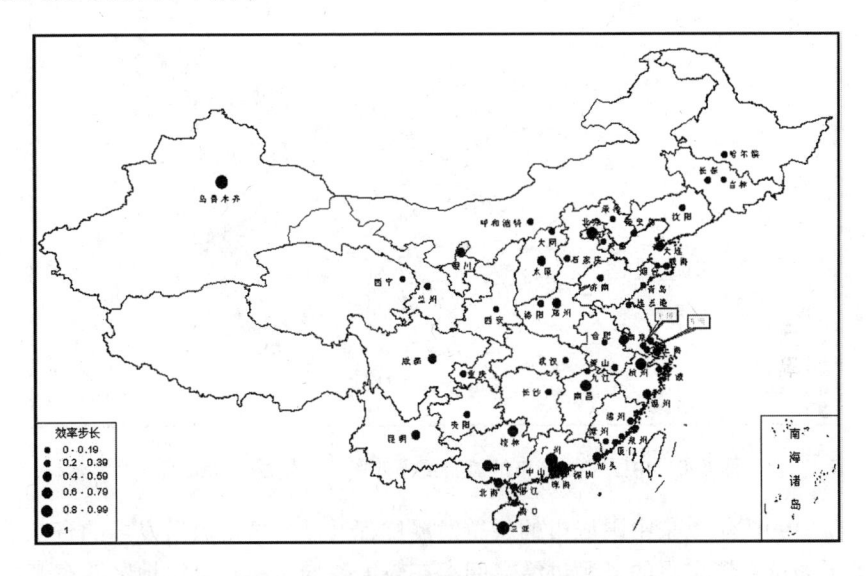

图 5-7 中国主要城市的旅游规模效率空间格局（1995 年）

2000 年，旅游规模效率有效的城市包括广州、深圳、三亚、乌鲁木齐和上海五个。其中，广州和深圳位于经济发达的珠三角地区，而三亚受到珠三角地区的辐射，并属于泛珠区域旅游合作的重要节点城市；上海位于经济最发达的长三角地区，且是中国最早进行区域旅游合作的城市；乌鲁木齐则是西北地区通向中亚地区的门户。旅游规模效率值较高的城市还包括重庆、成都、昆明、大连、北京、南京和杭州等。从空间格局上看，这些高效率城市分布区域均是中国经济较为发达、城市化水平高和城市数目较多的东部沿海城市或区域性中心城市，前者如北京、南京、杭州和大连；后者如昆明、重庆、成都等，而围绕这些区域性中心城市，也往往形成区域性的城市群。与此相反，旅游规模效率值低于 0.2 的城市包括承德、厦门、漳州、吉林、合肥和西宁等，这些旅游规模效率较低城市的区域分布缺乏明显的规律性特征。但从属性上看，这些城市一般属于规模较小的地区性城市，或者单纯以旅游为产业发展类型、功能较为单一的城市。可见，2000 年城市旅游规模效率的空间分布沿袭了 1995 年的特征，即经济较发达地区集中了更多规模效率较高的城市，而一些区域性中心城市也表现出较高的规模效率水平。但旅游规模效率较低的城市并没有表现出明显的空间分布特征，该时期 58 个城市旅游规模效率的空间分布如图 5-8 所示。

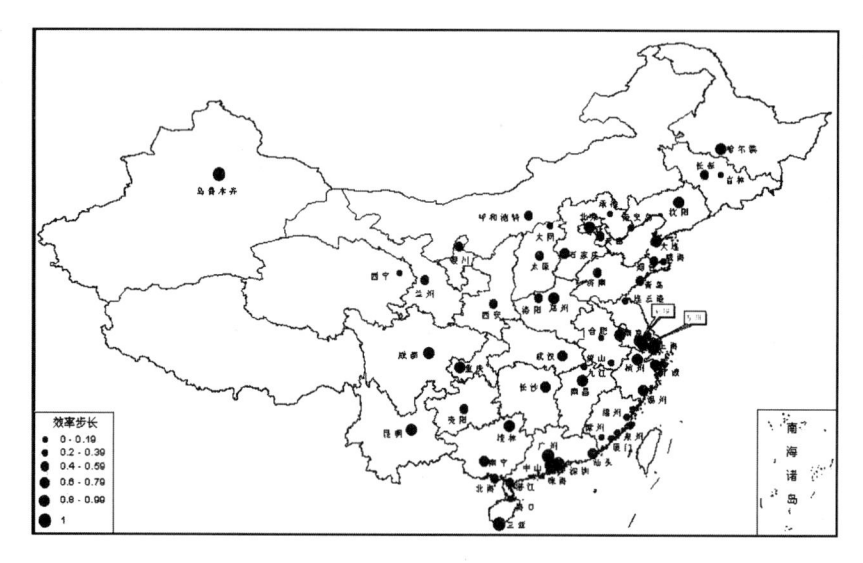

图 5-8　中国主要城市的旅游规模效率空间格局（2000 年）

从 1995 年以来中国城市的旅游发展过程看，各城市旅游发展的资源需求与基于城市经济水平的资源供给之间存在较大差异。东部沿海地区改革开放的时间较早，这些地区城市经济发达，积累了雄厚的物质资本，且由于这些地区具有重要的符号意义，所以城市对环境改善和旅游发展重要性的认识较为充足，城市用于旅游发展的资源投入规模较大，导致城市对旅游资源需求的供给满足程度较高；而中西部和东北地区经济欠发达，城市可用于旅游发展的资源投入规模有限，因此城市对旅游资源需求的供给满足程度较低。以 1995 年和 2000 年中国主要城市的旅游规模效率空间格局为基础，通过与 2005 年的对比可知：从 20 世纪 90 年代中期起，旅游规模效率较高的城市主要集中在以东部沿海三大经济区为核心的城市密集区，一些区域性中心城市也逐渐具有较高的规模效率水平，且城市间规模效率的差距呈现逐步减小的趋势；但旅游规模效率较低的城市并没有表现出明显的空间分布特征。

5.3.3 旅游技术效率的空间格局

1995年，中国城市的旅游技术效率总体水平相对较高，有20个城市达到旅游技术效率有效，受此影响，高旅游技术效率城市在空间分布上没有表现出明显的区域性差异。从个体城市看，这些技术有效率的城市既包括北京、广州、上海等全国性的门户城市，也包括乌鲁木齐、呼和浩特等内陆城市；而技术效率水平较低的城市也包括无锡、沈阳、石家庄、烟台、天津等东部地区沿海城市。可见，无论是高旅游技术效率城市还是低旅游技术效率城市，在不同的区域空间上都有分布，所以该时期旅游技术效率的空间分异特征不明显。从技术有效率的旅游意义可知，该时期中国城市在旅游发展过程中对资源使用的整体技术水平较高，这种能力在空间上没有表现出显著差异，如图5-9所示。

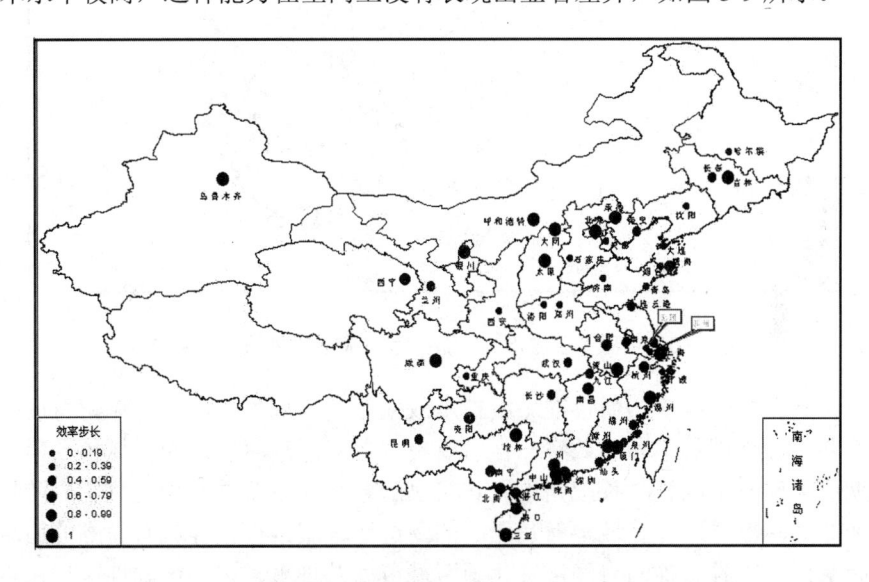

图5-9 中国主要城市的旅游技术效率空间格局（1995年）

2000年，中国城市的旅游技术效率平均水平仍较高，26个城市达到旅游技术有效率，并受有效率城市个数较多的影响，城市间旅游技术效率的区域差异也不明显。除经济发达地区的主要城市获得了旅游技术效率有效外，一些典型的区域性中心城市，如成都、重庆、昆明、兰州等，也达到了旅游技术效率有效；但在京津唐地区，除北京达到技术效率有效外，天津的技术效率值则较低，如果不是受DEA计算中产生的效率残差的影响，对以天津为代表的这些城市旅游技术效率产生变异的原因进行解释，需要更为深入的案例研究；此外，旅游技术效率值较低的城市还包括西安、烟台、哈尔滨、武汉、沈阳和青岛等，这些低旅游技术效率的城市在空间分布上也较为复杂，既有东部沿海城市也有内陆城市，说明经济发展水平对旅游技术效率的影响有限。但从属性上分析，天津、西安、武汉、哈尔滨和沈阳均是重要的区域性特大城市，只有烟台的城市规模较小。从总体上看，该时期中国城市旅游发展的技术效率在空间上的规律性并不明显，其空间分布特征如图5-10所示。

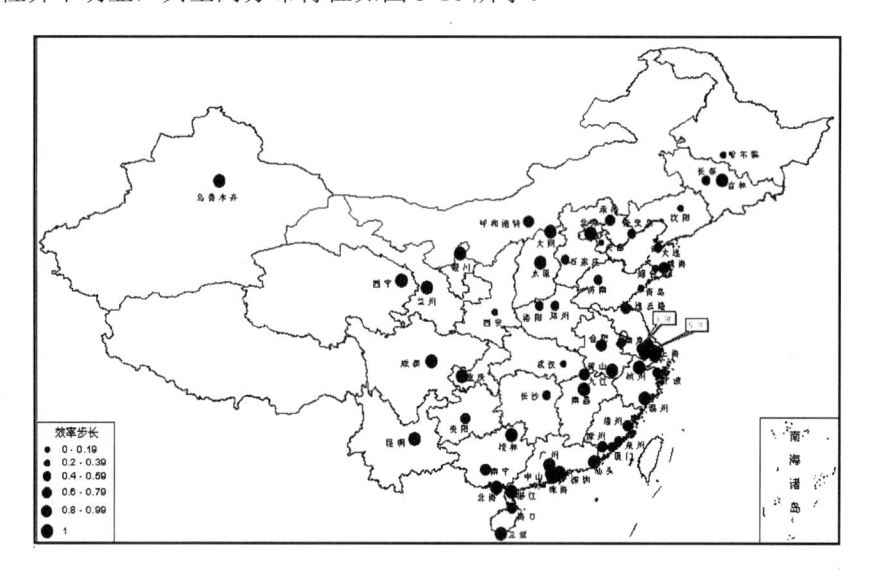

图5-10 中国主要城市的旅游技术效率空间格局（2000年）

考察三个时期中国城市的旅游技术效率空间格局可知，尽管旅游发展技术效率并不像规模效率和总效率一样主要集中在东部沿海发达地区城市，但不同时期位于珠三角地区、长三角地区和京津唐地区的主要城市均达到了旅游技术效率有效，而受这些区域辐射和影响的周边地区城市也往往具有较高的旅游技术效率值。同时，除沿海经济发达地区城市外，越来越多的内陆地区城市也表现出较高的旅游技术效率水平，说明中国城市旅游发展过程中，技术水平的扩散与经济水平之间并没有强相关性，技术水平的扩散属于典型的传染扩散。基于以上分析，以1995年和2000年中国城市的旅游技术效率空间格局为基础，通过与2005年的对比，可以得到如下结论：从20世纪90年代中期起，中国主要城市的旅游技术效率均处于较高水平，尽管东部沿海地区城市往往具有相对较高的技术效率，但效率水平区域间的差距并不明显，且呈现差距逐渐减小的趋势。

5.3.4 旅游利用效率的空间格局

1995年，中国城市的旅游利用效率普遍处于较高水平，平均值达到0.91，城市的旅游利用效率水平差距较小。其中，利用效率有效的城市个数达28个，成都、温州两个城市的旅游利用效率最低，也达到0.43的水平，说明中国各城市在发展旅游的过程中，对资源利用投入的搭配组合能力的整体水平普遍较高，冗余程度较低。受高利用效率城市个数较多的影响，具有较高利用效率水平的城市广泛分布在全国各个省份内，城市的旅游利用效率空间分布没有特别明显的差异。但总体上看，京津唐、长三角和珠三角等经济发达地区内的城市仍然保持着相对较高的旅游利用效率水平，如图5-11所示。

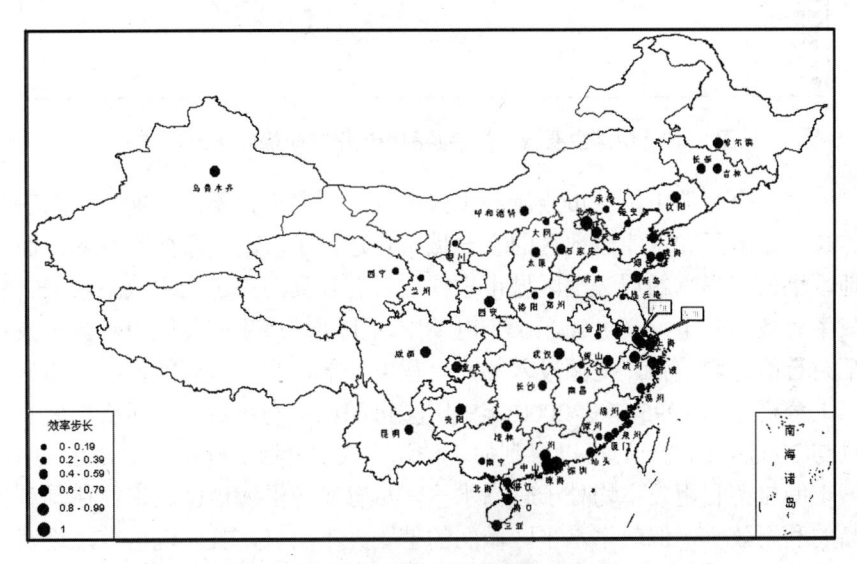

图5-11 中国主要城市的旅游利用效率空间格局（1995年）

2000年，中国城市的旅游利用效率仍普遍处于较高水平，平均值达到0.90。其中，超过一半的城市达到旅游利用效率有效，各城市旅游利用效率之间差距进一步缩小，标准差仅为0.17，说明城市间对旅游发展资源投入的比例分配能力差距较小，资源利用出现的冗余度较低。即使旅游利用效率值较低的上海、苏州和重庆等城市，其效率值也分别达到0.48、0.35和0.27的相对较高的水平。由于多数中国城市的旅游利用效率已经达到有效，且旅游利用效率值的差距较小，所以该时期中国城市旅游利用效率的空间分异也不明显。但总体上看，位于珠三角地区、长三角地区和京津唐地区城市的旅游利用效率仍较高，而受其辐射和影响的周边地区城市也往往具有较高的旅游利用效率，如图5-12所示。

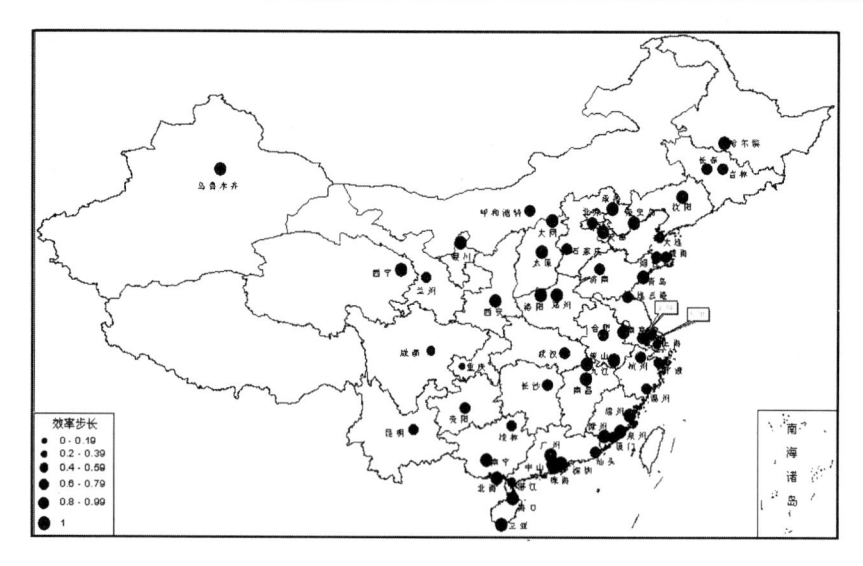

图 5-12　中国主要城市的旅游利用效率空间格局（2000 年）

考察三个时期中国城市旅游利用效率的空间格局，不同时期位于珠三角地区、长三角地区和京津唐地区的主要城市均达到了旅游利用效率有效，而受这些地区辐射和影响的周边地区城市也往往具有较高的旅游利用效率水平。从利用效率有效的旅游意义可知，三个时期中国主要城市旅游发展中对资源投入的分配组合能力均较强，资源投入的冗余程度较低，且区域间的差距不明显。基于以上分析，以 1995 年和 2000 年中国城市的旅游利用效率空间格局为基础，通过与 2005 年的对比，可以得到如下结论：从 20 世纪 90 年代中期起，中国主要城市的旅游利用效率均处于较高水平，尽管东部沿海地区城市往往具有相对较高的利用效率，但效率水平区域间的差距并不明显，且表现出差距逐渐缩小的趋势。

小结：以当年各城市旅游发展投入产出数据构建的最佳前沿面为基础，通过 1995 年、2000 年和 2005 年各时期中国城市旅游总效率及其分解效率空间分布特征的比较可见：东部沿海地区城市往往具有相对较高的旅游总效率，在各分解效率中，规模效率遵循了与总效率一致的空间分布特征；但技术效率和利用效率的空间分异特征并不明显，城市之间的差距较小。且随着时间的演进，城市旅游总效率及其分解效率在空间上的差距表现出逐渐减小、趋于接近的收敛特征。

尽管采用的原始数据来自于不同的年份，但由于本章定量测算部分选择了与第四章一致的研究方法和技术路径，所以第五章研究中取得了一系列与第四章研究一致的城市旅游效率特征，如：各个时期城市旅游总效率和规模效率水平较低、技术效率和利用效率较高；旅游规模效率是影响旅游总效率水平较低的主要原因；大部分城市的旅游发展处于规模收益递增阶段等结论。可见，不同时期中国城市旅游生产过程中的效率基本表现出相同的特征，说明这些结论具有普遍意义，基本反映了目前中国城市旅游生产的实际状况，而形成这些结论的理论解释也可以通过对旅游产业本质属性和中国城市旅游发展的过程寻求答案，即旅游产业的服务业本质、区域性经济发展不平衡性导致的旅游要素投入规模差异是形成这些特征的根本原因，相关解释与第四章的分析内容相同，可以参见相关章节。

但从历时态角度分析，仍可以提取城市旅游效率趋势演变的另外两个基本特征：

特征一：随着时间的演进，已经有越来越多城市的旅游发展开始从早期资源投入不足状态逐渐演进到资源投入的过剩状态。

特征二：随着时间的演进，中国城市的旅游总效率及其分解效率在空间上的差距逐渐减小、并趋于接近。

由于与 2005 年一致的结论已经在第四章中得到了相应的理论解释，因此本章不对上文的解释进行重复，下文的理论解释部分主要针对研究中所形成的上述两个特征进行。

5.4 中国主要城市旅游效率特征变化的理论解释

5.4.1 对特征一的解释

从城市旅游产品属性特征看，作为一种综合性旅游产品类型，城市旅游产品的内涵相较于单一的产品形态具有更加广泛的特征，几乎城市内所有可供旅游开发利用的资源都可以构成旅游吸引物吸引游客，如可见的城市建筑、城市博物馆、城市休闲设施等，以及供游客体验的城市环境、城市文化等。可见，提高城市旅游吸引力、促进城市旅游发展的重要手段之一就是实现城市旅游整体环境的营造。不同吸引物吸引游客的核心卖点不同，即使同为国家级风景名胜区，但在各自吸引范围及模式上也可以有较大的差异（张捷等，1999）。而城市旅游产品发展与风景区旅游发展的差异更为明显，即城市旅游并不一定具有直接吸引游客的"狭义性"旅游资源或旅游产品基础，如深圳、广州、珠海等城市，尽管这些城市缺乏具有直接吸引游客进行旅游观光的吸引物，但没有人会因此而否认这些城市是中国最著名的国际性旅游城市，且这些城市的旅游发展具有较高的水平，主要原因在于这些城市均通过城市本身强大的经济实力营造了良好的商务旅游环境，或者通过投资建立了具有广泛吸引力的旅游产品，如深圳的华侨城、珠海的圆明新园等。因此，广州、深圳这类城市旅游发展的主要驱动机制在于城市发达的商务活力（保继刚等，2006），而商务活力的营造必须以发达的城市经济作为基础。从这个意义上讲，无论是城市整体环境的营造还是具体项目的投资建设，城市旅游发展都需要较为雄厚的经济基础和大规模的投资，这些条件是强化城市旅游吸引力、改善城市旅游环境、提高城市旅游效益的重要途径，城市旅游发展从客观上需要大量的资金、物质等资源的投入。因此，城市经济是否发达是城市旅游能否进行大规模投入、能否实现旅游经济快速发展的基本条件。

从城市旅游发展的历程看，作为城市经济发展的一种重要手段和途径，城市旅游的重要性在中国是逐步被认识的。回顾我国旅游业发展的历史，改革开放以前，旅游业基本被认为是民间外交的事业接待性质。在此期间，国家的旅游管理机构曾被称做"中国旅行游览事业局"，其政策含义是以外交、政治接待为目的。与此相关联，旅游业则被认为是"事业性质"的、旅游管理部门被认为是"事业单位"。旅游在中国没有形成一种经济学意义上的产业形态，而是一种政府接待行为，旅游产业发展与城市经济发展之间没有必然的因果关系，在这样的背景下，城市政府在主观上不可能对城市旅游业的发展投入大规模的资金和物质资源，更不可能出现资源投入过剩，特别是当旅游发展与工业项目发展之间存在矛盾与冲突的时候，旅游业的作用几乎被城市经济发展所忽略，甚至从某种程度上被抑止。改革开放以后，随着经济体制和行政管理体制的变革，旅游业的性质也发生了很大变化，最突出的就是旅游业变成了一个经济产业。在改革开放后最初的10年，随着中国国际形象的提升，国外游客对神秘的东方古国产生了浓厚的兴趣，推动了中国入境旅游业的迅速发展，旅游部门强调最多的是为国家创汇；后来随着国内人民生活水平的提高，中国城市居民和乡村居民对旅游和休闲产品的需求也日益提高，国内旅游迅速崛起，陆续把创汇与创收并提。旅游业实现了从事业接待型向经济产业型的转变。

在国际和国内旅游市场均得到迅速发展、广大游客对旅游产品需求日益提升的背景下，城市迅速成为中国旅游发展的重要目的地类型之一。同时，由于中国的地域范围较大，城市在充当目的地的同时也担负着旅游集散中心、旅游接待中心的多重职能，在这些职能作用发挥过程中，城市服务业也得到了迅速的发展，并通过产业链的延伸，迅速改善了城市的整体环境，美化了城市的旅游形象，推动了城市经济的迅速发展。随着城市旅游客观上的迅速发展，旅游产业发展对城市形象改善的影响也越来越明显、对城市经济增长的贡献也越来越显著，各级城市政府也开始对城市旅游发展重要性的认知程度进一步加深，均表现出希望通过城市旅游发展带动城市经济发展的价值诉求，城市旅游在城市经济发展中的地位日益提高。目前，已经有 27 个省市自治区将旅游业列为支柱产业或主导产业发展，全国 60%以上的省（区、市）出台了加快旅游业发展的决定。也就是在这样的背景下，中国在 20 世纪 90 年代末期出现了建设国际旅游城市的热潮，越来越多的城市开始重视旅游产业的发展，并为该产业的发展提供了大量的资源投入。可见，随着旅游产业地位和重要性的日益提高，城市用于旅游发展的资源投入也不断得到增加，并随着时间的演进，已经有越来越多的城市旅游发展开始从早期资源投入不足状态逐渐演进到资源投入的过剩状态。

　　基于以上分析可见，在城市的旅游发展过程中，一方面，城市旅游产品的属性特征客观上要求对城市旅游的发展进行大规模的资源投入；另一方面，考虑到城市旅游对城市经济的巨大贡献，城市政府主观上有意愿对旅游产业的发展进行大规模的资源投入。在主客观两种因素的共同作用下，用于城市旅游发展的资源投入规模随着对旅游产业重要性的认识逐渐加大，从而出现了越来越多的城市开始从早期资源投入不足状态逐渐演进到资源投入过剩状态，形成本研究演变特征一的根本原因，最终导致越来越多的城市旅游发展对要素投入利用的不经济状态，从而在一定程度上制约了一部分城市旅游效率的提高。

5.4.2　对特征二的解释

　　如第四章所述，作为第三产业的龙头，旅游业在本质上可以归属为服务业，因此，旅游业具有服务业最具共性的"技术含量低"的特点。同理，城市旅游发展过程中资源利用与处理能力技术门槛较低的特征也必然贯穿于我国城市旅游发展的全过程。从发展历程看，由于对我国旅游产业经济性的认识发生在改革开放以后，当这种产业类型对经济的贡献程度显现化以后，所有城市都几乎在相同的时间点上试图通过旅游产业的发展带动城市经济的发展。但各城市旅游发展的基础条件毕竟不同，可供利用的资源水平不一，对城市旅游重要性的认识程度各异，因此，在城市旅游发展初期，那些基础条件较好、可供利用资源较多、对城市旅游发展重要性认识相对充分的城市往往可以率先实现城市旅游"零基础"上的快速发展，进而在这个时期可以获得较高的城市旅游效率；相反，那些基础条件较差、可供利用资源较少、对城市旅游重要性认识不足的城市往往不能实现城市旅游的快速发展，进而也难以取得较高的城市旅游效率，从而出现了不同区域城市旅游效率之间的差异。从空间上看，由于我国东部沿海地区实施改革开放政策的历史较长，区域经济相对发达，可供利用的资源水平较高，对城市形象和城市旅游重要性的认识相对充足，因此该区域内城市对旅游资源投入的应用能力较强、旅游效率水平相对较高。但中西部地区受基础条件差、资源有限和城市旅游重要性认识不足等多种因素的制约，所以，在城市旅游发展初期，中西部地区城市旅游发展的规模效率水平均与东部地区城市存在较大差距。

随着改革开放程度的进一步深入，区域发展水平之间的差距逐渐扩大，最终引发并逐渐得到了国家宏观层面的重视，一系列旨在缩小区域发展差距的战略和政策措施相继出台，如"西部大开发"、"东北等老工业基地振兴"、"中部崛起"等。以西部大开发为例，据统计，实施西部大开发战略6年来，中央财政性建设资金累计投入西部地区约4 600亿元，财政转移支付和专项补助累计安排5 000多亿元，长期建设国债有1/3以上用于西部地区，2002年、2003年、2004年这一比例超过40%。从1999年到2005年，西部地区的财政支出由2 166.4亿元增加到6 252.7亿元，增长了1.9倍，年平均增长19.3%，比"九五"时期高出2.7个百分点。1999年，在西部地区的财政支出中安排基本建设的支出为245.7亿元，到2005年，西部地区的基建支出达到805.2亿元，增长了2.3倍。随着这些政策的相继出台和实施，中西部地区城市的整体经济实力得到迅速提高。在城市经济实力迅速增长的同时，中西部旅游发展基础条件较差的城市对城市发展重要性的认识也进一步得到提高，对可供城市旅游发展的资源投入规模也进一步加大。在中西部地区城市旅游发展的资源投入规模逐渐增大的基础上，中西部地区城市在旅游产业发展上的后发优势得到充分发挥，短时间内资源投入规模得到了迅速增长，逐渐缩小了与东部地区城市的差距，城市旅游发展对资源投入规模的需求得到了很大程度的满足，城市旅游发展的规模效率得到迅速提高。与此同时，随着东部地区对城市旅游发展资源投入规模的不断加大，这些地区城市对资源利用的消化能力开始下降，不断出现资源投入配置的冗余，反而阻碍了旅游规模效率的进一步提高。双重因素作用下，东西部地区城市旅游发展规模效率和利用效率差距逐渐减小，显示出逐渐趋同的现象和特征。

在这样的背景下，受城市形象提升和城市旅游发展可以为城市经济和城市进步提供物质条件这一客观事实的影响，提高城市旅游资源投入的使用效率成为各城市旅游发展追求的主要目标：一方面，中西部地区城市旅游效率水平较低的城市通过模仿属性相似但效率较高城市的发展路径和方式，实现对现有技术的合理利用，逐渐取得更高的旅游效率水平；另一方面，受旅游产业本身技术含量低特征的约束，东部地区原有效率较高的城市也往往难以对有限的技术进行保护和防"拷贝",同时,也不容易在技术利用已经达到较高水平的基础上实现对技术更高水平的利用。即使利用水平有所提高,其"有限的缓慢提高"也容易被"无限的快速拷贝"所追赶。因此,这些效率较高的城市逐渐从早期能够获取"超额"的效率状态逐渐回归到"正常"的效率水平。在"追赶"和"放缓"的双重因素共同作用下,不同区域间各城市的旅游效率水平差距开始逐渐缩小、趋于接近,最终表现为,从城市旅游发展早期的技术利用水平参差不齐状态逐渐回归到各个城市之间无论在资源的技术利用水平、利用能力和处理能力上的趋同,从而形成了本研究的第二个特征,即随着时间的变化,中国城市旅游总效率及其分解效率在空间上的差距逐渐缩小、趋于接近。这个结论与相关研究的结果也一致,即以旅游经济总量、旅游经济发展速度和旅游经济发展水平为指标的区域比较结果表明,仅就旅游产业而言,中西部地区与东部地区的比较并没有表现出明显差距(马晓龙等,2008)。

5.5 本章的基本结论

基于以上分析,可以得到 1995~2005 年中国城市的旅游效率属性特征的以下结论:

(1)以不同时期城市旅游发展的投入产出数据为基础,对城市旅游效率的评价结果可见,三个时期旅游效率特征基本一致:即,各时期城市旅游效率的总体水平均较低;以城市旅游总效率有效城市构建的最佳前沿面为基础,58个城市中大多数城市的旅游处于无效状态;在总效率的分解效率中,旅游规模效率水平相对较低,而旅游技术效率和利用效率的水平较高。

(2)中国城市旅游总效率在不同历史时期表现出不同的分组特征(以效率值 0.2 作为步长),但总体呈现"金字塔"式的分布结构,即旅游效率高的城市个数少,旅游效率低的城市个数多;但随着时间的推移,"金字塔"的底端有逐渐向上推移,演化为中间高、两端低的"纺锤体"结构趋势,说明各时期中国城市旅游效率的结构在发生变化,有整体上从低区间逐渐向高区间增长的趋势;总效率分解效率分组特征的演变更为复杂,但总体上看,规模效率基本保持了与总效率一致的特征,而由于技术效率和利用效率有效的城市个数较多,所以其分组一般表现为以有效城市个数为"峰"的分布特征,变化程度不大。

(3)以各时期城市旅游发展构建的前沿面为基础,大多数中国城市的旅游发展处于规模收益递增阶段,而处于规模收益递减阶段的城市往往是经济发达地区或在区域发展中具有特殊地位的城市,说明未来一段时间内,增加城市旅游发展的投入规模仍然是提高大多数城市旅游效率的重要途径。但从时间变化上看,已经有越来越大比例的城市旅游开始进入规模收益递减阶段,一些城市旅游发展的资源投入规模已经抑制了城市旅游发展对资源的消化能力。从空间上看,处于规模收益递减阶段的城市逐渐从早期的长三角地区和珠三角地区城市演化到京津唐地区和长三角地区,并进而将这些城市的分布进一步演化到山东半岛、辽东半岛等其他经济发达地区的城市,规模收益递减城市从数量上和空间上呈"泛化"的趋势,这种泛化的特征与中国城市旅游发展的区域差距逐渐缩小的实际情况一致,证明了上述结论的稳健性。

(4)在各历史时期城市的旅游总效率分解效率中,没有任何一种分解效率可以很好地对总效率单独进行解释,说明影响中国城市旅游发展效率水平的因素较为复杂。但总的来看,以规模效率对总效率的影响最大,其次是技术效率和利用效率。从时间演变看,由于各时期不同分解效率与总效率之间的偏相关系数均较高,系数之间的变化较小,所以没有表现出特别明显的历时性变化,说明在中国城市旅游发展过程中,各分解效率对总效率的影响较为稳定,即规模效率是影响总效率的主导要素,说明不同城市在旅游发展的投入规模方面仍存在较大差距,这种差距对中国城市的旅游效率提高仍然具有最为重要的影响,而这种特征反映了未来中国城市旅游效率提高应以提高规模效率水平作为突破方向。

(5)从各时期城市的旅游效率及其分解效率空间分布看,受技术效率和利用效率有效城市个数较多、效率水平较高的影响,只有总效率和规模效率表现出一定程度的区域分异,技术效率和利用效率没有表现出明显的区域分异,即高效率城市主要分布在长三角、京津唐和珠三角地区等经济发达地区,此外,一些重要区域性中心城市和门户性城市也往往具有较高的城市旅游总效率和规模效率。从历时性比较看,具有较高总效率和规模效率的城市也呈现"泛化"的特征,即在当期城市旅游效率最佳前沿面的基础上,已经有越来越多高效率城市分布在更广泛的区域内,这个现象也进一步证明了中国城市的旅游效率之间的差异开始呈现逐渐缩小趋势的结论,再次证明了上述结论的稳健性。

本章参考文献

保继刚. 城市旅游 原理·案例. 天津:南开大学出版社,2005.

刘国新，尹卫兵．我国东中西部区域经济发展差异和对策．科技与管理，2003(6)：1～3．

马晓龙，保继刚．"塌陷"背景下中部旅游发展的地理学透视．人文地理，2008，23(1)：80～87．

张捷，都金康，周寅康，张思彦，潘冰．自然观光旅游地客源市场的空间结构研究——以九寨沟及比较风景区为例．地理学报，1999，54(4)：357～364．

周国华，彭鹏，唐承丽，周海燕．二十世纪九十年代我国区域经济发展不平衡性的测度及评价．中国软科学，2002(10)：87～92．

第六章 基于全要素生产率的城市旅游竞争力比较(1995~2005)

本章主要利用 1995 年、2000 年和 2005 年的面板数据,采用 DEA 的曼奎斯特指数(Malmquist Index,MI)对不同时期中国城市旅游的全要素生产率变化进行测量,试图对 1995~2005 年以来中国城市旅游全要素生产率的时空演变特征进行刻画和描述,并对这种特征形成的原因进行解释。

6.1 变量与原始数据的确定

受不同历史时期各城市用于旅游发展的投入产出数据构建的最佳前沿面不具可比性的制约,DEA 的 CRS、VRS、NIRS 模型不能进行效率的历时性比较。本研究利用 DEA 的曼奎斯特指数对城市旅游的全要素生产率变化进行评价,其基本原理是通过构建一个统一的前沿面,通过不同时期以曼奎斯特指数为结果的全要素生产率比较,从而探讨中国城市旅游效率的时间演变。其基本原理和模型结构参见本书第三章中的相关介绍部分。

为了保证全要素生产率研究与效率研究一致,实现二者计算结果相互比较和验证的目的,本章所采用的变量与中国主要城市旅游效率研究中的变量保持一致,同时仍选择 1990 年、2000 年和 2005 年的数据作为参与计算的原始数据。变量和数据的基本特征请参见第三章研究设计和第四、五章原始数据描述部分的相关内容。

6.2 城市旅游 TFP 的增长

6.2.1 TFP 的结果及其比较

1995~2000 年期间，中国主要城市的旅游全要素生产率的变化幅度较大，曼奎斯特指数的标准差也达到了 1.38，说明城市之间旅游全要素生产率增长程度也存在较大差异，如该时期生产率增长最快的城市是乌鲁木齐市，其曼奎斯特指数达到 8.89；而生产率下降最明显的城市是西安市，其曼奎斯特指数为 0.25。这些城市中，实现生产率增长的城市共有 41 个，占城市总数的 70.69%；17 个城市全要素生产率水平有所下降，占城市总数的 29.31%。曼奎斯特指数的平均值达到 1.67，说明从平均水平上看，该时期城市旅游生产的总产量与全部要素投入量之比实现了增长，中国主要城市的旅游全要素生产率变化以增长为主要特征。

表 6-1　中国主要城市的旅游全要素生产率变化（1995~2005）

1995~2000 年各城市的旅游全要素生产率				2000~2005 年各城市的旅游全要素生产率			
城市	MI	城市	MI	城市	MI	城市	MI
西安	0.25	九江	1.42	漳州	0.09	长沙	1.07
承德	0.34	太原	1.44	广州	0.28	温州	1.08
吉林	0.36	漳州	1.46	南昌	0.29	石家庄	1.16
合肥	0.40	济南	1.49	呼和浩特	0.58	武汉	1.16
西宁	0.40	珠海	1.59	珠海	0.58	承德	1.18
黄山	0.47	烟台	1.63	杭州	0.60	无锡	1.18
厦门	0.47	成都	1.65	九江	0.65	天津	1.20
海口	0.49	石家庄	1.65	中山	0.65	昆明	1.29
北京	0.58	沈阳	1.67	汕头	0.68	上海	1.34
桂林	0.62	温州	1.70	湛江	0.71	威海	1.35
贵阳	0.67	三亚	1.74	深圳	0.72	桂林	1.38
武汉	0.83	南宁	1.76	大连	0.73	北海	1.39
呼和浩特	0.90	大连	1.80	成都	0.75	郑州	1.41
青岛	0.91	北海	1.83	北京	0.77	秦皇岛	1.42

续表

1995~2000年各城市的旅游全要素生产率				2000~2005年各城市的旅游全要素生产率			
湛江	0.91	兰州	1.84	洛阳	0.78	苏州	1.46
中山	0.95	连云港	1.91	南宁	0.81	济南	1.48
天津	0.99	广州	2.01	南京	0.82	重庆	1.49
长春	1.03	南昌	2.15	南通	0.87	太原	1.57
威海	1.10	无锡	2.22	乌鲁木齐	0.87	泉州	1.62
福州	1.11	泉州	2.30	沈阳	0.89	青岛	1.73
深圳	1.13	汕头	2.38	烟台	0.90	兰州	1.79
重庆	1.16	苏州	2.66	海口	0.95	宁波	1.90
南京	1.17	南通	2.69	银川	0.96	贵阳	2.05
上海	1.21	大同	3.16	福州	0.97	大同	2.17
长沙	1.22	郑州	3.24	哈尔滨	0.97	西安	2.46
哈尔滨	1.25	洛阳	3.71	厦门	0.98	黄山	2.77
杭州	1.33	银川	4.74	连云港	1.01	吉林	3.80
宁波	1.36	昆明	5.02	三亚	1.03	西宁	4.31
秦皇岛	1.39	乌鲁木齐	8.89	长春	1.05	合肥	6.60

基于同样的原理，采用 2000~2005 年城市旅游发展的投入产出数据，可以计算该时期中国城市的旅游全要素生产率变化。可见，该时期 58 个城市旅游全要素生产率曼奎斯特指数平均值为 1.32，说明城市旅游发展的单位资源投入实现了总产量增长。但城市 TFP 增长的幅度存在较大差别，标准差达到 1.02。从个体城市分析，该时期生产率增长最快的城市是合肥市，其曼奎斯特指数达到 6.60，而生产率下降最为明显的城市是漳州市，其曼奎斯特指数仅为 0.09。从城市个数看，实现生产率增长的城市共有 32 个，占城市总数的 55.17%；而生产率下降的城市个数则增加到 26 个，占城市总数的 44.83%。尽管个体城市的旅游全要素生产率的曼奎斯特指数水平存在不同程度的升降，但从平均值和全要素生产率升降的比例关系看，该时期城市的旅游全要素生产率变化仍以增长为主要特征。

比较 1995~2000 年、2000~2005 年中国主要城市旅游 TFP 的变化可见，尽管两个时期的 TFP 在总体上均以增长为特征，但第一个时期曼奎斯特指数的平均值明显大于第二个时期。从曼奎斯特指数变化的城市个数看，1995~2000 年期间，有 41 个城市的 TFP 实现了增长，但到 2000~2005 年该数字则降低到 32 个，开始有越来越多的城市表现为旅游 TFP 的下降，说明经过旅游生产单位资源投入的总产量实现快速增长后，增长速度开始表现出减慢的趋势。比较结果如表 6-2 所示。

表 6-2 中国主要城市的旅游全要素生产率变化

时 期	MI 平均值	MI 增长城市(个)	MI 下降城市(个)	MI 不变城市(个)
1995～2000 年	1.67	41	17	0
2000～2005 年	1.32	32	26	0

基于以上分析，可以得到中国城市旅游全要素生产率变化的总体特征：1995 年以来，中国城市旅游全要素生产率变化在总体水平上以"增长"为主要特征，但是这种增长的动力已经逐渐减弱。

6.2.2 理论解释

从中国城市旅游发展的过程和阶段性特征上分析，在 1995 年，大多数中国主要城市的整体经济水平较低，旅游尚处于起步阶段，几乎没有任何成熟的城市旅游发展经验和技术可供遵循和利用。城市旅游生产对应于经营的"高投入，低产出"阶段和旅游开发的"资源普遍式"阶段，旅游发展缺乏合理的规划等技术指导（魏小安等，2003）。随着城市经济水平的进一步提高以及各级政府对城市旅游重要性认识的强化，城市旅游发展水平成为衡量和考核城市相关职能部门执政能力的一个重要参数。在这样的背景下，城市用于基础设施建设和改造的资源投入规模不断增长，如城市历史街区更新、商业街区改造和滨水区建设等；同时，为了提高城市旅游接待和服务水平，各种旅游法律、法规、标准以及"优秀旅游城市"评选等活动也陆续开展。本质上，这些活动都是通过提高城市旅游生产的规模效率、技术效率或利用效率，促进城市旅游生产总效率提高的手段与方式。

从我国城市旅游生产的效率特征上看，在城市旅游发展早期的 1995～2000 年，大部分城市的旅游发展处于规模收益递增阶段。随着越来越多的资源投入到旅游生产，这种供给很大程度上满足了城市旅游发展对资源的需求。随着资源投入规模的逐渐加大，城市旅游的规模效率不断提高；而城市基础设施的日益完善，旅游项目投资中对基础设施的负担也越来越少，旅游的利用效率也逐步提高；而随着互联网等先进技术被应用于旅游生产和以优秀旅游城市评选、旅游标准化、旅游法制建设为代表的一系列制度和激励措施的陆续实施，也在很短的时间内提高了城市旅游的技术效率。可见，20 世纪 90 年代中后期，城市政府和旅游企业为了实现各自的价值诉求，不断通过改变制度、资源投入和资源利用方式等手段提高对资源的利用能力，以实现效率水平的提高。并在短时间内，确实实现了更加合理的旅游资源投入规模，进一步提高了资源组合搭配能力，改善了现有技术的利用能力，城市旅游全要素生产率在短时间内实现了快速增长。

随着中国城市经济实力的进一步提高，在 2000~2005 年期间，城市用于旅游生产的资源投入规模日益增加，从该时期城市旅游效率的特征看，开始有越来越多的城市进入旅游生产的规模收益递减阶段，但由于处于规模收益递增阶段的城市仍占主流，因此从总体上看资源投入的增多仍带来规模效率的增加，但该时期规模效率的增加幅度受越来越多处于规模收益递减阶段城市的影响，其规模效率的增长程度已经开始下降。同时，随着旅游生产处于规模收益递减阶段的城市个数的增长，当越来越多的资源投入到城市旅游生产时，也在一定程度上为这些城市带来了资源的冗余，阻碍了这些城市利用效率水平的提高。同时，随着城市对先进生产技术的学习和模仿，早期技术水平较低的城市也在该时期获得了较高的技术，城市旅游生产的技术差距缩小。且由于旅游技术创新周期长、风险大，一旦城市旅游发展的技术水平达到相对均衡后，在没有外来激励机制刺激下，城市主动改善技术能力的动力较小，技术水平不容易发生变化。因此，依赖技术效率提高实现 TFP 增长的可能性也降低。如各城市先后进行的商业街区改造、滨水区建设等，其实质是通过创新城市旅游产品实现旅游技术效率的提高，但目前，中国城市几乎都拥有了类似的商业街区，很大程度上降低了通过街区改造提升城市旅游竞争力的效果。因此，尽管在总体水平上，该时期城市旅游全要素生产率实现了增长，但相较于 1995~2000 年期间，2000~2005 年中国主要城市旅游的 TFP 增长显示出一定的疲态，整体呈现"增长趋缓"的发展趋势。

6.3 城市旅游 TFP 变化的空间格局

6.3.1 全要素生产率的区域特征

考察中国城市旅游全要素生产率的空间分布可见，在 1995~2000 年期间，全要素生产率变化以下降为特征的城市包括西安、承德、吉林、合肥、西宁、黄山、厦门、海口、北京、桂林、贵阳、武汉、呼和浩特、青岛、湛江、中山和天津等 17 个，占 58 个城市的 29.31%。由于以 TFP 下降为特征的城市个数较多，所以该时期城市旅游 TFP 变化的空间分布缺乏明显规律性。但通过大区域的分析可见，位于京津唐地区的主要旅游城市，如北京和天津；位于珠三角地区的城市，如湛江和中山；以及一些传统风景旅游城市，如承德、黄山、桂林、青岛等，这些城市的全要素生产率变化均以下降为主要特征。

2000~2005 年期间，旅游全要素生产率以下降为主要特征的城市数目进一步增加到漳州、广州、南昌、呼和浩特、珠海、杭州、九江、中山、汕头、湛江、深圳、大连、成都、北京、洛阳、南宁、南京、南通、乌鲁木齐、沈阳、烟台、海口、银川、福州、哈尔滨和厦门等 26 个，占全部参与计算城市总数的 44.83%。同理，由于城市数目较多，从空间上辨识旅游全要素生产率变化的分布规律更为困难。但从区域角度看，京津唐地区的北京，长三角地区的杭州、南京、南通，珠三角地区的广州、珠海、中山、汕头、湛江、深圳，以及一些区域性中心城市如成都、大连、乌鲁木齐和哈尔滨等的全要素生产率也以下降为特征。

可见，由于两个时期城市旅游 TFP 变化均以"增长"为特征的城市个数较多，所以很难判断具有高生产率城市的空间分布特征，但区别于城市旅游效率研究的结果，位于经济发达地区的城市往往以 TFP"降低"为主要变化特征。

6.3.2 全要素生产率的区域比较

按照东、中、西、东北四个区域的划分方法，可以对不同经济区内城市的旅游全要素生产率变化的平均水平进行比较。在 1995~2000 年期间，西部地区城市旅游全要素生产率变化最明显，曼奎斯特指数平均值达到 2.29。随后是中部地区和东部地区，指数值分别为 1.80 和 1.38，东北地区最低，指数为 1.22。在 2000~2005 年期间，中部地区城市的旅游全要素生产率变化最明显，曼奎斯特指数的平均值达到 1.85；随后是西部和东北地区城市，指数值分别为 1.55 和 1.49；东部地区城市的平均值最低，仅为 0.99，表现出旅游全要素生产率衰退的特征（图 6-1）。

可见，不同时期中国城市旅游生产的全要素生产率表现出不同的的优势，在 1995~2000 年期间，西部地区城市的旅游全要素生长率增长速度最快；而在 2000~2005 年期间，中部地区城市的旅游全要素生长率增长速度最快。这种不同时期各区域城市全要素生产率增长对应于各个时期我国宏观经济发展的战略。如 1995~2000 年期间国家实施的"西部大开发"战略和 2000~2005 年期间的"中部崛起"战略，显然，这些战略的实施必然在一定程度上影响战略实施过程中对不同区域城市的旅游资源投放规模，受到战略照顾的区域往往可以获得更多的资源要素投入。当我国绝大多数中西部地区城市旅游的发展整体处于规模收益递增阶段的时候,在获得更多的资源投入规模后,这些地区城市的旅游发展必然会取得更高的效率,并最终导致全要素生产率的更快增长。

需要说明的是,尽管"东北地区等老工业基地振兴"战略也应该在一定程度上增加该区域城市旅游发展的资源投入规模,但长期以来,固有老工业基地的形象特征和东北地区城市旅游产业发展本身在制度保障和资源投入上的不足,均制约了城市旅游效率水平的增长。因此,可以认为,"西部大开发"和"中部崛起"等战略的实施,从一定程度上带动了对应区域城市旅游产业投资规模的增长。这种增长最终作用于城市旅游效率的提高和全要素生产率的增长。

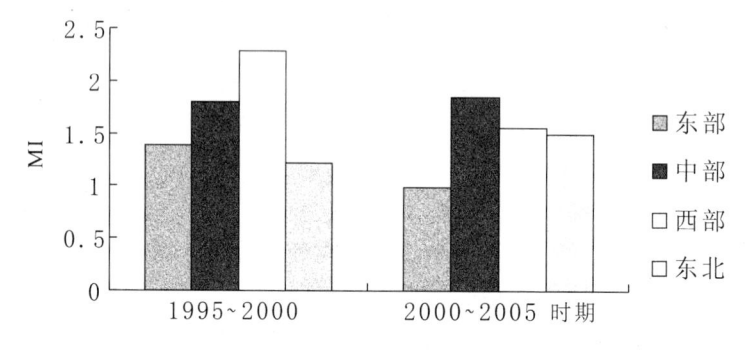

图 6-1 中国主要城市旅游全要素生产率的区域比较

总体上看,与高效率城市主要集中在经济发达地区的空间分布格局不同,1995~2005 年间,中国城市旅游 TFP 的分布表现出"疏"经济发达地区的特征,即位于经济发达地区城市旅游 TFP 变化并没有表现出预期的、类似于城市旅游效率的高水平,且二者在空间格局上表现出明显相反的特征,说明全要素生产率和效率受空间格局的影响程度和机理存在差异。基于以上分析,可以得到关于我国主要城市旅游 TFP 的以下特征:经济发达地区城市的旅游全要素生产率相较于经济欠发达和不发达地区城市的增长速度更慢。

6.3.3 理论解释

根据 DEA 评价原理可知,曼奎斯特生产率指数的作用是通过构建统一的前沿面以弥补其他模型不能实现对城市旅游绩效进行历时性比较的不足。因此,曼奎斯特指数实际上是基于两个时期进行差距比较的相对量,在后期水平一致的条件下,前期水平越高则生产率进步越不明显。因此分析"经济发达地区城市的旅游全要素生产率相较于经济欠发达和不发达地区城市的增长速度更慢"特征需要在参考全要素生产率变化特性的基础上,通过分析经济发达地区本身特性对前沿面的影响上入手。

如上文所述,尽管大多数中国城市的旅游发展从 90 年代中期开始,但是受我国各区域经济发展水平不平衡性的影响,各城市旅游发展的起步阶段并没有严格的界限。在经济发达地区,为了追求更高的旅游收益,城市往往依靠其强大的经济基础,投入大量资源和技术用于旅游项目投资和建设,在短时期内实现了城市旅游的快速发展,这个过程也许略早于本研究确定的起始数据点 1995 年。可见,在以 1995 年数据为基础所构建的前沿面上,不同经济水平条件下城市的旅游发展与前沿面的距离存在较大差距。对于大多数经济不发达的中西部地区城市而言,这些城市旅游发展尚处于起步阶段,与最佳前沿之间距离较大;对于经济发达地区城市的旅游发展而言,其距城市旅游生产最佳前沿的距离较短。

随着我国各区域城市整体经济实力的不断提升,城市可用于旅游生产的资源投入规模均得到显著提高。经济发达地区与经济不发达地区城市之间早期资源利用方式和资源投入规模的差异已经逐渐缩小。从我国城市旅游发展特征上看,由于越来越多的发达地区城市开始进入旅游生产的规模收益递减阶段,因此经济发达地区城市对旅游发展和对资源投入更加审慎,旅游发展的规模效率和利用效率的增长受到很大限制;而由于大多数经济不发达地区城市仍处于旅游发展的规模收益递增阶段,与最佳前沿之间尚存在较大距离。随着城市经济实力的进一步增强,对旅游发展的资源投入力度进一步加大,在参照经济发达地区城市旅游发展的成功经验和失败教训的基础上,对旅游资源使用也更加规范,资源投入规模不断增大的同时,持续获得更高的规模效率和利用效率水平。在规模效率和利用效率增长的同时,中西部地区城市旅游生产也更加注重品牌建设以及对先进生产技术的利用。由于旅游发展本身的技术含量较低,且不具有排他的特征,因此经济欠发达地区实现技术的学习和模仿并不需要支付较大的成本,这些地区城市旅游发展技术的提高也较为明显,实际生产状况向最佳实践的靠近更明显。

可见,由于东部地区城市旅游发展的基础相对于经济不发达地区城市较好,以 1995 年数据为基础的全要素生产率测算中,这些城市旅游发展距最佳实践边界的距离较短,而随着经济实力的提升,中西部地区城市向最佳前沿靠近的动力更为明显。从绝对水平上看,尽管城市旅游全要素生产率在 1995~2005 年间实现了增长,但效率变化向着不利于经济发达地区城市的方向发展,并受此影响,经济发达地区城市的全要素生产率变化相较于经济欠发达和不发达地区表现出增长速度更慢的特征。可见,尽管在特定时期经济发达地区城市旅游的效率较高,但城市旅游全要素生产率变化反而可能以下降为特征,从而最终表现为城市旅游效率和全要素生产率变化分布的空间不一致性。

6.4 本章的基本结论

基于以上分析，可以得到 1995~2005 年中国城市旅游全要素生产率变化研究的以下结论：

（1）在 1995~2005 年期间，大多数中国城市的旅游全要素生产率变化以"增长"为特征。但从平均水平看，城市旅游全要素生产率的增长已经表现出"趋缓"的态势。这与我国城市整体经济实力得到提升，越来越多城市的旅游发展进入规模收益递减阶段有关。

（2）中国主要城市旅游全要素生产率的空间分异弱于城市旅游效率的空间分异，但经济发达地区城市的旅游全要素生产率增长相较于经济欠发达和不发达地区更低。这与我国经济发达地区城市的旅游发展时间较早，距离最佳前沿的距离较短有关。

（3）尽管旅游全要素生产率和旅游效率之间有很强的相关性，但旅游效率较高的城市未必一定有较高的全要素生产率水平，全要素生产率增长不仅取决于当前的效率水平，而且与基期效率水平相关。

本章参考文献

魏小安，韩健民．旅游强国之路．北京：中国旅游出版社，2003．

第七章 城市旅游竞争力增长的实证研究：珠海案例

本章以珠海为案例，在对其城市旅游发展历史过程进行全面还原的基础上，通过对相关文本中重大事件的分析，对上文城市旅游效率和生产率研究所得到的统计分析结果和相应结论从案例角度进行证实或证伪，进而对城市旅游效率提高和全要素生产率增长的影响因素和动力机制进行总结与归纳。

7.1 研究设计

7.1.1 逻辑关系

在绪论部分的立论基础中，作者曾指出本书主要回答四个问题，即（1）中国城市旅游发展的效率和全要素生产率现状如何？（2）中国城市旅游发展的效率和全要素生产率存在哪些规律？（3）中国城市旅游发展的效率和全要素生产率的规律是如何形成的？（4）城市的时空特征对旅游效率和全要素生产率有哪些影响？从研究的逻辑关系上看，四个问题中的第一个问题可以通过DEA的计算结果直接得到答案；第二个问题可以通过对DEA计算结果的归纳和总结得到答案；第三个问题可以通过对城市旅游发展过程和DEA计算中效率和全要素生产率的分解进行回答；关于第四个问题尽管在相关研究中已经从时空角度对效率和全要素生产率的特征进行了描述，但从性质上看，由于统计性结论总体上属于描述性推理的结果，缺乏对结论形成过程的事实支持，因此难以从时空特征角度对效率和全要素生产率影响程度的问题进行回答。实际上，在论文的第四章、第五章和第六章研究中，作者主要对问题（1）、问题（2）和问题（3）进行了回答，但到目前为止尚没有对问题（4）（时空特征对旅游效率和全要素生产率有哪些影响？）进行回答。

本章主要目的在于通过具体的案例分析，试图从城市之间竞争与合作角度对影响旅游效率和全要素生产率的因素进行分析，从而对问题（4）进行回答。

7.1.2 案例地选择

根据第四章、第五章和第六章的研究结果，以及本章试图总结影响城市旅游效率和全要素生产率变化因素及其机理的目的，可以总结需要通过案例研究进一步强化和证明的结论，即"城市化水平高或经济发达地区的城市往往具有较高旅游效率，且这种效率的提高受城市旅游间的合作和竞争影响"。理论上，为了证明这个结论，需要对应地选择"城市化水平较低或经济不发达地区的城市"作为反例案例地，但由于上文研究中得到了"经济不发达地区城市的旅游效率缺乏明显规律性"的结论，因此经济不发达、城市化水平较低城市的旅游效率缺乏明显规律性。基于此，本章只选择一种类型的案例城市，即该城市应位于城市化水平较高、经济发达、城市间旅游竞争与合作频繁的地区。

从城市旅游发展历程上看，由于京津唐地区、长三角地区和珠三角地区改革开放的时间较早，因此这些地区也是中国城市化水平最高、经济最为发达的地区。相应地，这些地区城市旅游发展的历史也最长，城市之间旅游的竞争与合作问题表现的也最为突出。早在1988年7月，在中山市召开的"粤港澳大三角旅游战略研讨会"上，旅游界专家、学者就已经达成构建"粤港澳大三角旅游区"的共同构想。在中央政府分别与香港、澳门签署CEPA协定之后，"大珠三角"的概念正式出炉。从此，"粤港澳大三角旅游区"的构想开始演化为"大珠三角"区域旅游一体化的实践。近年来，在以"珠三角"为基础发展起来的"泛珠三角"区域旅游合作机制也已经逐步形成。从"珠三角"，到"大珠三角"，再到"泛珠三角"，以"珠三角"为核心的区位坐标系逐步扩大，珠三角作为我国经济最早对外开放的大门和世界上唯一跨越不同社会制度、不同经济水平、不同生活方式的综合性旅游区，其旅游一体化的实践具有突出的典范价值（刘书安等，2007）。

考虑到珠三角地区城市化水平高、区域经济发达、城市旅游之间的竞争与合作具有良好历史基础的实际，并考虑该区域内城市大多以商务旅游为主要特色，城市对旅游发展资源利用的途径较为相似的优点，本研究最终选择该区域内著名的风景旅游城市——珠海市作为案例地进行旅游效率定性研究的样本。

7.1.3 研究方法和资料来源

7.1.3.1 研究方法

在各种类型的科学研究中，根据对研究对象的不同理解，形成了三种研究路径：定量研究、定性研究、混合研究，每一种研究路径包括三种要素：知识观、研究策略、研究方法（Creswell，2003）。按照这种研究路径的分类体系，本研究属于混合研究，并采取顺序法的研究策略，即，先进行定量研究，获得对研究对象的共性特征和规律的一般结论，接着进行定性研究，通过对具体样本的剖析以寻求对一般结论的深入理解。本书的第四章、第五章和第六章均属于定量研究。从研究目标上看，定量研究一般注重将所研究的问题从复杂的文化及社会背景中抽象出来加以具体的数量化描述，并对数据进行量化处理、检验和分析，从而得到结论。在定量研究的基础上，本章转入定性研究。定性研究是通过参与观察、深入访谈、文献分析等方法对某一社会现象进行深入的调查，并采用分类、比较、归纳、矛盾分析等方法对调查资料进行加工分析，从而获得对该社会现象的总体有较深入认识的一种研究类型，这种研究一般注重在复杂的心理、文化和社会生活环境中去理解社会现象的意义，而不是简单地去寻找社会现象的某种因果关系。

相比较而言，定量方法能够快速进行大规模的社会调查，并通过运用统计和数学分析而大大提高社会研究的标准化和精确化程度，能够对社会现象之间的因果关系进行精确分析。但定量调查常常只能得到表面、浮浅的信息，不能抓住事物的本质特征。相反，定性研究方法能深入理解社会现象本质的突出优点，但定性方法所获得的结论难以在较大范围中推论到总体，且其研究成果很难用数学的语言加以精确描述。

在定性研究策略上，本章选择个案研究，并根据研究拟解决的关键问题，选用人类学、图书馆学研究中经常采用的解读式内容分析法（Hermeneutic content analysis），该方法源于20世纪70年代的人类学研究，原为社会科学家借用自然科学定量分析的科学方法，对历史文献进行内容分析而发展起来的。后来，美国的一些传播学研究者，利用这种方法去分析报纸的内容，了解信息发展的倾向，随后，内容分析渐渐扩大到对各类语文传播，如报纸、电视、电影、广播、杂志、书刊、信件、演讲、传单、日记、谈话等等的分析，以及对各类非语文传播，如音乐、手势、姿势、地图、艺术作品等的分析，成为传播学的一种重要的研究手段。这种方法通过精读、理解并阐释文本内容来传达作者的意图，它适于对一切可以记录与保存并且有价值的文献进行研究。这种方法具有明显、客观、系统、量化等特征，如今被广泛运用到新闻传播、图书情报、政治军事、社会学、心理学等社会科学各领域中。20世纪50年代初，美国学者贝雷尔森（Benard Berelson）发表的《传播研究的内容分析》一书，显示这种研究方法是切实可行的（戴元光，2003）。之所以选择内容分析作为研究方法，主要是因为内容分析是呈现城市旅游发展过程中各利益主体行为和价值诉求的有效方法，其次是因其操作的现实性和结果的可描述性。

7.1.3.2 资料来源

本章所使用的研究资料主要有三个来源：第一是通过2008年1月对珠海市旅游局、澳门特别行政区旅游局和海泉湾、御温泉、圆明新园等旅游企业的实地访谈，提取并搜集珠海市、澳门市等地区和城市的相关旅游规划、产业政策、政府文件等文本资料；第二是依托珠海市旅游局、珠海市政府、澳门特别行政区旅游局和相关城市旅游局官方网站上获取的互联网资料；第三是基于互联网和学术期刊数据库，以"珠海＋旅游"等为关键词检索到的与本研究相关的文献。

7.2 珠海城市旅游发展

7.2.1 基础条件

7.2.1.1 地理区位

珠海市位于广东省南部，珠江出海口西岸，濒临南海，东与深圳、香港隔海相望，距香港36海里，南与澳门陆路相通，北距广州140km。地理坐标介于北纬21°48'至22°27'与东经113°03'至114°19'之间。陆海总面积为7 649km^2，其中陆地面积1 653km^2，有146个海岛，素有"百岛之市"美称。珠海市于1980年设立经济特区，是中国最早设立的4个经济特区之一，享有全国人大赋予的地方立法权，下辖香洲、斗门、金湾三个行政区和珠海国家高新技术产业开发区、珠海保税区、万山海洋开发试验区、横琴经济技术开发区、临港工业区等五个经济功能区。2004年末全市常住人口为133.2万，其中户籍人口79万。

珠海市在珠三角、大珠三角和泛珠三角城市范围内及其在珠三角范围内与其他相邻城市之间的位置关系如图7-1所示。

可见，在珠三角范围内密集分布着广州、香港、澳门、深圳、东莞、肇庆、中山、珠海、惠州等多座地级以上城市。从旅游城市属性看，这些城市大部分属于商务型旅游城市，因此，城市之间旅游发展过程中的竞争与合作关系较为复杂，以珠海为案例对这种关系影响下城市旅游效率和全要素生产率的研究具有典型意义。

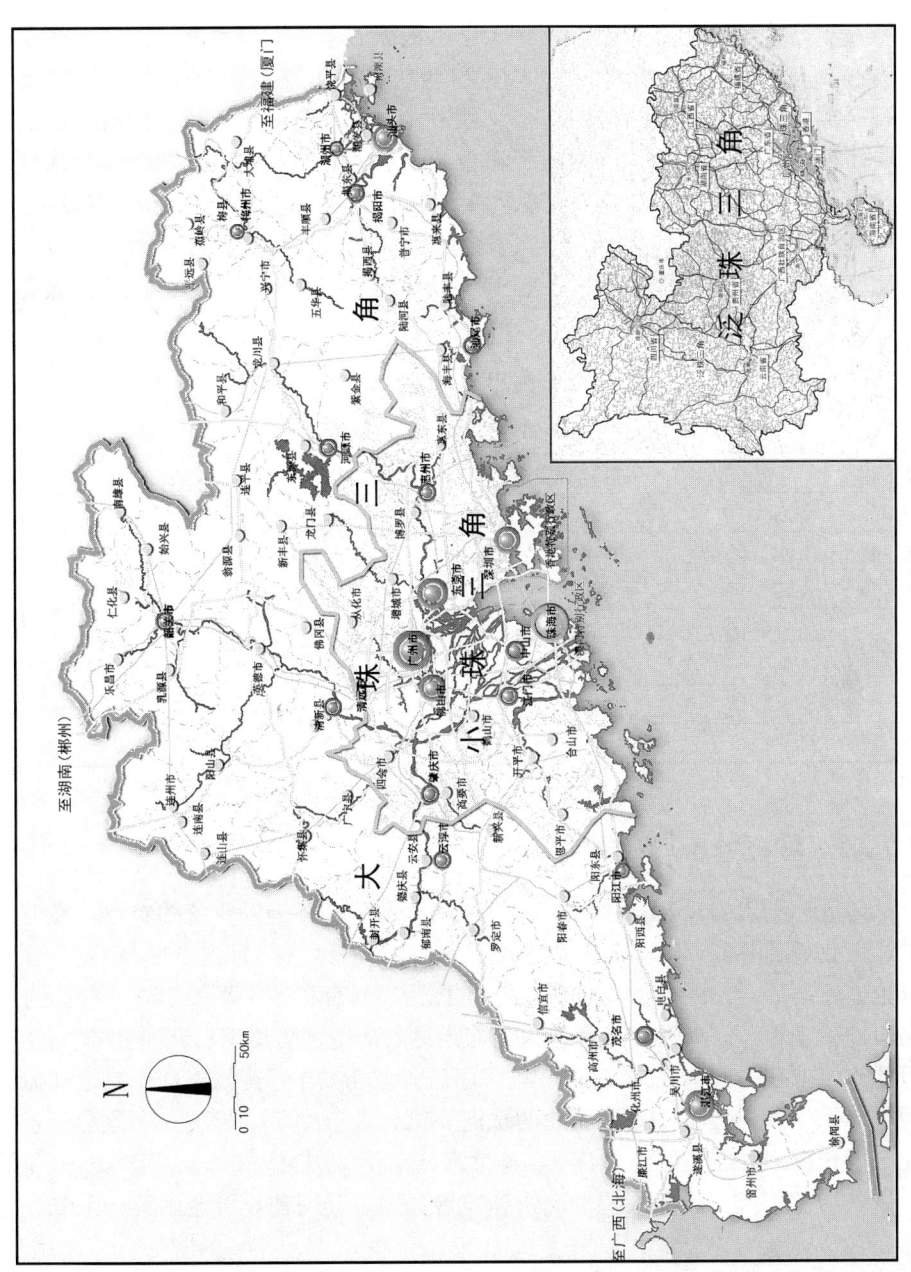

图7-1 珠海市的地理区位及与其他相邻城市的空间关系

7.2.1.2 旅游资源

从资源总量看,珠海市所拥有的旅游资源共分为 8 个主类、28 个亚类和 76 个基本类型,分别占全国相应指标的 100%、90.32%和 49.03%,在全国旅游资源数量丰富度程度指标中属于中等水平。根据旅游资源丰度标准,珠海市属于地区级,其旅游资源的基本类型丰度为 49.03,丰度在总体上属于中等[①]。其中,市区旅游资源单体多达 250 多个,其中,古迹与建筑类资源占 65%,地文景观类资源占 14%,休闲求知健身资源占 8%,购物类占 5%,生物景观和水域风光类资源也各占到 4%(保继刚等,1999)。但从产品品质上看,尽管珠海市这个新兴的现代化城市拥有 3000 年的摩崖石刻,400 年的古沙丘遗址,也有一批历史文化名人故居,但在国内外很有影响、知名度很高的历史古迹和自然景观较少(保继刚等,2001b)。

珠海市代表性旅游资源及其主要市场特征如表 7-1 所示。

表 7-1 珠海市的代表性旅游资源及其主要市场特征

类 别	主要景点	市场特征
地文景观	海岛	东澳岛、荷包岛等旺季饱和
水域风光	海滩、温泉	市场增长迅速
生物景观	农科奇观	我国最早开放的农业观光园
人文活动	航空航天博览会、珠海电影节、国际汽车赛事、高尔夫	知名度较高,影响力大
遗址遗迹	梅溪牌坊、沙丘遗址、金台寺、摩崖石刻	文化价值高,显示力度不够
建筑设施	拱北口岸、珠海渔女、珍珠乐园、圆明新园	珠海的标志性旅游景点

7.2.2 珠海城市旅游发展历程

从时间序列上看,20 世纪 80 年代初期,珠海经济仍以传统的农业、渔业为主,工业基础薄弱,当时的工业增加值占 GDP 的比重仅为 21.5%,商业、旅游业也非常落后。1980 年,珠海将城市定位为"具有相当水平的工农业相结合的出口商品基地,成为吸引港澳客人的旅游区、新型边防城市"。在此期间,珠海市的旅游业获得较大发展。1981 年,引进外资 1 770 万美元,合作兴建珠海度假村,同年兴建投资 716 万美元的珠海宾馆,并诞生了中国第一个旅游外资企业、第一家中外合资经营酒店——珠海石景山旅游中心。

进入 90 年代,珠海旅游呈现快速发展局面,其间建设了全国第一个农民

---

① 资料来源:《珠海市旅游发展总体规划(2007—2020)》,中国城市规划设计研究院编制。

度假村——白藤湖农民度假村。1997年珠海建设了大型的主题公园——圆明新园，当年就接待了180万人次的游客，取得了良好的经济效益和社会效益，扩大了珠海在全国旅游业的影响。1998年珠海创建首批"中国旅游城市"，总分名列全国地级市第三名。同年，广东省第十届运动会、中国国际航天博览会、国际赛车等大型活动相继举办，推动了旅游业的进一步发展。1999年珠海市旅游局委托中山大学旅游发展与与规划研究中心编制了《珠海市旅游发展规划（1999~2010）》，描绘了珠海旅游业发展的蓝图。

进入21世纪，珠海市旅游产业更加成熟，国际、国内两个市场都出现了更加喜人的发展势头。2004年，广东省第十届人大会批准了珠海市人民代表大会修改并通过的《珠海市旅游业管理条例》，同年，旅游管理机构正式纳入政府编制，标志着珠海旅游业进一步纳入到依法治旅、依法兴旅的发展轨道。2006年，珠海市又开始了新一轮《珠海市旅游发展总体规划（2007~2020）》编制的工作，为珠海城市旅游新一轮的迅速发展确立了方向和目标。

图 7-2　珠海御温泉的住宿设施

总体上看，在珠海市委市政府将旅游业确定为"重要支柱产业和第三产业龙头"的战略指导下，珠海市依托优美的自然环境和广阔的海域空间，在城市规划和建设中独具匠心，突出旅游意识，通过海泉湾、圆明新园、御温泉、金海滩娱乐城、珍珠乐园、珠海度假村、白藤湖农民度假村、国际赛车场等一批骨架性景点和度假设施的兴建以及众多各具特色海岛的逐步开发，已将珠海市建设成为一座自然和谐、环境优美、经济繁荣、社会稳定，极富海滨花园情调和现代气息的现代化海滨城市。同时，建设了一批中高档次的现代休闲娱乐设施，包括6个高尔夫球场、国际赛车场、游艇俱乐部等和遍布全市的歌舞厅、夜总会、影剧院、健身场所等。旅游业已经成为珠海市国民经济发展中名副其实的主导产业和支柱产业。

2006年，珠海全市接待国内外游客总数为1 677.25万人次，比2005年增长15.46%。其中，接待入境游客352.63万人次，比上年增长18.22%；国内游客1 324.62万人次，比上年增长14.75%。当年全市旅游总收入为139.02亿元，同比增长22.16%。其中，国际旅游收入8.74亿美元，同比增长24.68%；国内旅游收入69.38亿元，同比增长19.77%（图7-3）。海泉湾、圆明新园、珍珠乐园、国际高尔夫、景山索道、农科中心、梦幻水城、御温泉、梅溪牌坊、石博园、竹仙洞、三叠泉、金海滩、鳄鱼岛、中药谷、荷包岛、飞沙滩等主要景点共接待游客624.56万人次，其中入境游客42.73万人次，国内游客581.83万人次，实现营业收入43 110.77万元。

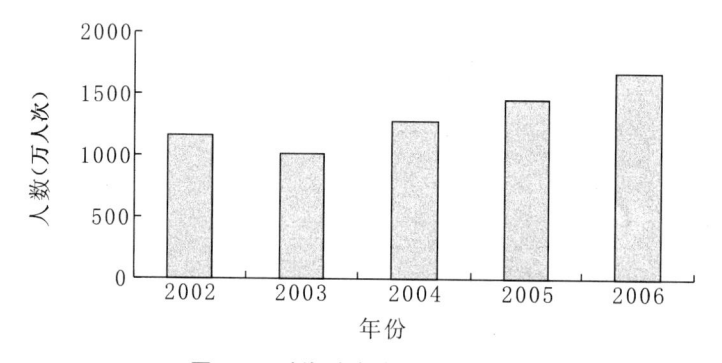

图7-3 珠海城市旅游接待总人次

随着旅游业影响力的持续扩大和旅游规模的稳定增长。1991年，珠海市以整体城市形象为景观被国家旅游局评为"中国旅游胜地四十佳"之一。1998年，珠海市荣获联合国人居中心授予的"国际改善居住环境最佳范例奖"，这是中国第一个获得这项称号的城市，也是全国唯一以整体城市形象被评为旅游景点的旅游城市。此外，珠海市还先后获得"全国优秀旅游城市"、"广东现代化科技示范市"、"国家环保模范城市"、"国家生态示范城市"、"国家卫生城市"等多项荣誉称号。而两年一度的中国国际航空航天博览会、一年一度的世界汽联GT锦标赛等国际盛事影响不断扩大，也已成为珠海市吸引国内外客商的亮点。

7.2.3 旅游效率和全要素生产率

改革开放以来，珠海市旅游业发展迅速。多年来，珠海市旅游总收入等多项经济指标居广东省各城市第三位，珠海市入境旅游人数和旅游外汇收入等指标居全国主要旅游城市第五位。但珠海市旅游业在取得显著成绩的同时，近年来面对来自其他城市的竞争和挑战压力也越来越大。在省内，佛山和东莞等城市的旅游总收入已越来越逼近珠海；在国内，珠海市旅游外汇收入居全国主要旅游城市第五的位置已经在 2005 年被长三角的杭州所取代，而同样位于长三角的苏州市的旅游外汇收入增长速度也高于珠海，并大有赶超珠海之势。2005 年，全国尺度和区域尺度珠海城市旅游接待游客人次结果如图 7-4 和图 7-5 所示。

图 7-4　各城市过夜外国游客的比较

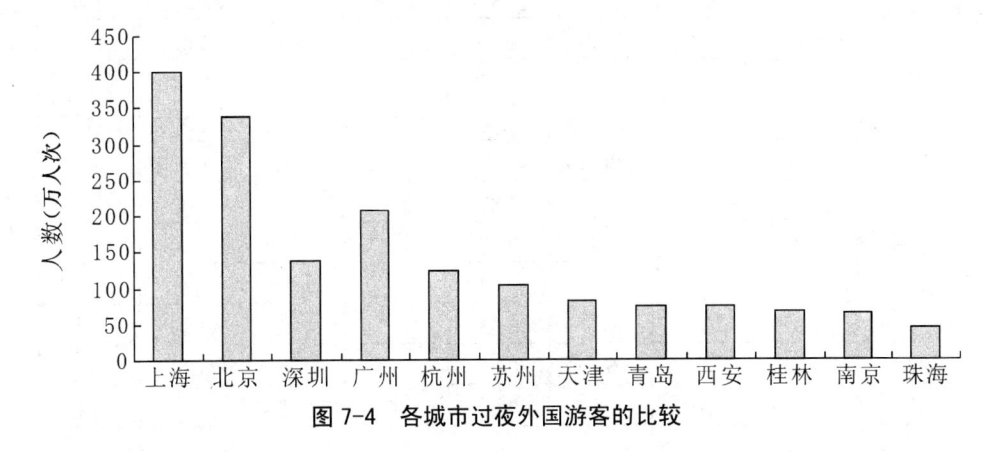

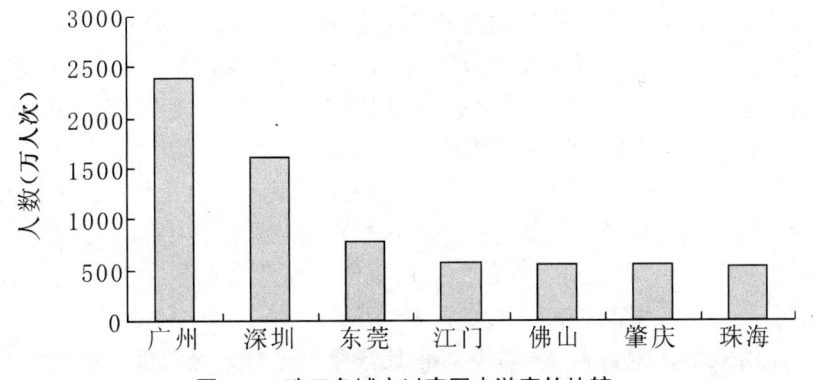

图 7-4　珠三角城市过夜国内游客的比较

城市旅游收入和外汇增长率的不断变化从产出角度反映了城市旅游投资和项目建设的效果，为了全面反映基于投入的产出效果，可以通过旅游效率和全要素生产率增长进行表达。从城市旅游效率的时间变化上看，在总效率值前 10 名的城市中，1995 年，珠海市的旅游总效率为 0.68，在 58 个城市中排名第 9 位，在 2000 年，旅游总效率值为 0.64，仍在 58 个城市中排名第 9，但在 2005 年珠海的旅游效率值为 0.89，跃升到 58 个城市中的第 6 位。与同期其他城市旅游效率比较，珠海市的旅游总效率水平相对较高，在中国城市旅游中排名较为靠前,说明珠海在城市旅游发展过程中对旅游资源投入的利用能力相对较高。比较结果如表 7-2 所示。

表 7-2 1995、2000、2005 年珠海城市旅游效率排名

1995 年城市旅游效率排名			2000 年城市旅游效率排名			2005 年城市旅游效率排名		
城市	总效率	名次	城市	总效率	名次	城市	总效率	名次
北京	1.00	1	广州	1.00	1	乌鲁木齐	1.00	1
深圳	1.00	1	深圳	1.00	1	太原	1.00	1
中山	1.00	1	三亚	1.00	1	上海	1.00	1
广州	0.89	4	乌鲁木齐	1.00	1	深圳	1.00	1
黄山	0.76	5	北京	0.89	5	三亚	1.00	1
桂林	0.71	6	杭州	0.85	6	*珠海*	*0.89*	6
海口	0.70	7	南昌	0.83	7	北京	0.83	7
三亚	0.70	7	南宁	0.65	8	中山	0.80	8
珠海	*0.68*	9	*珠海*	*0.64*	9	广州	0.72	9
贵阳	0.59	10	桂林	0.60	10	昆明	0.69	10

从城市旅游全要素生产率的时间变化上看,在 1995～2000 年期间,珠海市旅游全要素生产率的曼奎斯特指数仅为 1.59,在全部 58 个城市中排名第 25 位,未能进入前 10 名,且与排名较高城市之间存在较大差距。在 2000～2005 年期间,珠海城市旅游全要素生产率的曼奎斯特指数进一步降低到 0.58,在全部 58 个城市中排名跌至第 55 位,与排名较高城市之间的差距进一步拉大。总体上看,珠海城市旅游全要素生产率的水平相对较低,在中国主要城市的旅游发展中排名较靠后,表明珠海市旅游发展单位资源投入获得总产量的能力较差。各时期全要素生产率的比较结果如表 7-3 所示。

从旅游效率和全要素生产率排名的比较结果上看,珠海市的旅游发展在不同时期均取得了较高的效率水平,但其全要素生产率却持续以"降低"为特征,为了解释这种现象产生的原因,需要对不同时期珠海城市旅游全要素生产率的分解进行研究。在 1995～2000 年期间,珠海市全要素生产率的效率变化指数和技术变化指数分别为 0.94 和 1.69;而在 2000～2005 年间,全要素生产率的两项分解指数分别为 1.39 和 0.4。可见,在 1995～2000 年期间,珠海市旅游发展与所有该时期经济发达地区城市的旅游发展特征相似,技术进步非常明显,而其效率增长则处于相对较低的水平,甚至出现一定程度的退步;而经过前一个时期技术的快速提高后,在 2000～2005 年期间,随着技术对全要素生产率增长

贡献的逐渐饱和，技术变化则处于相对较低的水平，甚至出现了技术快速退步的现象，但与此同时，效率则实现了迅速提高。

表 7-3　珠海市的旅游全要素生产率排名

1995~2000 年的全要素生产率排名			2000~2005 年的全要素生产率排名		
城市	曼奎斯特指数	名次	城市	曼奎斯特指数	名次
乌鲁木齐	8.89	1	合肥	6.60	1
昆明	5.02	2	西宁	4.31	2
银川	4.74	3	吉林	3.80	3
洛阳	3.71	4	黄山	2.77	4
郑州	3.24	5	西安	2.46	5
大同	3.16	6	大同	2.17	6
南通	2.69	7	贵阳	2.05	7
苏州	2.66	8	宁波	1.90	8
汕头	2.38	9	兰州	1.79	9
泉州	2.30	10	青岛	1.73	10
珠海	*1.59*	*25*	*珠海*	*0.58*	*55*

从其效率变化和技术变化上看，珠海市旅游发展与经济发达地区中国城市的旅游整体发展特征基本一致，即效率变化持续提高，但技术进步先以增长为特征，而后以下降为特征。所以导致最终整个城市旅游发展表现出效率水平较高，而全要素生产率水平较低的特征。这种特征也说明，全要素生产率不仅受到效率变化的影响，同时也受到技术变化的影响。综合珠海城市旅游效率和全要素生产率的分析可见，珠海城市旅游效率相对其他城市较高，但全要素生产率变化相对呈降低趋势的特征与上文研究中取得的"经济发达地区城市的旅游效率相对较高，但全要素生产率以下降为主要趋势"的结论相一致。因此，以珠海为案例对影响城市旅游效率和全要素生产率变化原因的研究具有较强的典型性和代表性，这也是本研究最终选取珠海作为案例的重要原因之一。

通过以上分析，我们必须回答一个问题，即为什么以珠海为代表的经济发达地区城市旅游发展的全要素生产率表现为"效率变化持续增长，技术变化先增长后下降"的特征？为了对这个问题进行回答，本书试图对 20 世纪 90 年代以来珠海市旅游发展的重大事件进行回顾，在此基础上，通过旅游竞争与合作对全要素生产率变化的影响因素进行解释。

7.3 20世纪90年代以来珠海市旅游发展重大事件

7.3.1 事件一：系列旅游产品的开发

在20世纪80年代传统的观光型旅游景点的基础上，90年代以来，珠海市先后投资建设了以圆明新园、珠海国际赛车场、金湾高尔夫、御温泉、海泉湾等为代表的新型旅游景点，这些旅游产品丰富和完善了珠海市的旅游产品体系（表7-4）。

表 7-4 珠海城市旅游主要项目概况

项 目	投 资	占 地	开业时间	说 明
竹仙洞	近2 000万元人民币	2万平方米	80年代初	坐落于珠海市南屏将军山与湾仔加林山之间，景区内奇石叠立，山泉潺潺，竹木蓊郁，是珠海市重点风景旅游区之一
珍珠乐园	/	40多万平方米	1985年	位于珠海唐家湾，由日本高尔夫振兴株式会社投资兴建的一个现代化的花园式游乐场
国际高尔夫山庄	/	200万平方米	1985年	坐落在唐家湾畔，依山面海，处于珠海高尔夫球会和大型现代化游乐场——珍珠乐园之间，由珠海国际高尔夫游乐公司投资兴建
航空航天博览中心	10亿元人民币	130万平方米	1996年	是珠海市人民政府专为在珠海承办国际大型展览及会议而兴建的现代化会展中心，至今已成功举办过四届中国国际航空航天博览会和首届中国珠海汽车产品展销会
珠海国际赛车场	首期投资1亿美元	4平方千米	1996年11月	由珠海经济区隆益实业公司与香港南迪投资有限公司合作兴建的大型综合发展项目
翠湖高尔夫	/	154万平方米	1996年7月	位于金鼎镇大南山，被《世界经理人》杂志评为中国二十家最具影响力球场之一，连续两年举办了"爱立信国际高尔夫球邀请赛"，是珠海市第一次举办国际性高球赛事的场地
景山索道	/	/	1997年	景山索道所在地石景山是珠海市中心最高峰和最佳观景点，以其千奇百怪的石景闻名，与"珠海渔女"遥相呼应

续表

项目	投资	占地	开业时间	说明
圆明新园	6亿元人民币	1.39平方千米	1997年2月	坐落于珠海九洲大道石林山下，以北京圆明园为原稿，按1:1比例精选圆明园四十景中的十八景修建而成，是我国首批4A级景区之一
御温泉	投资总额1.70亿美元	/	1998年2月	是集温泉休闲、客房、餐饮、会议、保健、娱乐为一体的四星级度假村
飞沙滩	/	约10万平方米	1999年5月	位于珠海西部高栏岛的东南部，是香港李锦记起家创业的地方，被评为珠海十景之一
梦幻水城	8千万元人民币	6万平方米	1999年7月	位于珠海市九洲大道兰埔，是以世界文明古国古埃及为背景建设的主题公园
金海滩	1.6亿	1.3平方千米	1999年7月	位于三灶长沙湾，海滩长3千米，宽800米，海中波缓浪轻，岸上沙质细腻，在阳光下熠熠生辉，宛如金粉铺就，故名金海滩
农科中心	/	占地2 000亩	2000年2月	以农科中心的科研成果展示为核心的高科技生态农业景观，是珠海市第二家荣获国家4A级旅游景区的单位，被广东省旅游局选为举行"99生态旅游年"开年仪式的主会场
梅溪牌坊	/	12.6万平方米	2000年	坐落于珠海市前山镇上冲梅溪村，是一个集名人纪念、民俗博览、文物保护、观光休闲为一体的旅游度假胜地
中药谷	首期投资6 000万元人民币	8万平方米	2002年	坐落在珠海风景秀丽的大万事大石林山下，是以养生保健为主题的大型旅游胜地
金湾高尔夫	/	2.5平方千米	2003年10月	位于珠海市金湾区，球场包括一个18洞和一个9洞灯光球场，18洞锦标赛球场总长6 532米，标准杆72杆
石博园	1.1亿元人民币	60余万平方米	2003年12月	坐落在珠海市横琴大桥南，以海岛生态园为背景，以石文化为内涵的世界首屈一指的石文化主题公园
海泉湾	35亿元人民币	3.4平方千米	2006年1月	位于珠海西部，以海洋温泉为核心，由七大项目构成的多元化综合旅游度假地
三叠泉	3.1亿元人民币	124.17万平方米	/	三叠泉位于横琴，现以此泉为凭借，建成一座风景公园
荷包岛	10亿元人民币	13.5平方千米	/	地处黄茅海太平洋的交界，位于珠海市的西南端，总面积约13平方千米，其海岸总长约28千米，海水清澈透明
情侣路		28千米长		拱北粤华花园开始，途经海滨泳场、珠海渔女、香炉湾等著名风景旅游点

注：本表据相关网站资料整理。

总体上看，随着产品市场化程度的日益加深，这些产品成为珠海城市旅游得以实现快速发展的依托，并通过这些产品的关联带动作用，珠海旅游产业的地位和产业格局得以初步形成。从时间上看，这些主要旅游景点大多出现在2000年以前，且从投资规模上看，圆明新园、珠海国际赛车场、金湾高尔夫、海泉湾、情侣路等景点的投资规模均较大。与同时期中国城市旅游发展的总体特征一致。该时期珠海市城市旅游属于典型的资源粗放式开发，并以资源开发为手段不断吸引外来资金，有力推动了城市建设和整体旅游环境的改善。但从投入产出效果看，该时期内的较大一部分旅游景点的投资没有得到预期的效益，如长达28千米的情侣路建设和一系列主体园区的建设等。可见，尽管1995～2000年期间，珠海城市旅游取得了较快的发展，但其发展的资源利用存在较大的不经济性，效率较低。

图 7-6　20世纪80年代中期修建的珠海珍珠乐园

图 7-7　宽阔但不繁华的情侣路

7.3.2 事件二：城市旅游国际研讨会召开

1997年7月，中国地理学会旅游地理专业委员会和珠海市旅游局在珠海市联合主办了"城市旅游国际研讨会"。会议专门讨论了珠海城市旅游发展问题，时任珠海市旅游局局长的潘兴连做了题为《珠海市旅游发展的战略选择及实践》的主题演讲。在"珠海旅游发展战略目标的实施"中，提出了"发挥区位优势，积极开展区域旅游合作"的发展思路，即，"珠海濒邻香港、澳门，珠海与香港、澳门在旅游资源、旅游产品和客源市场等方面都具有显著的差异性和互补性……。珠海旅游将利用香港和澳门的国际知名度来拉动珠海的旅游。与香港、澳门的旅游合作是珠海旅游发展的重要内容。与周边城市进行旅游合作，可以打破各自为政的局面，形成资源共享、市场共享的协同效应，拓宽了旅游发展的空间，减少或避免竞争带来的负面影响……。珠海、深圳是两个紧密相连不可分割的特区城市，内地的观光度假型游客来珠海必去深圳，去深圳一定会来珠海，已成为不成文的惯例。为了发挥珠江三角洲中国优秀旅游城市群的集聚效应，今年将开通广州、深圳、珠海、肇庆四城市之间的旅游穿梭巴士"。可见，珠海市旅游管理部门已经意识到城市之间旅游合作的重要意义，而城市的集聚（如珠海和深圳）也提高了资源的利用效率，同时为了提高旅游发展的技术效率水平，也提出了产品组合、交通组织等措施。

7.3.3 事件三：珠海市五届人大会议召开

1999年2月第五届人大会议上，珠海市委市政府决定将旅游业确立为珠海的重要支柱产业和第三产业的龙头，旅游业的产业地位得到进一步确认和提高。2005年，在珠海市召开的人大六届二中全会上，《政府工作报告》中明确提出，要"加快规划建设会展中心，积极发展会展业"。珠海市政府在《珠海市国民经济和社会发展第十个五年计划纲要》中，也将会展、旅游业作为第三产业发展的重点之一，明确了把珠海建成国际休闲度假、会议会展和旅游城市的发展目标。旅游产业地位、发展方向和发展目标的确立，对于提高城市旅游发展的资源投入规模、确定资源投入方向都具有导向意义，很大程度上影响到城市旅游利用效率水平的提高。

7.3.4 事件四：广深珠区域旅游合作研讨会召开

为挖掘广（州）深（圳）珠（海）三地旅游文化特色和内涵，建立一个科学化的广深珠旅游合作机构，2004年4月广深珠区域旅游合作研讨会在珠海召开。会上，来自广深珠三地及港澳旅游区旅游经济、区域经济方面的专家学者和品牌企业代表就"广深珠各自的精彩之处在哪里、三地整合形成的旅游特色是什么"和"如何有效地包装和整合三地旅游资源，形成区域旅游文化特色"两个方面的问题进行了研讨。专家普遍认为广深珠区域旅游合作要使合作内部分工特色化，实现协同规划、制定连动计划、借鉴现代旅游营销思维和手段，有效进行包装和传播，在拉动三地旅游消费的同时，推动整个珠三角，连动港澳旅游经济的发展[①]。可见，通过区域之间旅游的竞争与合作，可以明确各自的比较优势，不但通过外部性扩大自己的市场份额，也可以优化内部产品结构，提高城市旅游发展的技术效率水平。同时各种层面和级别的区域旅游合作会议也不断召开，有效促进了珠三角地区的旅游合作进程。

图 7-8　2008 年粤澳合作联席会议在珠海召开

7.3.5　事件五：珠海市哲学社会科学规划课题陆续展开

为了提升珠海市旅游业的竞争力，珠海市政府及珠海市旅游局在深化广深珠旅游合作的同时，已高度重视珠港澳区域旅游合作。但珠海如何与港澳开展旅游合作，即珠港澳旅游业合作模式如何，是一个富有挑战性的课题。2005 年，珠海市哲学社会科学规划办公室对《珠港澳旅游业合作发展模式研究》的课题申请进行了立项，该课题在广泛调查珠港澳旅游业发展现状和旅游合作现状、深入分析珠港澳合作条件和特点的基础上，构建了"以建立合作组织与协调机制为保障，以市场营销合作为重点，以投资合作为纽带，以线路合作为基本形式，以交通合作为条件，以珠港澳结合部为合作的地域中心，并不断向周围拓

---

① 资料来源：http://www.zhtv.com/Article/ShowArticle.asp?ArticleID=10342。
　　打造"精彩广深珠"旅游品牌，广深珠区域旅游合作研讨会昨天召开，检索日期：2008-3-25。

展"的珠港澳旅游合作发展模式（唐左，2005）。可见，一系列科学研究的展开很大程度上影响到政府的宏观决策，并最终全面影响到城市旅游生产的资源投入规模、资源投入方向和技术利用水平。

7.3.6　事件六：中珠澳签署备忘录　共建"大香山"精品旅游

2005年，借鉴长三角、环渤海旅游协作区以及粤港澳、广深珠旅游区域合作的经验，中山、珠海、澳门三地经过反复论证，提出开展区域旅游合作，打造"中珠澳——大香山"旅游精品线路[①]。

2006年9月29日，中山、珠海、澳门三地政府共同签署了《澳门、珠海、中山旅游合作备忘录》。三地认为：通过区域旅游合作，打造大珠三角旅游目的地板块，将有利于实现资源共享、优势互补、互利共赢。三地政府更是把开展区域旅游合作当作当地旅游业发展的大事来抓，在政策和资金方面都给予了有力的保障。三地旅游部门按照各地政府的要求，把"中山、珠海、澳门旅游区域合作"提到重要的议事日程。为了确保工作的贯彻落实，三地旅游局局长亲自出马，建立以各旅游局局长为成员的领导机构，下设由各旅游局市场推广部门负责人组成的秘书处，指定联络员。在合作机制方面，实行召集人三地轮值主席，主持召开工作会议并制定年度工作计划，及时解决合作过程中遇到的问题。与事件五的影响一致，城市之间的旅游合作可以提高城市旅游生产的技术效率和利用效率水平。

7.3.7　事件七：市政府常务会议通过《珠海市旅游发展总体规划》

2007年12月召开的七届44次政府常务会议原则通过了《珠海市旅游发展总体规划（2007－2020）》，该规划的总目标是：将珠海建设成为我国重要的旅游经济强市、具有可持续竞争力的（城市型）旅游目的地，实现珠海旅游由过境地向区域组合型目的地、由观光地向度假地的转变，使旅游业成为珠海的主导产业和规划末期的重点支柱产业，使珠海旅游资源与环境实现可持续利用[②]。

在规划"旅游发展战略"中明确分析了珠海市的区位特征，提出了区域协作的战略思想。即"以广州、深圳为中心的珠三角地区是目前我国最为发达、最具活力的旅游区域。南亚热带气候，濒临南海、地貌类型多样的地理环境特征给该地区旅游产品的开发提供了良好的基础，融客家、潮汕、广府、少数民

[①] 资料来源：http://www.86760.com/static/2006-09-30/1159603215578023.html。
中珠澳签署备忘录　共建"大香山"精品旅游，检索日期：2008-3-25。

[②] 资料来源：http://www.zhtv.com/Article/ShowArticle.asp?ArticleID=46238。
市政府常务会议原则通过《珠海市旅游发展总体规划（2007～2020）》，检索日期：2008-3-25。

族和西方文化于一体的岭南文化以及近现代历史、商业、美食等地域文化与自然资源的良好组合，以高速公路、城际轻轨为主体的快速交通网络建设，极大推进了该地区旅游发展一体化的进程。珠海要充分利用其地缘优势，形成三个地域层次的合作关系：与泛珠三角西部如广西、云南、贵州和四川等省份重点旅游地之间的市场开拓、品牌营销和线路协作；与珠三角地区旅游城市之间的线路协作、市场共享与捆绑销售；与近邻港澳之间功能互补、制度衔接，与中山市旅游资源的整合和产品的开发合作"。

在旅游总体规划的空进布局上，构建"一核、两翼、一扇、两带"旅游空间结构，即构筑"以横琴为旅游创新增长极，以中心城区和珠海西部两翼为重要支撑，以陆岛（万山群岛）联动、扇面推进为特色途径，休闲经济沿南部滨海地区和北部山地带状集聚"的动态发展格局（表7-5）。

表7-5 珠海旅游发展空间构成

名称		范围	特色	支撑内涵
一核		横琴	主打现代游乐牌	游乐、会展、游艇、高尔夫
两翼	北翼	香洲区，高新、横琴、万山除外	主打都市休闲牌	商务会展、赛车节庆、RBD等
	西翼	金湾区、斗门区	主打特色休闲牌	温泉度假、航展、乡村休闲
一扇		万山海洋开发试验区	主打海洋休闲牌	海岛度假、渔家体验、游艇海钓
两带	滨海旅游带	以情侣路为主，南北延伸	滨海游憩	餐饮购物、文化休闲、游憩休闲
	山地旅游带	以凤凰山、黄杨山为轴心	生态游憩	自然观光、运动健身

在规划"旅游市场营销"战略中又再次提出了"合作营销战略"。即"通过渠道整合、精品线路联合推介、共同品牌建设等方式加强旅游产业链纵向合作营销；通过优势互补、错位发展强化珠海与澳门、香港、深圳、广州以及珠三角其他城市的区域合作营销"。

可见，新一轮的旅游规划进一步明确和细化了珠海城市旅游发展的产品发展方向和区域旅游合作的方向，对于城市旅游技术效率和利用效率的提高都具有重要意义。

7.3.8 事件八：珠港机场管理有限公司成立

珠海机场是一个现代化的航空港——机场为ICAC标准4E级，跑道长4 000

米，24 小时开放，高峰小时起降能力 24～30 架次。机场于 1992 年 12 月动工，1995 年 6 月通航，一期占地 5.2km²。珠海机场仍有很大可利用的运力空间，机坪 68.5 万平方米，廊桥机位 17 个，远机位 20 个，候机楼建筑面积 91 600 平方米，其中商务办公面积 5 000m²，每小时最大客流处理能力可达 5 000 人次，年设计客流量 1 200 万人次。机场建设投资 40 亿元人民币，但由于经济总量不如预期，珠海机场的使用率只达到设计能力的 6%[①]。2001 年客运量 63.7 万人次，货邮吞吐量 1.14 万吨，使用率不足 10%[②]。

图 7-9　珠海机场俯瞰

2006 年 8 月的粤港合作联席会议宣布，中央政府已经批准珠海市国有资产管理委员会与香港机场管理局签订合作协议，共同管理珠海机场。双方同时公布成立了一家合资公司，名为珠港机场管理有限公司，以专营权模式共同管理及营运珠海机场。自 2006 年 10 月 1 日起珠港机场管理有限公司正式管理及营运珠海机场。珠港两地机场合作 3 个月已初见佳绩，珠海机场 2006 年年客运量首次达到约 80 万人次，高于预计 76 万人次的目标，与 2005 相比增加了 25%，创下历史新高[③]。

从珠海机场的变迁过程可以发现，由于城市旅游早期投资项目建设的论证不足，珠海机场建设存在较大程度的资源浪费现象，很大程度上影响到城市旅游发展规模效率水平的提高。随着城市之间旅游的合作与推进，通过机场之间

[①] 资料来源：http://www.zsyzw.cn/news/5/67/482/list/64984.htm。
珠海机场概况，检索日期：2008-3-25。
[②] 资料来源：http://news.xinhuanet.com/newscenter/2006-07/21/content_4865862.htm。
[③] 资料来源：http://www.zhtv.com/Article/ShowArticle.asp?ArticleID=33064。
珠港合作见成效 珠海机场客运量创新高，检索日期：2008-3-25。

的合并(其本质是提高旅游技术效率和利用效率),资源得到了重新组合和利用,有效提高了城市旅游资源投入的使用效率。

7.3.9 事件九:珠三角地区"航空拥塞"

现在珠三角细小的范围内已有香港、澳门、广州、珠海及深圳五大机场,空域分别受到香港、广州和珠海三个空管机构控制。但三个单位独立运作,加上珠三角大部分空域设有军用区域,机场的跑道方向相互交叉、重叠,令民航飞机运作效率大减,经常造成空中交通大拥塞的局面。目前三方(澳门、珠海、香港)有各自飞行情报区,由于在终站空域需设距离带,占用了不少空间,也造成资源利用不足和浪费。

由于受到环境等诸多条件限制,区内机场之间遇到繁忙或受到空域管制的时段,调配空间很小,一旦遇上天气不好的情况需要绕飞时,更缺乏机动的空间,飞机往往会被安排在指定的空域内绕圈飞行。同时,由于进、离场航线交叉点多、冲突多,而且区内各机场的进、离场航线越来越多(仅广州白云新机场双跑道进离场路线多达五十条,珠海终端区内三个机场的进离场路线二十多条)、越来越复杂,各机场的进、离场程序不可避免地相互制约,增加了管制的难度。

随着澳门和邻近地区民航业的快速发展,流量的持续增长与容量不足,引发出来的矛盾在珠江三角洲日益明显。有学者认为,要解决珠江三角洲乃至内地部分地区出现的航空拥塞情况,可以进一步完善空中交通管理,加强空中管制的运作模式,甚至可以成立统一的空管单位,来调解、理顺各地机场的飞行管理[①]。与事件八的影响类似,城市之间的合作很大程度上降低了内部摩擦,从不同程度上提高了旅游效率水平。

7.4 珠海城市旅游效率和生产率增长的解释

7.4.1 基于对珠海城市旅游发展历程回顾的分析

基于对珠海城市旅游发展历程回顾的分析,可见珠海市是中国最早实施改

[①] 资料来源:http://news.carnoc.com/list/71/71414.html。
《澳门日报(2006-07-05)》:珠三角"航空拥塞"澳门航班延误司空见惯,检索日期:2008-3-25。

革开放政策的四个城市之一,并受此影响,珠海市对旅游发展重要性的认识较为清晰,即使在旅游开发之初,珠海市就引进了较为先进的国外管理经验和技术手段,如第一家中外合资企业珠海石景山旅游中心的建立等,以国外先进经验和技术为手段,珠海市旅游发展对现有技术的利用能力和对资源投入的搭配组合能力较强,所以在各阶段城市的旅游发展效率分解中,旅游技术效率和利用效率始终保持有效的状态。从规模效率方面看,珠海市大部分主要旅游产品的建设在1995~2000年,该时期旅游项目建设投资总体呈现遍地开花的局面,短时间内上马了十多个重大旅游项目,这个时期成为珠海市旅游产品建设和旅游投资力度最大的时期,因此城市的旅游规模效率值也达到0.89的高水平。而2000年以后,旅游产品建设和投资力度则明显减弱,除海泉湾外,无论旅游项目总量和单个项目的投入规模都逐渐减少,说明通过2000年以前旅游产品和项目的迅速积累,2000年以后珠海市旅游产品体系已经基本进入成熟阶段,没有其他大型旅游产品和项目的投资建设。该时期除技术效率和利用效率仍保持有效外,其规模效率值达到0.64的水平。可见,2000年已经成为珠海城市旅游项目投资和建设的分水岭。

在1995~2000年期间,珠海市旅游发展的全要素生产率指数达到1.59,说明该时期资源利用的生产率呈现提高的趋势。在分解中,通过不断吸收国外的先进经验,其技术水平稳定提高,技术变化指数达到1.69;但在效率变化方面,由于大规模投资和项目的"井喷"式发展,使得较大一部分项目的上马缺乏有效论证,且在旅游开发初期,没有可供借鉴的成功经验遵循,因此许多项目的资源投入规模过大,导致了资源利用的不经济性,这些投资中的大多数都未能取得预期的经济效益。

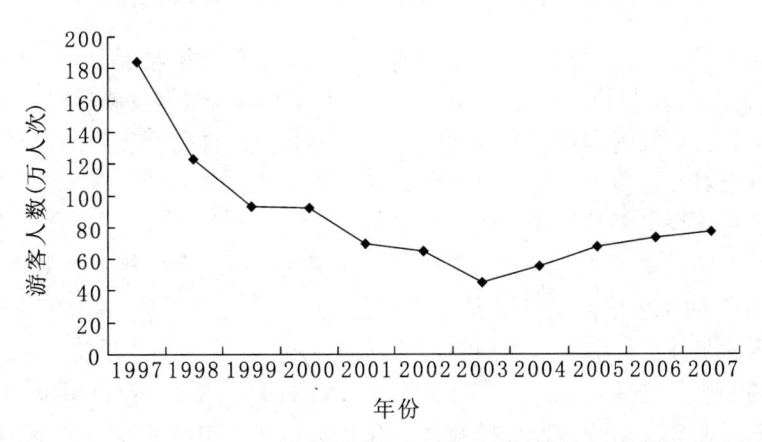

图 7-10 圆明新园历年接待的游客人次

以圆明新园为例，该园共投资 6 亿元人民币，占地 1.39km²。从 1997 年开业开始，当年共接待游客 184.32 万人次，达到历史最高水平。但随后每年的接待人次呈持续下降趋势，到 2003 年达到最低点的 45.26 万人次，近年来虽有一定程度反弹的趋势，但只稳定在每年接待游客 60~70 万人次左右（图 7-10）。如果以开业当年接待游客数量作为圆明新园可承受的最大游客接待量，则目前该景点只发挥了其接待能力的 40%左右，资源利用存在极大的浪费。同理，该时期建设的另外一个重大项目——珠海机场也面临着同样的问题。如上文所述，截止到与香港机场成立管理有限公司之前，其发挥的运力不足其功能的 10%。而各种旅游投资和项目建设失败的效果最终都作用到城市这个整体，使得该时期珠海市旅游全要素生产率的效率变化指数小于 1，仅为 0.94 的水平，效率变化以退步为特征。

图 7-11 圆明新园的游客量基本呈逐年下降的趋势

2000 年以后，通过前一阶段的快速积累，珠海市旅游发展已经达到较高水平，通过对早期项目投资的分析和案例参考，该时期大型建设项目也开始减少，从总体上看旅游投资和项目建设更加审慎。海泉湾这样大型项目的建设，政府和投资方也对资源投入规模进行了较为充分的论证。从总体上看，该时期珠海市旅游项目建设已经从早期的"遍在式开发"转入"重点开发"阶段，因此该时期旅游发展对资源的利用能力得到大幅度提高，全要素生产率的效率变化指数达到 1.39 的高水平；但相较于效率变化的提高，如上文所分析的那样，由于旅游技术含量较低，通过前一时期对先进技术的迅速转化和利用后，旅游发展技术提高和创新空间有限，且在达到较为先进的稳定水平后，创新动力不足。因此，该时期珠海市旅游发展的技术变化指数出现了明显退步，仅为 0.40，且技术退步程度显著大于效率增加的程度，并受此影响，最终导致该时期城市旅游全要素生产率退步的结果，曼奎斯特指数仅为 0.58，在全部 58 个城市中排名第 55 位。

可见，珠海市旅游发展遵循中国城市旅游效率和全要素生产率增长的一般规律，即由于对城市旅游重要性的认识时间较早，且区域经济发达，所以 1995～2000 年期间珠海城市旅游上马项目较多、资源投入规模较大，并受投入规模较大的影响，城市旅游效率达到较高水平，全要素生产率也实现了快速增长；而随着旅游产品体系的日益成熟，2000～2005 年期间，珠海城市旅游投资日益趋于理性，没有大规模的项目建设和开发，即使有限的投资也有以前投资成功或失败的案例进行参照，因此，这个时期城市旅游资源投入更为谨慎，城市旅游效率水平开始逐渐增高，但改革开放在全国范围内展开后，珠海市旅游发展的技术创新不足，技术优势逐渐丧失，最终导致效率增长而全要素生产率下降的结果。

7.4.2 基于对珠海城市旅游发展重大事件的分析

基于对珠海城市旅游发展重大事件的分析可见，早在 1997 年 7 月召开的城市旅游国际研讨会上，以珠海市旅游局为代表的政府行政机关就已经意识到城市旅游竞争和挑战问题对城市旅游发展的重要性，认为"旅游是一种开放型产业，需要区域间的协作。区域间旅游发展的互动互补规律表明，邻近地区间的旅游业既存在区际间的竞争，也存在互惠互利的协同效应"（潘兴连，2001），并提出了进行区域旅游合作的想法。随着旅游产业地位的进一步提升，无论是政府行为还是学术研究均在不同场合提出了实现区域合作、共同面对区域竞争的问题，旅游产业地位在珠海市不断得到提升。区域之间城市旅游的合作也逐渐提上日程，并试图从学术研究领域中得到理论支撑和发展模式的指导，在此基础上，区域旅游合作的空间和范围进一步扩大、合作的领域进一步深化、合作的途径更加具体，涉及的领域包括政策、产品、线路、营销等多个领域，而区域和城市之间的旅游竞争与合作也确实推动了城市旅游的发展，并深入影响到不同时期珠海市旅游发展中的资源投入规模、资源投入方向和城市对技术水平的发挥程度，表现为珠海市旅游效率和全要素生产率的变化。

珠江三角洲城市群的大中城市有广州、香港、澳门、深圳、珠海、佛山、东莞、江门、惠州等，彼此的距离均在两个小时车程之内，城市之间客源市场的不断竞争推动了城市旅游的迅速发展。以创建国家优秀旅游城市为例，优秀旅游城市评价标准中需要考虑的大项目包括 20 个，即旅游经济发展水平、旅游产业定位与规模、旅游业投入和专项政策支持、旅游业发展的主导机制、旅游业管理体系、旅游行业精神文明建设、生态自然环境、现代旅游功能、旅游教育和培训、旅游交通、旅游区（点）的开发与管理、旅游促销与产品开发、旅游住宿设施、旅行社、旅游餐饮、旅游购物、旅游文化娱乐、旅游厕所、旅游市场秩序、旅游安全与保险。可见，创建优秀旅游城市需要考察的项目几乎完整包括了城市旅游发展可能涉及的所有领域和要素，获得"优秀"称号需要城市的旅游发展在各个方面均具有较高水平。

目前，在大珠三角城市群中，具有"优秀"称号的旅游城市达到20个（表7-6）。

表7-6 大珠三角范围内的中国优秀旅游城市

项　　目	1998年	2000年	2001年	2003年	2005年
城市名称	深圳市、广州市、珠海市、肇庆市	中山市、佛山市、江门市、汕头市、惠州市、南海市	韶关市、清远市、阳江市	东莞市、潮州市、湛江市、河源市、开平市	梅州市、茂名市

20个城市获得"优秀"称号的时间存在一定差异，这种时间差异本身也反映了城市之间对"优秀"品牌竞争的过程。城市通过创建"中国优秀旅游城市"的称号，在竞争过程中逐渐实现旅游整体环境的不断改善和旅游吸引力的提升。在中国优秀旅游城市的基础上，国家旅游局又启动了"中国最佳旅游城市"的评选活动，且对"最佳"的评价标准更为严格。在稀缺"品牌"的刺激下，势必将导致新一轮城市间的竞争，随之而来的也必将是城市旅游环境和旅游服务质量的再一次提升。可见，作为城市的名片之一，"中国优秀旅游城市"、"中国最佳旅游城市"等品牌的创建对于城市改善旅游环境、提升旅游服务质量、吸引游客具有重要意义。通过竞争实现了城市旅游整体吸引力的提升，最终提高了旅游发展对资源的利用水平，从一定程度上导致了旅游效率水平的提高。

在城市旅游发展不断竞争的同时，旅游的区域合作也表现出快速发展的态势。以珠海和澳门汽车大奖赛的旅游竞争与合作关系为例，在2000年以前，两个城市为了抢夺客源，均将赛事安排在相同的月份，这种时间冲突在赛事举办初期对于提高赛事的举办水平和对投入资源的利用效率具有积极意义；但随后两个城市通过不断的沟通，在赛事举办时间上互相协调，最终实现了相互合作共赢的发展目标。通过两个城市的不断合作，珠海与澳门之间游客的往来更加频繁，2004年经澳门前往珠海旅游过夜的港澳台游客已突破百万人次，"澳门环岛游"成为珠海市最热门的旅游项目之一。2004年全年澳门游客来珠海星级宾馆过夜的人数达到20万人次，相比2003年增长35.26%，比5年前增长了近

50%；而经过澳门到珠海过夜的台胞游客为39.3万人，比2003年增长33.27%，比5年前增长45%左右；经澳门到珠海过夜的香港游客则达到52.8万人。

图 7-12　珠海国际赛车场

图 7-13　正在进行的澳门汽车赛事

同理，珠海与澳门汽车大奖赛的竞争与合作，珠海机场与澳门机场的建设也表现出相同的问题。为了实现城市之间的竞争，两个机场几乎同时在1995年正式投入运作，但由于相邻机场对客源的分割，长期以来珠海机场的使用率不足其设计能力的6%，而澳门机场也面临机场规模较小、成立较晚，受澳门空管控制空域高度有限的问题，限制了机场经营效率的发挥。在这样的背景下，珠海机场最终于2006年实现了与香港机场的合作。据统计，从珠港机场正式合作的2006年10月1日至2007年9月30日，珠海机场旅客吞吐量、货邮吞吐量和运输起降架次三大指标都实现了高速增长。驻场营运航空公司由4家增至

6家，航点由18个增至24个，机场巴士和值机柜台不断向中山、江门等周边城市延伸。长期与珠海机场合作的各航空公司业绩都有大幅度提升，机场配套的交通服务和商业服务也不断完善。一年来珠海机场共完成旅客吞吐量1 005 415人次，货邮吞吐量10 683吨，运输起降9 289架次，同比分别增长36%、31%和26%。合作充分体现了两地机场透过资源共享和优势互补提升彼此的竞争力，是一种长远且及具策略性的合作。珠三角西部未来发展将会越来越蓬勃，机场在其中扮演重要角色，珠港两地机场会继续朝着这个方向努力，推动航空业界在珠三角西部扩展业务并为地区经济发展作出贡献[①]。

从珠海城市旅游发展重大事件的分析可见，由于珠海所在的珠江三角洲地区经济发达，城市数目众多，各级政府均重视区域与城市间的竞争与合作关系，而城市之间的竞争与合作则成为珠海市旅游效率和生产率增长的重要动力之一。

7.4.3 理论解释

在区域内只有一个旅游城市的情况下，这个城市旅游效率和生产率的提高完全来自于本身内部关系的调整等内生动力。显然，实现这种提高必须有一个前提条件，即旅游城市本身在对旅游发展各种要素利用、发展目标、发展思路的判识上有一种高度的认同以及对需求的广泛一致。此外，为了保证这种模式的正常运行，在激励方式上，必须强调自立、自我的激励机制，而只有当旅游城市的管理者和相关利益主体都能够具备主人翁意识的时候，这种方式才具有一定的优越性，资源的配置才可以达到最优化。但在一般情况下，个人行为均以利己为出发点且缺少相应完善的监督机制，这种体制的资源配置效率是相当低的。相反，在一个有若干旅游城市的区域里，且这个区域完全处于开放的竞争环境下，即通过城市间的市场竞争争夺客源，哪个旅游城市能够以最低的成本投入供给游客最大化的体验享受，那么这个城市在竞争中就会处于优势地位，从而吸引到更大的游客量，取得更高的经济收益。因此，区内各个旅游城市总体效率的提高，不仅取决于旅游城市本身的内生动力，还在于旅游城市之间对游客竞争的外生动力。

当一个区域内旅游城市之间形成了完整的职能分工体系和较为稳定的利益分配格局后，一旦一个城市率先打破这种均衡和利益链，其旅游发展的效率和生产率超过其他城市后，这个城市就会在短期内通过自己的先发优势获得更高的经济效益。由于游客流具有区域间可流动的特征，游客对目的地的选择取

---

① 资料来源：http://www.un56.com/News/2007-12-8/news200712882807.htm。
珠港机场"联姻"一年 资源共享优势显现，检索日期：2008-3-25。

决于哪座城市可以在成本最小的前提下提供给游客最大的满意度，并从满意度的高梯度逐渐向低梯度推移。在这种利益的刺激下，效率低的旅游城市为了实现与先发城市的竞争，将通过对资源的重新配置或通过对先发城市先进技术的学习和拷贝，继续参与到旅游城市的竞争中，提高自己的效率和生产率水平，从而原有的旅游城市利益格局和平衡关系不断被打破，开始新一轮的利益调整和重新分配，形成全新的利益分配格局，并周而复始地实现新的平衡关系。可见，某一个旅游城市的领先发展，在开放的经济条件下产生了一种梯度推力，在这种梯度推力不断推移的作用下，最终使得城市间各自的效率和生产率水平得到提高。

新古典经济学理论认为，生产和销售同类产品的企业或存在产业关联的上中下游企业集中于特定的地方，会导致专门人才、专门机构、原材料产生很高的使用效率，而这种使用效率是处于分散状态下的企业所不能达到的。高效率形成外部规模经济，从而促进企业在特定地方获得"外部经济"（Marshall，1920）。韦伯（Weber，1929）认为，多个工厂集中在一起与各自分散时相比，能给各工厂带来更多收益并节省更多成本，随着企业在空间上的集聚，企业可以在节省成本的同时获得分散状态下难以取得的经济效率。波特（2002）则在其竞争优势理论中指出，国家竞争优势的获得，关键在于产业的竞争，而这种竞争可以使生产率和创新利益提高、交易费用降低。可见，企业集群可以带来外部效应，而这种外部效应又可以降低企业交易成本、提高企业竞争能力，进而表现为与同类企业比较和竞争时效率的提高。尽管受城市不可移动性特征约束，城市不能像企业和产业集群过程一样在空间上自由流动，但城市在空间相互关系上仍表现出一定程度的集群和分散特征，因此，仍可用以上经济学理论对其旅游效率和生产率的来源和形成过程进行解释。

某一旅游地与其附近旅游地之间的空间相互作用可以概括为补充和替代两种关系（保继刚等，2001a）。根据以上经济学理论，如果将空间临近的城市视为企业的集群，则不论哪种类型，这些城市均可以从这两种关系上获得相应的效率。当补充型城市集群在一起时，通过城市之间资源互补提高对游客的整体吸引力，从而获得所谓的"外部经济性"，且在相同要素投入水平条件下，会比单个城市旅游发展获得更大的产出，进而导致效率水平的提高；而当替代型城市集群在一起时，根据韦伯的区位理论和波特的竞争理论，为了实现在竞争中处于优势，各城市将通过加大资源投入力度、提高对资源的利用技术和利用能力，实现在相同要素投入水平条件下的产出最大化，从而在效率上表现为规模效率、技术效率和利用效率的提高。实际上，只要两个城市空间距离邻近，补充和替代两种作用必然同时发生，而作用的最终结果是各城市均试图通过提高对投入要素的组合能力、转换能力和分配能力等手段,以求在对游客市场的竞争中领先。最终表现为与波特产业集群分析相同的结果,即:其一,集群内的城市通过在群内的生产力对群外城市旅游发展施加影响;其二,集群内的城市通过采取低成本地进行技术创新为将来的发展奠定基础;其三,集群的环境有利于扩大集群的范围和集群规模及影响的扩大(波特,2002)。相反,对于那些空间分散、没有集中在一起的城市,由于缺乏外部性和竞争等因素对效率提高的激励,因此这些城市对投入要素的组合能力、转换能力和分配能力等较差,最终导致效率水平低下的结果。可见,产业集群能够提高企业的竞争力和效率,而且这个结论同样适用于对城市旅游效率高低的解释。

7.5 本章的基本结论

基于以上分析,可以得到珠海城市旅游效率和全要素生产率研究的以下结论:

(1)珠海城市旅游发展过程所表现出来的特征与统计研究中总结的规律性特征一致。2000年以前,在受经济特区地位和对城市旅游重要性认识较强的基础上,珠海市凭借其雄厚的经济基础,城市旅游发展获得了较多的各种资源投入,并通过对现有技术的合理利用,基于这种投入获得了较高的效率水平;而在2000年以后,随着旅游投资的更加理性,尽管新上项目不多,但城市旅游发展过程中对资源的投入不断得到调整,城市旅游的效率变化实现了快速增长,但是受技术相对退步的影响,其全要素生产率水平却表现为下降的特征。

(2)主题旅游集群的形成发展,主要是受追求规模经济、游客差异性偏好和要素集聚积极推动的影响(聂献忠,2005)。众多城市集中在珠三角地区最终导致了与大型主题公园布局研究中相同的结果,即不同类型的旅游资源(项目)在一定地域上相对集中,可以增加这一地区的总体吸引力(保继刚,1994)。珠海城市旅游发展通过城市的集聚效应不断实现区域和城市间的竞争与合作,从而增加了城市的整体吸引力,有效提高了城市旅游的效率。可见,竞争与合作是城市旅游效率得以不断提高的动力机制,这种提高的过程可以通过梯度推移理论、产业集群理论、竞争优势理论和相关经济学理论得到较好的解释和说明。

本章参考文献

John W.Creswell. Research Design, Qualitative, Quantitative and Mixed Methods Approaches, 2nd ed.. SAGE Publications, London. 2003.

Marshall A.. Principles of Economics. London: Macmillan. 1920.

M. 波特. 国家竞争优势. 北京：华夏出版社，2002.

Weber, A. The theory of the location of industries. Chicago: Chicago University Press, 1929.

保继刚. 大型主题公园布局初步研究. 地理研究，1994，13(3)：88~89.

保继刚，楚义芳. 旅游地理学. 北京：高等教育出版社，2001a.

保继刚，潘兴连，Geoffrey Wall. 城市旅游的理论与实践. 北京：科学出版社，2001b.

保继刚，朱竑. 珠海城市旅游发展. 人文地理，1999，14(3)：7~12.

戴元光. 传播学研究理论与方法. 上海：复旦大学出版社，2003.

刘书安，黄耀丽，郑坚强，李飞. 基于合作竞争博弈的"大珠三角"区域旅游一体化研究. 乐山师范学院学报，2007，22(8)：112~115.

聂献忠，张捷，刘泽华，章锦河. 我国主题旅游集群的成长及其空间特征研究. 人文地理，2005，20(4)：65~68.

唐左. 珠港澳旅游业合作发展模式研究. 珠海市哲学社会科学规划办公室，2005.

第八章 结论和讨论

本章主要对整个城市旅游竞争力研究的结论、创新点、局限和延伸方向进行总结和归纳,并对我国城市旅游发展的资源投入方向、模式选择和旅游发展的投资转移等问题进行分析和讨论,并从旅游管理角度提出对应的政策性意见和建议。

8.1 研究的结论

根据以上各章的结果和结论,对应于第三章研究设计阶段所提出的三个研究假设,可以得到1995~2005年间,基于效率和全要素生产率的中国主要城市旅游竞争力研究的如下结论。

结论一:东部发达地区城市更容易获得较高的旅游效率,且效率较高的主要原因在于这些地区城市对旅游发展的资源投入规模较大。长期以来,中国经济发展呈现明显的区域不平衡性特征,东部地区城市改革开放时间较早,区域经济整体发达,而城市旅游发展相对于风景区旅游发展的区别在于前者的关联作用更强,需要更大的资源投入规模,城市旅游发展对投入资源的需求与东部地区城市经济发达的特性相互吻合。而中西部地区城市由于城市经济发展水平相对落后,因此用于城市旅游发展的资源投入有限,在现有投入水平和城市整体处于规模收益递增阶段的情况下,难以满足城市旅游发展对资源消化的需求,因此这些地区城市不能取得较高的旅游发展效率。相反,东部经济发达地区城市由于经济发展水平较高,城市用于旅游发展的资源投入规模能够适应城市旅游发展对资源的需求,所以可以取得相对较高的效率水平。同时,由于城市旅游发展的技术程度较低,无论是东部地区还是中西部地区,城市对有限技术的利用能力有可能在城市旅游发展之初存在一定差别,但是通过城市的拷贝和学习可以在短时间内缩短这种差距,因此城市之间旅游发展的技术效率对总效率形成的影响较小。与此类似，就城市旅游发展过程中的资源搭配组合而言，尽管不同城市对资源投入的方向存在一定差异，但是通过旅游发展实践的不断探索，城市之间也可以通过相互模仿和学习逐渐实现趋同，资源利用方式的差异也容易在短时间内实现城市间的一致。因此，技术效率和利用效率均不会对城市旅游总效率造成较大影响，东部地区城市效率较高的主要原因在于这些地区城市对旅游发展的资源投入规模较大。

结论二：在竞争性市场环境下，城市旅游发展往往能够通过优胜劣汰的"激励"方式获得更高的效率。在旅游产业对城市经济发展具有重要推动作用认识的基础上，城市政府总是试图通过塑造良好形象、完善服务设施等措施借以吸引游客。因此，无论是同质性旅游产品还是异质性旅游产品，只要城市均处在邻近的空间地域范围内，城市之间就会产生争夺客源的竞争，且当两个城市的旅游产品或旅游形象雷同时，这种竞争就会更加激烈，如杭州和苏州"人间天堂"品牌的竞争，其实质也是城市之间利益的竞争。可见，在利益激励下，城市之间通过市场竞争，不断刺激城市政府增加旅游投入，从而在这个过程中产生一种非合同式的"隐含激励"，即通过竞争，把能够以低投入获取高产出的城市筛选出来，并"剔除"高投入低产出的城市。这种不断筛选的过程导致城市政府面临巨大的"政治"压力。这种压力则不断迫使城市政府改善资源投入的利用能力，从而获得更高的资源利用效率。换言之，为了获得更高的利润水平，城市之间经过长期充分的竞争，其旅游发展往往能够通过"优胜劣汰"的"激励"方式获得更高的效率水平。但从历时性角度看，由于受到基期水平的影响，因此即使城市在竞争环境下具有较高的旅游效率水平，也并不一定导致旅游全要素生产率的高水平。

结论三：在合作性市场环境下，城市旅游发展往往能够通过提高外部经济性的方式获得更高的效率。旅游者行为规律表明，游客在旅游决策时倾向于追求在资金和闲暇时间限制下的最大旅游效益，表现特征之一就是获取最大的信息收集量，在行为上表现为尽可能游玩更多的高级别旅游景点。一般游客到达旅游目的地后选择的旅游景点级别，与旅游者到达该目的地需要迁移的路程有关。大尺度空间的旅游属长程旅游，人们常常只游览目的地级别较高的旅游点，之后，如果资金和时间允许，游客一般也不停留在原地游览该地级别较低的旅游点，而是迁移到其他地方游览级别较高的旅游点（陈健昌等，1988）。可见，若干个城市在空间上的集聚增加了游客在相同成本条件下游览更多高级别旅游景点的可能，而城市之间基础设施、服务设施、公共信息、能源资源、市场网络和品牌共享等的合作则实现了旅游发展的外部经济性，降低了单个城市旅行中游客需要支付的成本额，从而实现了游客特定成本条件下的收益最大化，这种关系进而影响到旅游者的行为决策制定，并最终表现为同等条件下处于合作性市场环境下的城市旅游往往能够通过这种外部经济性的方式获得更高的收益，并最终导致效率的提高。但同理于竞争性市场环境，从历时性角度看，由于受基期水平影响，即使效率在合作环境下具有较高的水平，也并不一定导致全要素生产率的高水平。

8.2 研究的创新

本研究关于中国城市旅游效率和全要素生产率评价的研究存在如下几方面的创新：

创新一：理论创新。以前的相关研究或者缺乏关于效率和生产率来源的解释，或者仅仅局限于某一单个理论对效率和生产率来源进行解释，缺少将管理学、经济学的竞争理论和超产权理论与地理学的区域经济发展不平衡性规律相结合的综合性评价。本研究以交叉学科方法尝试从地理学空间关系的角度对中国城市旅游效率和全要素生产率的产生机理进行分析，丰富了效率和全要素生产率来源的理论基础。

创新二：方法创新。以前的相关研究仅关注于产出结果的个体比较，缺少对投入与产出关系的综合性考量。本研究在同时考虑投入和产出水平的基础上，将 DEA 方法及其相关模型引入到城市这个复杂的经济体，对其效率和全要素生产率进行了定量测算与评价。同时，将地理学传统的地图模拟功能应用到对评价结果的时空分布特征描述上，从方法上丰富了城市旅游竞争力研究的评价体系和评估手段。

创新三：内容创新。以前的相关研究主要侧重于对单一产业或经济部门的效率或全要素生产率进行评价，本研究以城市旅游这个包含多种产业部门和旅游产品在内的综合性目的地作为研究对象，计算了 58 个中国主要旅游城市的旅游效率和全要素生产率，并对评价结果的空间分布特征进行了共时态和历时态的二维描述。在此基础上，通过案例城市旅游发展过程的还原和重大事件的分析，对统计特征进行了证明和强化，从内容上丰富了效率和全要素生产率研究的对象。

8.3 研究的局限

作者关于中国城市旅游效率和全要素生产率评价的研究存在如下局限。

局限一：方法的局限。DEA 方法是专门用于效率和生产率计算的有效方法，但这种方法存在其固有的缺陷，即由于各个决策单元是从最有利于自己的角度分别求取权重，因此权重随 DMU 的不同而不同，从而使得每个决策单元的特性缺乏可比性。同时，DEA 方法假设随机误差不会影响经营业绩，由于忽略这个潜在的偏误，随机误差的影响可能会包括到效率项的估计中，从而对投入和产出要素指标中的极端数据变化较为敏感，对极端值的作用效果及其影响也难以进行精确的定量化分析与解释，如本研究中关于乌鲁木齐、太原等城市效率的表达。

局限二：数据的局限。中国设市城市数目已达到 600 多个，但受数据可得性的约束，本研究中进行旅游效率和全要素生产率研究的城市个数仅为 58 个，可用于定量评价的城市数量过少，因此，经这些城市投入产出数据得到的旅游效率和全要素生产率的时空特征显示程度不高；另外，代表效率和全要素生产率计算的数据对城市旅游发展投入产出要素表达的精确性不足，投入数据显然放大了城市旅游的投入要素规模，而产出数据则缩小了城市旅游的产出要素规模，最终结果可能导致中国城市旅游效率总体偏低的局面，而由此产生的效率偏差和影响程度又不能得到有效表达和剥离；此外，投入产出数据之间的因果关系也制约了结果有效性的表达。

局限三：指标的局限。城市旅游发展的复杂性决定了不同城市投入要素的利用途径存在差异，当选择具有概括性的投入产出指标进行效率和全要素生产率计算时，很难保证所有城市都具有相同的资源利用途径。但正如局限二所描述的，即使这种概括性数据的获得都存在较大难度，则具有更为精细用途的指标数据至少在目前的中国城市旅游统计和研究中尚难以获得。尽管本研究已经尽最大努力试图实现投入产出指标对城市旅游的发展过程进行表达，但现有指标仍只能说是可得指标中较为有效、但并不是最理想的指标，而代表指标的各项指标也存在类似的缺陷。因此，如果从这个意义上对本书结论的精确性进行置疑，则将是本书无法回避的最大局限。

局限四：案例的局限。既然城市旅游效率和生产率存在时空上的差异性，因此应该选择不同区域环境和背景下的城市分别进行效率和全要素生产率影响因素的案例分析。本书仅选择了经济发达的珠三角地区城市珠海作为案例，分析了竞争与合作对效率和全要素生产率的影响。如果能够选择经济不发达地区城市对其效率和生产率进行案例研究，则可以对不同条件下竞争与合作的效率和生产率的影响程度进行分析，从不同方向对产生的结论进行"三角"验证。因此，案例地的缺乏多样化限制了对影响效率和全要素生产率提高因素的多角度证明。

8.4 研究的延伸

根据现有城市旅游效率和全要素生产率研究的成果，参考本研究的局限，以下议题可以作为未来延伸研究的方向。

延伸研究一：现有研究只是从系统外部的竞争与合作关系上对城市旅游效率与全要素生产率的影响进行评价，缺乏从城市本身属性如城市规模、城市职能、城市性质等系统内部属性因素对城市旅游效率和全要素生产率变化影响的分析，以及内外部因素对这种影响重要性的判断。因此，从城市本身属性方面对效率和全要素生产率变化影响的研究可作为未来延伸研究的内容之一。

延伸研究二：现有研究是在选择四个投入指标和一个产出指标的基础上进行的 DEA 计算，但存在指标的选择均较为宽泛、数据的选择较为笼统的问题。为了获取更好的计算和评价结果，如何选用更为合理的评价指标、如何取得更为精确的数据、如何对投入和产出指标之间的因果关系进行更为准确的表达，进而对不同时空范围和条件下城市旅游效率和全要素生产率进行评价，可作为未来延伸研究的内容之一。

延伸研究三：现有研究只是证明了基于竞争与合作的旅游城市之间的空间关系会影响到效率和全要素的生产率，即竞争和合作是效率提高的充分条件，但二者之间是否存在充分且必要的关系？是否有其他非空间因素也会对效率和生产率的结果产生影响？此外，在认识到竞争与合作确实可以影响城市旅游效率水平的基础上，这种影响的能力到底有多大？是否可以进行定量化的评价？这些问题也可以作为未来延伸研究的内容之一。

8.5 讨论

8.5.1 讨论一：关于城市旅游发展的资源投入

城市旅游发展所处阶段的判定和影响因素的分析对于未来我国城市旅游发展方向和政策的制定具有重要实践指导意义。考虑到目前我国大多数城市旅游发展尚处于规模收益递增阶段、城市对资源的消化和应用能力仍存在一定缺口、资源投入规模尚不足以实现收益最大化的现实，在未来的城市旅游发展过程中仍可以通过进一步扩大投入要素的规模取得更高的效率。因此，对于城市旅游发展的宏观政策制定而言，未来一段时间内进一步增加这些处于规模收益递增阶段城市的资源投入是提高旅游效率的有效手段。但在资源投入过程中，不同类型、不同地域空间内城市对旅游资源的利用和消化能力存在差异，因此，需要特别注意城市旅游资源投入规模的合理性。一旦城市旅游发展进入规模收益递减阶段，应主动减少要素的投入规模，避免冗余，以实现资源利用的节约和产出最大化。相反，对于目前已经处于规模收益递减阶段的少量旅游城市而言，因为城市旅游发展的资源投入已经从规模上对城市旅游发展造成了"拥塞"，制约了城市旅游效率水平的进一步提高，因此，适当降低这些城市旅游发展的资源投入规模是减少资源浪费、实现资源合理利用、提高投入产出效率水平的有效手段。

从空间分布上看，由于我国东部地区城市经济发达，一般而言这些地区的城市用于旅游业发展的资源投入规模往往大于中西部地区城市。但同时，由于这些地区城市旅游发展的历史较长，相对于中西部地区城市而言，东部地区城市往往更容易较早进入旅游发展规模收益的递减阶段，因此考虑到中国城市旅游发展的实际，在城市旅游规划和管理过程中，尽管从总体上应该增加城市旅游发展的资源投入规模，但同时需要注意到城市旅游发展现状水平的空间差异，需要根据城市旅游发展的实际情况进行资源的合理分配和投入。一般而言，东部地区城市旅游发展对资源投入规模的需求已经呈现逐渐萎缩的态势，因此，在投入方式上应以低投入为手段，进行合理调整，重视投入的"质量"和"效率"；而对中西部地区对旅游发展资源具有较大需求的城市而言，应在重视投入"质量"和"效率"的基础上，以合理的大规模投入为主要手段。

考虑到目前我国城市旅游效率的分解中，技术效率和利用效率水平较高、提高空间较小，但规模效率较低、提升空间较大的状况，以及该时期我国城市旅游发展效率的提高主要依赖于规模效率的实际，所以在未来一段时间内提高我国城市旅游规模效率是提高城市旅游总效率的重要途径和有效手段。同时，由于东部沿海地区集中了该时期更多的城市旅游效率较高的城市，因此从空间上看，我国城市旅游效率水平的发展战略应在稳定和巩固东部发达地区现有城市旅游效率水平基础上，通过提高中西部地区城市旅游效率水平，进一步增强我国城市旅游效率的总体水平。

此外，城市之间旅游效率和生产率提高的根本原因在于要素所有者在相互竞争与合作过程中创造的剩余，因此，城市旅游效率提高的关键在于促进以城市为中心的各个单元之间的竞争与合作关系。对于城市旅游的管理者和行政当局而言，其主要工作则在于营造理想的适合城市之间实现竞争与合作的制度环境，即保证竞争在合理的规则和制度下进行，且不以降低城市旅游服务品质、牺牲游客福利为前提，因此较为适当的我国城市旅游发展模式应该是所谓的"竞合模式"，即基于竞争前提下的有机合作，其实质是推动和实现区域旅游的一体化（陶伟等，2002）。在相似的自然环境条件和同一的文化背景下，旅游地空间认知的相似性和目标市场的趋同性使其在旅游开发过程中面临着无序竞争的危机，却同时也为区域合作提供了契机，建立在旅游资源的差异性和空间结构完善基础上的区域旅游合作是唯一的解决途径（刘佳，2005）。在市场经济条件下，竞合的动力以区域旅游的整体发展为背景，以相关地方的利益为基础，以市场交易为基本方式，以政府协作为补充，在塑造和发挥各相关地方及景区特色的基础上，最终建设富有吸引力的旅游目的地，实现"双赢"甚至"多赢"的区域旅游发展格局。通过竞争提高城市旅游的效率，通过合作降低外部摩擦造成的效率损失，最终实现城市旅游效率和全要素生产率的稳定快速增长。

8.5.2 讨论二：关于城市旅游发展的产业转移

地域分异规律是指自然地理环境各组成成分及整个景观在地表按一定层次发生分化，并按确定方向发生有规律分布的现象。人文地理的地域分异规律主要是在自然地理地域分异规律的基础上形成的，具有间接性的特点；加之人文地理事项的形成还受到社会、历史、文化等多方面因素的影响，具有复杂性与时空变动性的特点。因此，在有些情况下，地域分异规律的表现并不特别明显，大多具有"隐域性"特征，不少需要深入透视与挖掘才能发现。城市作为人类对自然环境改造最为彻底的产物，已经成为地理环境中一种重要的人文景观事项。关于城市发展的地域分异现象，学者已经从全国性的自然地理区划、农业区划、经济区划、主体功能区区划等方面进行了一系列的学术积累（陆大道，1988；陆大道等，2001；庄大方等，1997；董锁成，1994），说明区域和城市社会经济各项要素在发展过程中存在着时间和空间上的差异性，且这种差异存在空间上的规律性。

20世纪90年代以来，中国旅游经济持续实现快速增长，城市同时作为最重要的客源地和目的地对旅游经济的发展起着举足轻重的作用。许多中国城市管理者也将旅游职能作为城市的重要职能之一，并希望通过旅游业的发展，提升城市形象，增加城市旅游收入。在这样的背景下，每年政府均投入大量的资金和人力等资源对吸引物、城市环境、基础设施等旅游目的地系统和旅游支持系统进行改造和建设，以充分发挥城市的旅游功能。基于地理学地域分异规律，考虑到属于城市发展属性特征的旅游效率和生产率本质，处于不同地理空间和社会经济环境下的城市，在旅游发展过程中的资源利用水平和产出效果上也应该受到城市特征和城市所处地域环境的影响，从而在效率和生产率上表现出差异性。

从共时态角度分析，我国城市旅游效率的差异性主要表现为东部地区城市旅游效率总体上高于中西部地区，原因在于城市旅游效率更多受到规模效率影响，而东部地区在城市旅游发展过程中对资源要素的投入规模较大，满足了城市旅游发展对规模的要求，所以这个区域的城市往往能够获得更高的总效率，这也是有更多东部地区城市率先进入旅游发展规模收益递减阶段的原因。随着越来越多的城市旅游发展开始进入规模收益的递减阶段，当更多的资源投入到旅游发展中的时候，资源的投入规模必将大于城市旅游发展对资源本身的需求，从而造成资源的"冗余"和浪费，并最终导致整个城市旅游发展的资源投入"粗放式"经营，制约城市旅游效率的提高。但与此相反，中西部欠发达地区城市的旅游发展缺乏大规模的资源投入，城市旅游的产出主要依托资源投入规模的不断扩大而实现。因此，对于经济不发达地区城市而言，由于旅游发展之初的资源投入有限，城市对这些有限资源的利用过程也较为谨慎，总试图以尽可能小的投入获得尽可能大的产出，总体上对于资源投入和组合的合理性要求较高。资源利用属于高度集约化的方式，从投入产出上看具有较高的效率水平。

可见，东部经济发达地区城市和中西部经济欠发达地区城市对旅游发展资源投入的利用效率之间存在较大的"剪刀差"，而这种剪刀差的存在也必然导致未来我国东西部地区之间旅游产业发展的"产业转移"。即改革开放以来，我国东部地区旅游经济获得了高速发展，相对于中西部地区而言积累了较为雄厚的资金和技术水平，因此东部地区旅游产业发展的这些成果可以为中西部地区的旅游发展提供资金和技术支持，将这些资金和技术向中西部地区处于旅游产业发展规模收益递增阶段的城市转移，加快中西部地区城市旅游产业的快速发展；

就中西部地区城市的旅游发展本底水平而言，中西部地区城市各种自然、人文旅游资源丰富，可以为东部地区城市的富余资金和技术的转移提供消化的平台和场所。同时，随着中西部地区城市旅游经济的发展，居民购买力的提高，也可以为东部地区城市旅游产业的发展创造更广阔的市场空间。可见，通过区域间的分工合作，三大区域可以发挥各自的比较优势，实现和谐的区域经济关系，并随着各个区域的发展而不断向前推进，因而这种关系是一个互动协调的动态发展过程。在这样的背景下，对于中西部地区旅游发展需要进一步资源投入的城市而言，目前最重要的工作是通过制定优惠的旅游发展政策、营造和谐的旅游发展环境吸引东部地区城市旅游发展的剩余资金和先进技术的到来，同时通过明确具体的旅游发展项目对已经吸引到的资金和技术进行合理的消化与利用，从而实现旅游经济的发展和旅游效率的提高。

本章参考文献

陈健昌，保继刚．旅游者行为研究及其实践意义．地理研究，1988，7(3)：44～51．

董锁成．经济地域系统运动论——区域经济发展的时空规律研究．北京：科学出版社，1994．

刘佳，张捷，顾朝林．旅游规划中空间竞争与区域合作研究——以江南六大古镇为例．人文地理，2005，20(3)：79～83．

陆大道．区位论及区域研究方法．北京：科学出版社，1988．

陆大道，刘毅，樊杰等．2000中国区域发展报告——西部大开发的基础、政策与态势分析．北京：商务印书馆，2001．

陶伟，戴光全．区域旅游发展的"竞合模式"探索：以苏南三镇为例．人文地理，2002，17(4)：29～33．

庄大方，刘纪远．中国土地利用程度的地域分异模型研究．自然资源学报，1997，12(2)：105～111．

附　录

附录1　投入产出原始数据

城市	第三产业从业人数 2005	第三产业从业人数 2000	第三产业从业人数 1995	固定资产投资 2005	固定资产投资 2000	固定资产投资 1995	实际使用外资金额 2005	实际使用外资金额 2000	实际使用外资金额 1995	星级饭店营业收入 2005	星级饭店营业收入 2000	星级饭店营业收入 1995	资源引力
北京	584.71	339.26	236.35	2827.20	670.57	444.11	352638	245849	107996	166.06	128.12	140.95	4940
天津	95.80	87.14	185.51	1516.84	535.04	266.90	332885	256000	152064	18.49	11.67	10.90	1535
石家庄	51.15	55.40	174.51	929.03	230.36	114.73	43931	14584	13688	10.00	5.83	2.71	990
秦皇岛	17.72	19.37	36.72	164.93	45.59	47.77	23679	14888	9724	4.86	1.83	1.23	845
承德	14.69	16.28	45.53	189.25	33.84	13.59	11047	5178	1715	1.57	0.54	0.56	985
太原	36.74	38.63	65.25	438.51	104.77	67.43	16490	7280	4500	7.95	2.64	1.40	85
大同	22.73	26.67	50.60	151.96	33.65	23.21	1064	750	680	2.92	0.94	0.24	175
呼和浩特	19.87	24.82	31.29	460.00	68.79	27.50	40345	3485	1428	3.18	2.00	0.91	300
沈阳	58.98	64.55	118.05	1363.22	262.24	87.36	212312	71230	46052	19.13	12.09	4.50	1250
大连	42.52	48.36	96.53	1110.49	124.25	134.53	300415	130597	70962	19.18	15.34	10.17	1155
长春	79.97	53.50	104.46	650.42	160.25	72.90	117060	14383	18161	10.64	3.02	2.95	430
吉林	18.36	21.87	57.87	455.04	103.53	75.65	7071	5114	1889	2.31	0.54	0.78	255
哈尔滨	70.84	82.09	107.59	638.97	253.70	124.42	36604	20314	13150	9.64	7.42	3.58	1030
上海	266.36	344.02	283.53	3542.55	1869.67	982.20	684965	316029	324996	170.84	83.47	70.39	1530
南京	51.52	54.29	92.02	1402.72	232.84	133.63	141778	81277	40276	27.71	21.20	13.63	1050
无锡	25.96	30.09	62.59	1336.04	96.65	90.20	200713	108240	85737	16.65	9.14	5.16	1470
苏州	32.30	35.68	80.46	1870.14	128.09	137.64	511596	288338	232747	23.02	10.70	6.11	1850
南通	24.05	31.37	98.37	815.26	86.63	64.69	153162	14292	30763	6.08	2.87	1.49	395
连云港	17.12	17.99	38.89	323.60	79.84	29.80	27480	4770	6988	2.41	1.10	0.57	640
杭州	55.61	51.92	125.50	1386.68	376.65	103.83	171574	43093	42659	31.77	28.47	18.77	1515
宁波	32.97	30.18	87.84	1336.30	245.27	96.71	231097	62186	39909	21.96	8.76	6.69	1225

续表

城市	第三产业从业人数 2005	2000	1995	固定资产投资 2005	2000	1995	实际使用外资金额 2005	2000	1995	星级饭店营业收入 2005	2000	1995	资源引力
温州	29.99	25.70	135.29	542.11	182.28	40.89	35708	7202	7351	10.78	5.41	2.36	935
合肥	24.59	26.55	56.42	495.27	92.78	58.96	40660	12743	29470	6.36	0.46	1.80	245
黄山	6.51	7.85	15.27	114.81	14.30	10.90	5261	399	1477	4.08	0.33	1.46	945
福州	35.55	35.61	87.33	603.26	108.75	82.13	64017	80087	105035	10.80	7.11	6.13	255
厦门	19.45	15.61	27.46	401.62	106.31	71.55	70746	103150	132160	2.96	2.26	5.91	515
泉州	21.52	21.19	75.76	429.11	93.31	44.88	120019	62331	76451	7.66	3.30	1.09	415
漳州	13.73	15.37	74.74	195.22	68.81	26.00	61226	70958	36068	0.25	2.11	0.88	340
南昌	30.47	30.82	55.49	525.59	43.35	35.85	90865	3288	7422	5.17	3.34	2.11	170
九江	18.43	17.84	54.86	213.50	42.49	31.19	32292	3031	4208	1.90	0.78	0.62	410
济南	51.58	46.61	101.48	857.00	186.20	73.28	54158	31981	17026	14.29	6.49	2.74	670
青岛	44.12	47.30	86.43	1456.58	242.68	96.64	365625	128171	70310	22.99	11.41	8.69	1400
烟台	32.03	31.98	85.83	1460.38	110.50	57.22	254976	49549	53208	7.70	5.16	2.58	1255
威海	13.13	13.16	28.51	663.90	67.50	30.39	138011	24031	15481	6.32	3.33	2.57	415
郑州	48.24	46.90	84.60	820.00	147.75	100.45	33549	9211	15019	14.22	5.57	2.13	745
洛阳	28.13	28.87	56.47	480.07	83.39	55.01	11429	3783	10132	3.59	2.02	0.93	1200
武汉	81.73	77.33	153.88	1055.18	461.93	259.75	174001	75415	46648	18.02	8.73	8.02	910
长沙	41.68	41.39	105.83	881.44	202.32	64.64	90203	17707	15100	14.74	7.07	3.91	1045
广州	111.98	103.50	156.94	1519.16	568.09	331.96	264882	298923	214444	56.70	159.15	73.57	1155
深圳	76.26	42.74	78.86	1181.05	594.60	157.70	296900	196100	130989	37.09	41.01	39.27	175
珠海	13.75	10.77	30.98	218.51	54.08	64.68	66610	81518	53929	9.27	9.79	10.86	170
汕头	18.33	64.12	59.31	155.75	58.79	75.53	10619	16561	80292	4.45	6.17	5.20	255
湛江	24.09	68.27	61.72	180.45	76.83	50.75	3896	8961	18529	1.44	2.18	3.03	310
中山	8.58	6.96	35.58	320.92	109.95	14.96	65110	64980	45036	4.88	6.46	4.84	85
南宁	39.32	26.21	40.83	362.90	64.32	30.54	8578	8409	8657	5.60	5.02	2.27	405
桂林	20.57	21.74	20.03	198.73	48.90	16.11	3509	11563	8129	7.67	4.82	3.65	1875
北海	6.86	18.41	26.28	67.24	21.83	17.08	2387	3629	21977	2.17	1.25	0.99	255
海口	17.26	26.43	28.27	137.17	64.85	37.25	37888	34694	43348	6.85	5.61	7.70	255
三亚	4.37	9.83	7.04	49.16	13.25	16.17	12900	16200	15652	11.57	5.03	2.95	520
重庆	110.59	114.93	211.57	2006.32	373.76	105.19	52127	24436	33237	24.56	9.33	6.31	2980
成都	69.03	63.39	143.74	1457.35	475.90	194.61	145157	22062	12075	21.39	10.71	4.90	665
贵阳	30.02	23.43	43.85	343.54	106.80	47.30	8225	5301	2434	7.08	2.71	1.86	470
昆明	42.00	47.34	64.16	523.01	239.11	100.17	8261	1220	30566	17.21	6.82	7.01	760
西安	66.79	62.06	109.54	835.10	151.17	88.50	57113	15633	18653	10.26	1.65	6.51	1490
兰州	29.35	27.32	63.54	259.59	153.60	57.03	2000	6202	9600	4.28	2.87	1.74	340
西宁	13.14	13.98	19.91	115.63	53.82	16.84	12114	733	2645	1.87	0.19	0.68	335
银川	12.70	21.65	17.69	201.65	48.60	10.54	5332	602	2211	3.24	1.83	0.50	245
乌鲁木齐	25.52	27.99	38.11	197.63	120.78	80.41	2520	431	3272	17.60	8.31	2.32	565

备注：

1. 第三产业从业人数（单位：百万人）中：1995年的数据通过计算得到，相应年度的《中国城市统计年鉴》中有对全部从业人数的统计，并有第三产业从业人员的比重，本研究根据这个比例关系计算得到这一时期第三产业的从业人数；2000年的数据通过计算得到，相应年度的《中国城市统计年鉴》中有对农林牧渔业的从业人数统计和第一产业、第三产业的比重，本研究根据这个比例关系计算得到这一时期第三产业的从业人数；2005年的数据直接来源于相应年度的《中国城市统计年鉴》。

2. 主要城市固定资产投资（单位：亿元人民币）数据来源于《中国城市统计年鉴》。

3. 当年实际使用外资金额（单位：万美元）数据来源于《中国城市统计年鉴》，其中兰州2000年和2005年的数据来自于网络资料；西宁1995年的数据属于协议投资额。

4. 主要城市星级饭店营业收入（单位：万元人民币）数据来源于《中国旅游统计年鉴》。

附录2 城市旅游资源吸引力

城市	5A个数/α	分值	4A个数/β	分值	3A个数/γ	分值	综合分值/δ
北京	3	90	32	85	26	75	4 940
天津	2	90	8	85	9	75	1 535
石家庄	0	90	9	85	3	75	990
秦皇岛	1	90	8	85	1	75	845
承德	1	90	7	85	4	75	985
太原	0	90	1	85	0	75	85
大同	1	90	1	85	0	75	175
呼和浩特	0	90	0	85	4	75	300
沈阳	1	90	11	85	3	75	1 250
大连	1	90	9	85	4	75	1 155
长春	1	90	4	85	0	75	430
吉林	0	90	3	85	0	75	255
哈尔滨	1	90	4	85	8	75	1 030
上海	2	90	15	85	1	75	1 530
南京	1	90	6	85	6	75	1 050
无锡	0	90	12	85	6	75	1 470
苏州	2	90	17	85	3	75	1 850
南通	0	90	2	85	3	75	395
连云港	0	90	4	85	4	75	640

续表

城市	5A个数/α	分值	4A个数/β	分值	3A个数/γ	分值	综合分值/δ
杭州	1	90	15	85	2	75	1 515
宁波	0	90	10	85	5	75	1 225
温州	1	90	2	85	9	75	935
合肥	0	90	2	85	1	75	245
黄山	2	90	9	85	0	75	945
福州	0	90	3	85	0	75	255
厦门	1	90	5	85	0	75	515
泉州	0	90	4	85	1	75	415
漳州	0	90	4	85	0	75	340
南昌	0	90	2	85	0	75	170
九江	1	90	2	85	2	75	410
济南	0	90	7	85	1	75	670
青岛	0	90	5	85	13	75	1 400
烟台	1	90	4	85	11	75	1 255
威海	0	90	4	85	1	75	415
郑州	0	90	7	85	2	75	745
洛阳	1	90	6	85	8	75	1 200
武汉	1	90	7	85	3	75	910
长沙	0	90	7	85	6	75	1 045
广州	1	90	9	85	4	75	1 155
深圳	1	90	1	85	0	75	175
珠海	0	90	2	85	0	75	170
汕头	0	90	3	85	0	75	255
湛江	0	90	1	85	3	75	310
中山	0	90	1	85	0	75	85
南宁	0	90	3	85	2	75	405
桂林	2	90	12	85	9	75	1 875
北海	0	90	3	85	0	75	255
海口	0	90	3	85	0	75	255

续表

城市	5A 个数/α	分值	4A 个数/β	分值	3A 个数/γ	分值	综合分值/δ
三亚	2	90	4	85	0	75	520
重庆	2	90	25	85	9	75	2 980
成都	1	90	5	85	2	75	665
贵阳	0	90	2	85	4	75	470
昆明	1	90	7	85	1	75	760
西安	2	90	11	85	5	75	1 490
兰州	0	90	4	85	0	75	340
西宁	1	90	2	85	1	75	335
银川	0	90	2	85	1	75	245
乌鲁木齐	0	90	4	85	3	75	565

备注:

1. 数据来源: 国家旅游局官方网站 http://www.cnta.gov.cn/, 经整理;
2. 总分值的计算方法: 综合分值 $\delta = 90 \times \alpha + 85 \times \beta + 75 \times \gamma$。

附录 3 第三产业从业人数的原始数据

2004 年广东省城市住宿、餐饮业与第三产业从业人数的原始数据:

城市	序列一	序列二	城市	序列一	序列二	城市	序列一	序列二
广州市	164944	105.66	梅州市	6211	24.41	湛江市	15773	9.63
深圳市	112344	13.20	惠州市	17900	18.39	茂名市	9422	11.65
珠海市	26456	61.35	汕尾市	3775	13.23	肇庆市	10563	10.40
汕头市	15533	10.57	东莞市	64815	15.31	清远市	10060	7.37
佛山市	44375	18.14	中山市	19318	15.41	潮州市	3289	7.27
韶关市	8550	22.63	江门市	18471	7.89	揭阳市	4822	13.69
河源市	6515	15.58	阳江市	6853	10.36	云浮市	3384	7.22

2004年广东省城市住宿、餐饮业与城市第三产业从业人数的相关性：

比较项	参数项	城市住宿和餐饮业人数	城市第三产业从业人数
城市住宿和餐饮业人数	Pearson Correlation	1	0.699*
	Sig. (2-tailed)	.	0.000
	N	21	21
城市第三产业从业人数	Pearson Correlation	0.699*	1
	Sig. (2-tailed)	0.000	.
	N	21	21

*在0.01水平下显著相关（双尾检验）。

备注：

1. 序列一为城市住宿和餐饮业人数，单位：人；
2. 序列二为城市第三产业从业人数，单位：万人。

附录4 基本建设投资的原始数据

2004年湖南省各城市固定资产投资中，基本建设投资总额与住宿、餐饮业基本建设投资的原始数据：

城市	各行业投资总额（万元）	住宿和餐饮业投资（万元）	比例（%）
长沙	2 827 529	67 050	2.37
株洲	280 123	2 328	0.83
湘潭	374 383	6 500	1.74
张家界	138 842	4 856	3.50
益阳	286 259	500	0.17
郴州	575 856	23 400	4.06
永州	323 371	4 220	1.31
衡阳	328 433	3 225	0.98
邵阳	404 933	1 060	0.26
岳阳	412 299	6 012	1.46
常德	464 641	2 618	0.56
怀化	305 176	2 657	0.87
湘西	247 699	2 632	1.06

2004年湖南省各城市固定资产投资中，基本建设投资总额与住宿、餐饮业基本建设投资的相关性：

比较项	参数项	各行业投资总额	住宿和餐饮业投资
各行业投资总额	Pearson Correlation	1	0.967*
	Sig. (2-tailed)	.	0.000
	N	13	13
住宿和餐饮业投资	Pearson Correlation	0.967*	1
	Sig. (2-tailed)	0.000	.
	N	13	13

* 在0.01水平下显著相关（双尾检验）。

附录5 城市旅游收入与相关指标的原始数据

2005年的原始数据：

城市	旅游收入	旅游资源吸引力	当年使用外资金额	星级饭店营业收入
北京	1 300.00	4 940	352 638	1 660 571
太原	77.47	85	16 490	79 481
吉林	219.34	255	7 071	23 103
哈尔滨	113.20	1 030	36 604	96 360
上海	1 308.54	1 530	684 965	1 708 361
西宁	18.00	335	12 114	18 748
重庆	279.17	2 980	52 127	245 552
苏州	380.28	1 850	511 596	230 209
杭州	403.60	1 515	171 274	317 714
宁波	238.40	1 225	231 097	219 569
温州	121.31	935	35 708	107 792
南昌	44.79	170	90 865	51 718
青岛	222.59	1 400	365 625	229 929
洛阳	101.30	1 200	11 429	35 868
武汉	235.19	910	174 001	180 163
广州	624.68	1 155	264882	566 976
成都	228.43	665	145157	213 909
南京	379.00	1 050	141778	277 118

2000年的原始数据：

城市	旅游收入	旅游资源吸引力	当年使用外资金额	星级饭店营业收入
北京	683.00	4 940	245 849	1 281 243
天津	297.33	1 535	256 000	116 689
太原	23.78	85	7 280	26 418
沈阳	71.90	1 250	71 230	120 940
长春	28.90	430	14 383	30 229
吉林	51.94	255	5 114	5 384
哈尔滨	95.30	1 030	20 314	74 176
上海	979.430 4	1 530	316 029	834 735
苏州	125.22	1 850	288 338	106 970
南通	20.52	395	14 292	28 713
杭州	190.00	1 515	43 093	284 696
温州	47.47	935	7 202	54 108
合肥	21.64	245	12 743	4 591
南昌	22.00	170	3 288	33 439
济南	47.50	670	31 981	64 869
青岛	88.18	1 400	128 171	114 107
威海	35.24	415	24 031	33 261
郑州	60.05	745	9 211	55 700
洛阳	48.13	1 200	3 783	20 195
长沙	68.64	1 045	17 707	70 709
南宁	45.04	405	8 409	50 157
海口	15.31	255	34 694	56 131
重庆	137.05	2 980	24 436	93 271
贵阳	29.24	470	5 301	27 084
昆明	90.47	760	1 220	68 201
西安	82.59	1 490	15 633	16 529
银川	6.20	245	602	18 295
乌鲁木齐	35.20	565	431	83 131
大同	*10.39*	175	750	9 423
呼和浩特	*8.40*	300	3 485	20 018
大连	*90.00*	1 155	130 597	153 389

续表

城市	旅游收入	旅游资源吸引力	当年使用外资金额	星级饭店营业收入
南京	155.99	1 050	81 277	211 968
无锡	109.88	1 470	108 240	91 434
宁波	115.70	1 225	62 186	87 605
福州	98.74	255	80 087	71 078
泉州	58.00	415	62 331	32 952
烟台	57.40	1 255	49 549	51 572
武汉	132.00	910	75 415	87 328
广州	363.46	1 155	298 923	1 591 471
深圳	250.00	175	196 100	410 141
中山	38.98	85	64 980	64 600
成都	105.32	665	22 062	107 074
兰州	0.92	340	6 202	28 658
西宁	6.83	335	733	1 933

1995 年的原始数据：

城市	旅游收入	旅游资源吸引力	当年使用外资金额	星级饭店营业收入
北京	352.61	4 940	107 996	1 409 467
吉林	6.00	255	1 889	7 824
哈尔滨	40.00	1 030	13 150	35 832
上海	8.2.00	1 530	324 996	703 892
南京	45.02	1 050	40 276	136 347
苏州	43.79	1 850	232 747	61 103
南通	16.29	395	30 763	14 914
杭州	94.30	1 515	42 659	187 735
青岛	48.00	1 400	70 310	86 873
北海	1.59	255	21 977	9 941
重庆	22.90	2 980	33 237	63 149
昆明	18.10	760	30 566	70 132
西安	38.00	1 490	18 653	65 106
秦皇岛	24.00	845	9 724	12 315
长春	3.90	430	18 161	29 495

续表

城市	旅游收入	旅游资源吸引力	当年使用外资金额	星级饭店营业收入
无锡	*47.49*	1 470	85 737	51 623
黄山	*5.32*	945	1 477	14 551
济南	*20.28*	670	17 026	27 370
烟台	*11.30*	1 255	53 208	25 785
威海	*13.01*	415	15 481	25 706
武汉	*10.08*	910	46 648	80 200
长沙	*28.00*	1 045	15 100	39 143
广州	*106.30*	1 155	214 444	735 695
深圳	*122.60*	175	130 989	392 705
中山	*5.52*	85	45 036	48 355
南宁	*1.80*	405	8 657	22 719
海口	*10.27*	255	43 348	77 039
贵阳	*1.07*	470	2 434	18 635

备注：

1. 在各城市的国内旅游收入或旅游总收入中，斜体数字为城市旅游总收入，非斜体数字为城市国内旅游收入，单位：亿元人民币；
2. 城市实际使用外资金额单位：万美元；
3. 星级饭店营业收入单位：万元人民币。

后　记

本书是在我中山大学博士论文《中国主要城市旅游效率及其全要素生产率评价：1995~2005》的基础上经过重新命名、修订而形成的，我也希望用博士论文的后记作为本书的后记，对那些需要感谢的人给以最诚挚的谢意。

感谢我的博士生导师保继刚教授。很早就知道，"师者，所以传道、授业、解惑也"的古训，但真正对此具有透彻的理解，恰恰是在旅游研究与规划中心，而毕业的时候我已经32岁了。三年里，无论是在课堂、饭桌、野外考察还是在深夜的办公室里，都曾经得到导师关于做人、处事、为师身体力行的诠释，这些教诲必将使我受益终生。可惜三年时间太短，不能得导师做人、做事之一二，唯希望在以后的日子里能继续得到导师的指导并倾听更多的教诲。今生有幸，得师若此。

感谢朱竑教授。朱老师乐观豁达，与人为善，中大三年，在生活和学习上对我照顾有加，也是在他的建议下我能够顺利申请赴新西兰的访学机会并完成访学计划，朱老师的爱护和关心我铭记于心。

感谢徐红罡教授。徐老师思维缜密、态度严谨，论文在选题、写作和修改过程中都得到她的悉心指导。在办公室、湖南考察、白水寨郊游的路上都聆听了徐老师关于项目、学问、研究的独特阐释。徐老师只有付出、不求回报，我第一次评审规划也在她的争取和帮助下实现，感谢徐老师对我的信任和培养。

感谢李郇教授。李老师为人豪爽，思路清晰。我曾数次拜访或通过邮件向李老师求教，他总能耐心地对我的问题进行解答。论文从最初选题、方法掌握和软件使用以及最终成文全在他直接指导和安排下实现，没有李老师的帮助，论文难以按时完成。

感谢张朝枝博士。枝哥思维敏捷、勤奋刻苦，是我学习的标竿，每次与他探讨都能将本不清晰的思路理顺，而枝哥的关心和鼓励也是我能够按时完成论文的推进剂。

感谢师姐刘丹萍。虽与师姐接触不多，但喀纳斯一路师姐对我影响颇深，并使我三年受益，也必将继续影响到到我未来的生活、学习和工作。

感谢黄琢伟。素未谋面却为我提供考试用书，帮助我顺利进入旅游研究与规划中心学习。

感谢王宁教授、彭青教授在论文开题中给予的宝贵意见。

感谢孙九霞、陶伟、罗秋菊、张骁鸣、杨云、陈奕滨、马玲、陈志钢、陈静、赖胜英等中心各位老师的帮助，他们每个人的优点恐怕我穷其一生也不能所得。

感谢中心周玲、黄向、杨彦峰、丁绍莲、左冰、林清清、叶圣涛、黄泰、余意峰、古诗韵、李鹏、朱峰、孟威、项怡娴等同门，有幸能够与这些精英一起度过人生这段最美好的时光；感谢韩亚林、陈菲、李杰、崔芳芳、孙晓静等师弟、师妹帮我处理那么多杂事，唯有从心底里说声谢谢，并愿他们在未来的生活、学习、工作中一路走好。

特别感谢新西兰 Waikato University 的 Chris Ryan 教授。在新西兰访学期间，Chris 从生活和学习上对我帮助颇多，尤其是将我文章初稿反复修改不下 10 遍，他严谨的治学态度和作风以及对中国旅游研究的关心让我深受感动。也许他永远也读不懂我的论文和致谢，但还是把我内心最深处的感谢送给他，也希望中国学者能够在国际刊物发表更多的优秀文章以慰国际友人对中国旅游产业发展和旅游研究的深深关爱。同时感谢 Waikato University 管理学院旅游系的 Tim、Alison、Asad、Jenny、Charlie 等老师以及博士生 Maggie、Nicole、Xiaofeng、Vivian 等在我访学期间给予的帮助。

感谢硕士生导师西北大学赵荣教授、杨新军教授。从赵老师引领我进入旅游学术研究的大门，到杨老师培养我旅游研究的兴趣，到现在时时的电话提点和关心，他们的鼓励和支持弟子铭记于心，唯愿赵老师、杨老师身体健康，工作顺利。

感谢中国旅游研究院戴斌副院长对我的厚爱与信任，也感谢全院各位同仁的无私帮助，在和你们、和研究院共同成长的过程中，我得到了莫大的快乐。

感谢北京大学吴必虎教授、中科院地理科学与资源研究所刘家明研究员，两位老师的关心和厚爱是鼓励我不断前进的动力。

感谢北京第二外国语学院邹统钎教授、谷惠敏教授，虽与两位老师接触不多，但被两位老师做人、做事的赤诚深深感动。最终未能任教于二外，对两位老师深怀愧疚，希望能得到两位老师的谅解。

感谢高中班主任薄锡年老师的帮助和支持，时间丝毫不能淡化学生对老师的感激之情。

感谢南开大学出版社孙淑兰老师对我的信任，她对旅游学术研究的执著和热爱深深鞭策着我，感谢她以及李冰、李正明两位编辑对本书出版所做的大量工作。也感谢论文中所有被引用到的文献作者，他们前期大量的研究和工作积累是我顺利完成本论文的基础和保证。

特别感谢贾媛媛的理解与付出，从女朋友到妻子，相处的点点滴滴都成为我人生中最美好的回忆；当然，永远也不会忘记，为了给我节省学费，老妈可以吃菜不放油，整年不吃肉，对家人的感激我无法用语言表达，他们的亲情和付出永远鞭策我不断前进。

在本书即将落下句号的时候，我由衷地从心底里发出了这些声音。不得不承认，其实有时候人的生命很脆弱，重新书写后记的时候，我完成了人生的又一次蜕变。我是从大山深处走出来的草根，经承德、西安、北京、广州、北京一路走来，最困难的日子里卖过泡泡糖、做过家教，求学的路，不能说每一步都很顺畅。但很幸运，因为在人生最关键的几步上，我都得到了命运的眷顾与青睐。希望本书的出版并不是我学术生涯的终点，而是一个重生的起点，希望能够再次得到命运之神的眷顾与青睐，因为我深爱着我的职业、我的家人、我的朋友。

以感谢为主题，是为后记。

马晓龙

2009 年 5 月

于中国旅游研究院